Serie ICETE

La excelencia en la educación teológica

En Asia muchos de nosotros nos involucramos en el liderazgo de instituciones teológicas tras obtener nuestros doctorados, a menudo sin formación profesional en gestión organizacional, administración, currículo… y la lista sigue. Nos nutrimos de los muchos años de experiencia del Dr Steve Hardy. Este libro es práctico y una excelente guía para ayudar a los educadores teológicos de Asia a alcanzar la excelencia en nuestra educación teológica.

Chiu Eng Tan, PhD
Decano Académico, Biblical Seminary of the Philippines

El Dr Steve Hardy comparte su vasta experiencia como educador teológico, con base en sus visitas a más de cien instituciones de formación teológica alrededor del mundo no occidental. Sus apreciaciones no son solamente teóricas, sino que están enraizadas y ligadas con la práctica por medio de su propia docencia, en seminarios y a través de líderes que ha mentoreado.

Sebastiao Lucio Guimaraes, PhD
Ex director, Evangelical Missions Training Center, Vicosa, MG Brazil

Considero que el libro de Steve Hardy es una guía muy práctica para líderes de instituciones teológicas. Para nosotros ha sido de ayuda en nuestros programas de entrenamiento, a varios niveles. Provee un mapa de los aspectos más importantes que una institución de educación teológica debe considerar para realizar su tarea con éxito. Además incluye observaciones valiosas para lidiar con desafíos comunes en contextos de recursos limitados y ofrece algunos de los estándares con los cuales estimar la excelencia en lo que hacemos.

Oscar Campos, PhD
Director, Seminario Teológico Centro-Americano (SETECA), Guatemala

"Excelencia o mediocridad" es el desafío clave para la educación teológica actual, al tiempo que proliferan las instituciones teológicas en el mundo mayoritario. Desde su vasta experiencia, el Dr. Hardy desafía y ofrece perspectivas prácticas e integrales para la educación teológica. Este libro es de lectura obligada para todos los que intervienen en la educación teológica, a fin de avanzar hacia la excelencia en nuestro emprendimiento.

Ashish Chrispal, PhD
Director regional, Overseas Council Asia. Ex rector, Southeast Institute for Advanced Christian Studies (SAIACS), Bangalore, India

Ya sea usted rector, decano, miembro de la junta directiva, o tenga otro puesto de alta responsabilidad en una institución teológica, se encontrará considerablemente alentado y beneficiado por este libro.

Paul Sanders, PhD
Ex director internacional (y decano académico),
Arab Baptist Seminary, Beirut, Lebanon.
Ex director, International Council for Evangelical Theological Education (ICETE)

La excelencia en la educación teológica

*Entrenamiento efective
para líderes eclesiales*

Steven A. Hardy

Editor de serie
Riad Kassis

© 2016 por Steven A. Hardy

Publicado en 2016 por Langham Global Library
Un sello editorial de Langham Publishing
www.langhampublishing.org

Langham Publishing son un ministerio de Langham Partnership

Langham Partnership
PO Box 296, Carlisle, Cumbria CA3 9WZ, UK
www.langham.org

Publicado originalmente en español en 2007 por:
Publicaciones SBC, Fundación Universitaria Seminario Bíblico de Colombia, Medellín.

ISBN:
978-1-78368-225-6 Libro
978-1-78368-226-3 ePub
978-1-78368-228-7 PDF

Steven A. Hardy ha declarado su derecho de ser identificado como el autor de esta obra bajo la Ley de propiedad intelectual, diseños y patentes de 1988 (Reino Unido).

Todos los derechos reservados. Ninguna parte de esta publicación puede ser reproducida, almacenada o transmitida de manera alguna ni por ningún medio, sea electrónico, mecánico, de grabación o de fotocopia, sin el permiso previo de la editorial o de la agencia de gestión de licencias (Copyright Licensing Agency, RU).

Todas las citas bíblicas, salvo indicaciones al contrario, son tomadas de la Santa Biblia, Nueva Versión Internacional® NVI® Copyright © 1999 Biblica, Inc.® Usado con permiso. Todos los derechos reservados en todo el mundo.

Datos de catalogación en publicación de la Biblioteca Británica
Un registro de catálogo de este libro se encuentra disponible en la Biblioteca Británica

ISBN: 978-1-78368-225-6

Traducido del inglés por Tjebbe Donner
Traducción editada por Saskia Donner
Diseño de cubierta y diagramación: projectluz.com

Langham Partnership apoya activamente el diálogo teológico y el derecho del autor a publicar, pero no necesariamente respalda las opiniones y puntos de vista expuestos y las obras referenciadas, ni garantiza su corrección técnica y gramatical. Langham Partnership no acepta ninguna responsabilidad u obligación a personas o propiedad como consecuencia de la lectura, el uso o la interpretación del contenido aquí publicado.

Índice

Prefacio xi

1. ¿Qué es la excelencia? 1
    - ¿Es bíblica la excelencia? 2
    - ¿La excelencia consiste en ser (o haber sido) el mejor del montón? ...3
    - ¿La excelencia equivale al éxito? 5
    - ¿La excelencia es algo relativo? 7
    - ¿Quién determina los estándares o afirma la excelencia? 8
    - ¿Es posible la excelencia? 11
    - Conclusiones 11
    - Preguntas de discusión acerca de la excelencia 12

2. La excelencia en el liderazgo 13
    - ¿Qué es el liderazgo? 14
    - Conceptos bíblicos del liderazgo 15
    - Carácter: quién debe ser un líder 19
    - Responsabilidades: qué debe hacer un líder 21
    - Cómo descubrir y desarrollar el liderazgo 22
    - Estilos y variedades de liderazgo 24
    - El trabajo juntos como equipo 26
    - La resolución de tensiones y conflicto 27
    - Cómo negociar una transición en el liderazgo 29
    - Conclusiones 30
    - Preguntas de discusión acerca de su liderazgo 30
    - Sugerencias de lectura 31

3. La excelencia en la planeación estratégica 35
    - Lo que no es la planeación estratégica: 36
    - Cómo desarrollar un plan estratégico 39
    - Y si no tiene un plan estratégico: ¡Escriba uno! 51
    - Conclusiones 52
    - Preguntas de discusión acerca de su plan estratégico 53
    - Sugerencias de lectura 53

4. La excelencia en el gobierno 55
    - ¿Vale la pena tener una junta? 55
    - ¿A quién le pertenece el programa o la institución de entrenamiento teológico? ...57

El papel de la propiedad en el gobierno 60
La asamblea general como junta o concejo asesor 61
La junta de gobierno 62
Responsabilidades específicas de la junta 66
Responsabilidades específicas de los miembros de la junta 67
El equipo administrativo o de gerencia 69
El papel de gobierno del rector 69
Conclusiones 71
Preguntas de discusión acerca de su gobierno 71
Sugerencias de lectura 72

5 La excelencia en la administración 73
    El desafío de la administración 74
    Estructuras administrativas apropiadas 76
    La elaboración de un presupuesto 83
    ¿Cuánto personal administrativo resulta ser demasiado? 84
    Precaución: ¡no realicen tareas administrativas innecesarias! 85
    Las descripciones laborales 86
    Cómo contratar personal nuevo 87
    Cómo fortalecer el equipo administrativo que ya tenemos 89
    Conclusiones 90
    Preguntas de discusión acerca de su administración 90
    Sugerencias de lectura 91

6 La excelencia en el currículo 93
    ¿Qué es un currículo? 94
    El plan curricular de Dios 96
    Un currículo, fundamentalmente, no es... 98
    Cómo aprenden las personas 99
    Lo que debe ser un plan curricular 101
    Tres tipos básicos de currículo 105
    El desarrollo del carácter 107
    El diseño de los cursos 108
    Un sílabo debe incluir: 110
    El uso del material curricular 111
    Al escribir su propio material curricular: 111
    Conclusiones 112
    Preguntas de discusión acerca de su currículo 113
    Sugerencias de lectura 113

7	La excelencia en el profesorado	115
	Factores que hay que tener en cuenta para desarrollar el profesorado que necesitamos	116
	El cuidado de los maestros que tenemos	120
	Cómo encontrar maestros nuevos	123
	El desarrollo formal del profesorado – los estudios avanzados	127
	Una ventaja de invertir en sus maestros	130
	Conclusiones	131
	Preguntas de discusión acerca de sus maestros	131
	Sugerencias de lectura	131
8	La excelencia en las Instalaciones	133
	Use su espacio de manera efectiva	134
	Los planos del sitio	135
	Planes de mantenimiento y presupuestos	135
	¿Qué imagen intentan proyectar?	136
	Proyectos apropiados de construcción	137
	Proyectos de construcción bien diseñados	138
	La financiación de los proyectos de construcción	138
	Conclusiones:	140
	Preguntas de discusión acerca de sus instalaciones	140
9	La excelencia en las bibliotecas	141
	¿Qué es una biblioteca?	142
	Cómo construir la colección de la biblioteca	143
	Las instalaciones de la biblioteca	147
	El personal de la biblioteca	148
	Cómo ayudarles a quienes no tienen (o no tendrán) acceso fácil a una biblioteca	149
	Conclusiones	151
	Preguntas de discusión acerca de su biblioteca	151
	Sugerencia de sitios web	151
	Sugerencias de lectura	152
10	La excelencia en la financiación	153
	¿Por qué es una lucha tener lo suficiente?	154
	Cómo desarrollar una estrategia para conseguir fondos	158
	El apoyo financiero mediante las relaciones	163
	Conclusiones	170
	Preguntas de discusión acerca de su financiación	170

Sitios web para subvenciones, consecución de fondos y
fundaciones ... 171
Sugerencias de lectura ... 171

Apéndice del Capítulo 10: Cómo escribir propuestas
para proyectos. ... 173

11　La excelencia en el entrenamiento por extensión ... 175
La educación a distancia o por extensión ... 176
Cómo extendernos en el servicio a nuestros egresados ... 178
Cómo extendernos en el servicio a otras instituciones de
entrenamiento ... 180
Cómo extendernos mediante el servicio a las iglesias y a la
comunidad ... 183
Cómo extendernos de manera formal ... 185
Por qué puede fracasar la educación por extensión ... 191
Conclusiones ... 192
Preguntas de discusión en cuanto a su entrenamiento por
extensión ... 192
Sitios web que tratan de la educación electrónica a distancia ... 193
Sugerencias de lectura ... 193

12　La excelencia en la evaluación y la renovación ... 195
¿Vale la pena invertir el tiempo y el dinero? ... 196
Los ciclos de vida organizacionales ... 198
La renovación de su entrenamiento ... 199
La renovación de su personal: ¿Por qué? ... 201
La renovación de su personal: ¿cómo? ... 203
Cómo convertirse en una comunidad que aprende ... 205
Conclusiones ... 209
Preguntas de discusión con respecto a su evaluación
y renovación ... 210
Sugerencias de lectura ... 210

Prefacio

Este libro se ha diseñado como ayuda para el liderazgo de las instituciones teológicas, especialmente aquellas que están por fuera del mundo occidental, para afirmar la excelencia de sus instituciones de entrenamiento y, donde pueda existir una falta de excelencia, para descubrir ideas que fortalecerán la calidad de lo que tienen.

Se ha dicho que detrás de todo joven exitoso, alguien que está haciendo una diferencia en la vida de otros, encontrarás una suegra más o menos atónita. Pero sospecho que no encontrarás profesores atónitos. Qué privilegio es el del profesor que puede involucrarse en la vida de quienes Dios ha dotado y llamado para su servicio. Me encanta el impacto que tiene el entrenamiento sobre la multiplicación y el fortalecimiento de la misión y la obra de la iglesia. A través de los años, ha sido satisfactorio ver a mis estudiantes sobrepasar a su profesor en habilidades e ir, efectivamente, a lugares a los cuales yo nunca podría haber ido.

Crecí con padres profesores, y he "jugado a la escuelita" durante la mayor parte de mi vida adulta. Descubrí la educación no formal por primera vez en los años 1970 mediante estudios bíblicos inductivos. Mis paradigmas de liderazgo fueron totalmente confundidos en los días oscuros de Etiopía a mediados de los 70 mientras vi a Dios usar personas sin ningún tipo de entrenamiento formal. Durante seis años en la parte occidental-central de Brasil, descubrí lo verdaderamente ignorante que era en cuanto a todas las cosas académicas cuando ayudé a abrir un nuevo seminario, lo cual incluía escribir un currículo y entrenar profesores. Pero aprendimos mucho acerca de ser ejemplo para otros. No teníamos apoyo económico, entonces todos nuestros profesores eran practicantes de tiempo completo, quienes compartían su experiencia y sabiduría con nuestros estudiantes. En el Brasil, también estuve involucrado en la plantación de iglesias y en programas de extensión nocturnos basados en la iglesia que usaban textos programados.

En 1985 nuestra familia se mudó a Mozambique para preparar el liderazgo de una iglesia que había crecido de manera fenomenal durante los días del comunismo. Volví a abrir un pequeño seminario y prepare materiales de enseñanza, entrenando a jóvenes líderes para que fueran profesores en un programa nacional de educación teológica a distancia.

Durante los años de 1990 visité más de cien seminarios y escuelas bíblicas en toda África y en otros lugares como asesor de educación teológica para la Confraternidad Evangélica del África (ahora SIM), y como consultor ocasional para otras organizaciones cristianas. Escuché las muchas necesidades y preocupaciones que habían, y a la vez quedé impresionado por la calidad de quienes lideran los programas de entrenamiento para el liderazgo. Muchos de ellos (al igual que yo) han asumido roles administrativos con poca o ninguna preparación para estas responsabilidades entonces quizá no era sorprendente ver cuántos de estos líderes estaban al borde del agotamiento.

En 1998 asumí el rol de director del Equipo Internacional de Recursos Teológicos de Overseas Council. Una parte satisfactoria de ese trabajo fue el desarrollo y la dirección del Instituto para la Excelencia en la Educación Teológica Global. Aunque OCI consideraba que la mayoría de sus programas asociados eran excelentes, muchos de los líderes de estos programas vivían aislados de otros programas de entrenamiento y, honestamente, tenían poca idea de cómo se comparaban sus programas a otros distintos a la institución en que ellos mismos habían estudiado.

Como una organización donante, OCI quería invertir en proyectos que surgían de una planeación estrategia, y asociarse con instituciones de entrenamiento que estaban dispuestas a invertir en su propio liderazgo. Por nosotros y por ellos, queríamos saber si nuestros programas asociados sabían cómo elaborar un plan estratégico detallado. ¿Su plan incluía maneras prácticas para desarrollar y cuidar de un equipo académico y administrativo de calidad? ¿Tenían un plan para fortalecer un currículo que equipara estudiantes de calidad para un ministerio efectivo? ¿Estaban construyendo buenas relaciones con su entorno para encontrar recursos adecuados para financiar el programa de entrenamiento?

El Instituto se diseñó como un foro de cinco días donde el liderazgo de las instituciones podrían discutir asuntos como estos. No sólo queríamos ayudarles a los líderes de nuestros programas asociados a adquirir o renovar las herramientas necesarias para ser instituciones de entrenamiento de calidad, también queríamos crear una red y un ambiente donde los líderes podrían animarse mutuamente.

Parte de la razón por la cual uso la palabra 'excelencia' en este libro es mi admiración por el impacto del Instituto para la Excelencia de OCI. Sin embargo, para algunos, la 'excelencia' es una palabra de moda más asociada con la comunidad de negocios que con el mundo de la educación. Tiene connotaciones de eficiencia y productividad mientras que la realidad es que el entrenamiento de aquellos a quienes Dios ha llamado para ser líderes no siempre resulta costo-efectivo ni eficiente. Nuestras propias historias personales son ilustraciones de cómo Dios nos ha guiado y equipado a cada uno por medio de una amplia gama de experiencias únicas a lo largo de nuestras vidas. ¿Entonces, cómo podemos afirmar la "excelencia" cuando cada estudiante individual también tiene dones individuales y llega con experiencias únicas e individuales?

Como lo discutiré en el capítulo 1 de este libro, la excelencia es un concepto bíblico, y uno que es válido académicamente, aunque debe mirarse dentro de un contexto. Identifico áreas claves en las que se necesita excelencia para que una institución de entrenamiento pueda afirmar su propia excelencia. Cada una de estas áreas forma un capítulo dentro de este libro. Miraremos:

La excelencia en el liderazgo (capítulo 2)

Una institución excelente de entrenamiento para el liderazgo entiende lo que es el liderazgo y cómo se puede animar, entrenar y usar. Los buenos programas saben cómo sacar provecho de los diferentes estilos de líderes. El encontrar, animar y desarrollar buenos líderes puede ser la pieza más importante de lo que convierte un programa bueno en uno excelente.

La excelencia en el planeamiento estratégico (capitulo 3)

Si no se tiene una idea clara de hacia dónde va uno, es difícil saber si se está logrando algo. Una institución excelente de entrenamiento para el liderazgo toma el tiempo para desarrollar y revisar periódicamente un plan estratégico que incluye descubrir sus valores, definir su misión a la luz de las necesidades, evaluar sus propias fortalezas y debilidades y luego soñar en oración para poder desarrollar un plan factible que la lleve adonde debería ir.

La excelencia en la gestión (capítulo 4)

Las instituciones excelentes de entrenamiento para el liderazgo son responsables ante las poblaciones a las cuales sirven. Son asesoradas y gobernadas por concejos de asesoría y juntas de gobierno que han sido bien concebidas y que la apoyan.

La excelencia en la administración (capítulo 5)

Las instituciones excelentes de entrenamiento para el liderazgo tienen estructuras apropiadas y adecuadas que hacen que el programa funcione bien. La buena administración la realizan personas que tienen descripciones laborales claras y que son competentes y están dispuestas a servir a los profesores, el personal y los estudiantes para que pueda ocurrir el aprendizaje.

La excelencia en el currículo (capítulo 6)

No existe un currículo perfecto donde "una talla le queda a todos". Un programa excelente de entrenamiento equipa a los estudiantes específicos para el ministerio dentro de un contexto específico. Su currículo lo enseñan creativamente unos profesores cuyas vidas ilustran lo que dicen.

La excelencia en el profesorado (capítulo 7)

El recurso individual más importante que tiene un programa es su equipo de enseñanza. Las instituciones excelentes de entrenamiento saben cómo encontrar, entrenar y animar a sus profesores.

La excelencia en las instalaciones (capítulo 8)

Las instituciones excelentes de entrenamiento tienen instalaciones académicas, administrativas y de investigación adecuadas que se mantienen de manera apropiada.

La excelencia en las bibliotecas (capítulo 9)

Una biblioteca excelente se colecciona sistemáticamente de acuerdo con una política de selección construida con base en la misión de la biblioteca y de la institución. Un personal entrenado lo organiza para que sea de máxima utilidad tanto para los estudiantes como los profesores. Las bibliotecas excelentes del futuro no se construirán únicamente con base en materiales impresos, sino que aprovecharán toda la información disponible globalmente mediante la tecnología de la información.

La excelencia en la financiación (capítulo 10)

Una institución excelente de entrenamiento para el liderazgo tiene la financiación adecuada para hacer lo que dice el plan estratégico. Se responsabiliza de su salud financiera y construye su auto-dependencia. Un programa excelente mantiene buenas relaciones con sus amigos, iglesias y ministerios, y especialmente con sus estudiantes egresados. Se beneficia de sociedades saludables, especialmente con quienes lo reclaman como su programa de entrenamiento.

La excelencia en el entrenamiento por extensión (capítulo 11)

Las instituciones de entrenamiento excelentes extienden su influencia y su entrenamiento más allá de sus planteles. Sirven a sus egresados y los ministerios y las comunidades de sus egresados de varias maneras formales y no-formales. Hacen un buen uso de la informática, tanto en el plantel como en sus esfuerzos de extensión.

La excelencia en la evaluación y renovación (capítulo 12)

La transformación y renovación organizacional se encuentra en cada etapa de la vida de una institución excelente de entrenamiento. La evaluación se encuentra estructurada dentro de la vida continuada de cada aspecto del programa. El hacer parte de una red más amplia y el aprender de los demás son partes importantes de la renovación.

Indudablemente notará que pocos de estos pensamientos me son originales. Lo que he intentado escribir es lo que intentaría compartir sentado en la oficina de un amigo que es líder en una escuela bíblica o un seminario. Estas palabras no han sido escritas primordialmente para su personal especializado – como su bibliotecario, administrador financiero o gurú de sistemas. Me preocupo más bien de quienes deben darle liderazgo al programa entero de una institución. ¿Qué necesita ser, saber o saber hacer *usted* para promover la excelencia en todas las áreas de su institución? Oro para que pueda encontrar ánimo y consejos útiles a medida que usted afirma su propia excelencia y labora para fortalecer y construir calidad en lo que ya posee.

Esta no es la publicación de una investigación, entonces he intentado usar un mínimo de referencias, pero donde me ha parecido apropiado, las incluyo dentro del texto. Algunos de los libros, artículos y enlaces electrónicos más importantes para cada tema se encuentran al final de cada capítulo. Todas las citas de la Escritura vienen de la Nueva Versión Internacional (Zondervan, 1985). Las preguntas al final de cada capítulo le ayudarán a usted y a su equipo de liderazgo a evaluar su programa de entrenamiento.

Le debo las gracias de manera especial a quienes fueron mis amigos, colegas y mentores en OCI, ante todo John Bennett, Jack Graves, Manfred Kohl y Stephanie Morton Ferenczi. Gracias también a los colegas que trabajan en diferentes áreas del mundo no-occidental que me han ofrecido retroalimentación sobre el manuscrito: Vera Brock (Brasil), Lee Christenson (EEUU), Scott Cunningham (Nigeria), Fritz Deininger (Tailandia), Bill Houston (Suráfrica), Steve Parr (Canadá), Paul Sanders (Líbano), Chuck Saunders (Suráfrica) y Rich Starcher (Kenya). Mi deuda más profunda, sin embargo, es con mi esposa, LeAnne, quien no sólo arriesgó nuestra felicidad matrimonial a medida que editaba cuidadosamente los detalles de este libro, pero que por años me ha animado suavemente (y no tan suavemente) para que escribiera esto por fin. Y gracias sean a Dios, en quien y para quien existimos.

1

¿Qué es la excelencia?

De acuerdo con el Diccionario en-línea *Merriam-Webster*, "excelente" significa: muy bueno, de primera clase, superior. Como cualidad, el diccionario sugiere que la excelencia implica virtud o algo que tiene valor. Así que parecería que si nuestras instituciones de educación teológica pueden demostrar calidad y valores, nuestros folletos de relaciones públicas deberían poder declarar que somos de primera clase, superiores y excelentes. Más que ser sencillamente "adecuados", somos muy buenos haciendo lo que hacemos.

Los programas evangélicos de entrenamiento para el liderazgo son lugares estratégicos donde los líderes presentes y futuros son equipados para trabajar dentro del Reino de Dios. Los líderes de los programas de entrenamiento para el liderazgo deberían poder afirmar hasta qué nivel sus programas son instituciones de calidad. Sin embargo, ¿cómo podemos reconocer la excelencia, dada la gran variedad de programas de entrenamiento que hacen cosas buenas de manera diferente, especialmente a la luz de las maneras casi infinitas en las que sabemos que podrían mejorar nuestras propias instituciones de entrenamiento? En este capítulo nos gustaría examinar cómo podemos entender el término "excelente". ¿Es apenas una palabra "de moda" prestada de la literatura popular de la comunidad de negocios? ¿O existen fundamentos tanto bíblicos como académicos para el concepto de ser de primera clase? ¿Hasta qué punto se relaciona la excelencia con la perfección, el éxito, o ser sencillamente el mejor del montón? ¿Quién afirma nuestra excelencia o decide cuáles son los estándares que debemos cumplir? Y, ¿es posible alcanzar la excelencia?

¿Es bíblica la excelencia?

El Señor hace las cosas correctas de la manera correcta. En Génesis 1 leemos que miró la creación con satisfacción. Dios había hecho exactamente lo que pensaba hacer, mediante el poder de Su Palabra. Le gustó lo que vio y afirmo, "¡Es bueno!" Reconocemos la calidad incomparable en el carácter, en los resultados y en el proceso. La excelencia puede verse en quién es Dios, lo que Él hace, y la forma en la cual lo hace.

Dios está obrando en el mundo alrededor nuestro y dentro de nosotros. El día aún no ha llegado cuando cambiaremos en el abrir y cerrar de un ojo (1 Corintios 15:51), aunque aún ahora Pablo puede decir: "Pues Dios es quien produce en ustedes tanto el querer como el hacer para que se cumpla su buena voluntad." (Filipenses 2:13). "Ahora bien, sabemos que Dios dispone todas las cosas para el bien de quienes lo aman, los que han sido llamados de acuerdo con su propósito" (Romanos 8:28). A medida que notamos el caos y la confusión a nuestro alrededor, resulta reconfortante saber que Dios tiene un plan y que todo obra de acuerdo con ese plan. Al final, Él reunirá en Cristo "todas las cosas, tanto las del cielo como las de la tierra." (Efesios 1:10). Estamos en el proceso de ser renovados y transformados por el Dios viviente para Su gloria y para alcanzar Sus propósitos. Todos los caminos de Dios son perfectos y Sus planes excelentes vencerán. En un canto escrito para la adoración, el Salmista escribió, "Oh Señor, soberano nuestro ¡qué imponente es tu nombre en toda la tierra!" (Salmos 8:1). Para prestar el lenguaje del mundo de los negocios, los estándares de la excelencia están claros en el carácter de Dios. Las mejores prácticas de lo que debería hacerse, y cómo, están visible en todas las obras de Dios.

Sin embargo, sólo Dios es perfecto y santo en todos sus caminos. No podemos hacer lo que hace Dios. No hay nadie como Dios. Esto lo entienden las mujeres Amish, que son reconocidas por los cubre-lechos de altísima calidad que confeccionan. Pero estas mujeres ponen intencionalmente una falla en sus cubre-lechos perfectos como una manera de reconocer con humildad que sólo Dios es perfecto. En este sentido la excelencia, al igual que la santidad, es algo que solo podemos apreciar cuando miramos los estándares más elevados, mucho más allá de lo que podríamos esperar alcanzar. Todos estamos privados de la gloria de Dios (Romanos 3:23). No es posible tener una institución con "cero defectos".

Sin embargo, a todos se nos anima a apreciar la excelencia. El Apóstol Pablo dijo que debíamos meditar en lo que es excelente. Le escribió a la iglesia de los filipenses: "Por último, hermanos, consideren bien todo lo verdadero, todo lo respetable, todo lo justo, todo lo puro, todo lo amable, todo lo digno de admiración, en fin, todo lo que sea excelente o merezca elogio" (Filipenses 4:8).

Cuando Pablo le escribió a Timoteo, indicó que cuando la iglesia estaba haciendo lo que era bueno y provechoso para todos, esto era algo que podía llamarse *excelente*: "Este mensaje es digno de confianza, y quiero que lo recalques, para que los que han creído en Dios se empeñen en hacer buenas obras. Esto es excelente y provechoso para todos" (Tito 3:8). Pablo dice algo similar cuando describe el valor del amor, llamándolo "un camino más *excelente*" (1 Corintios 12:31).

La excelencia se relaciona con la palabra "sobresalir". Entonces Pablo animó a una iglesia que ya hacia muchas cosas bien, a que hiciera más: "Pero ustedes, así como sobresalen en todo – en fe, en palabras, en conocimiento, en dedicación y en su amor hacia nosotros-, procuren también *sobresalir* en esta gracia de dar" (2 Corintios 8:7). De la misma manera, Pablo les escribió a los tesalonicenses: "Por lo demás, hermanos, les pedimos encarecidamente en el nombre del Señor Jesús que sigan progresando en el modo de vivir que agrada a Dios, tal como lo aprendieron de nosotros. De hecho, ya lo están practicando." (1 Tesalonicenses 4:1).

¿La excelencia consiste en ser (o haber sido) el mejor del montón?

En realidad, la mayoría de las personas (u organizaciones) tienden a creer que son los mejores del montón. Peters y Waterman presentan un estudio psicológico realizado con una muestra aleatoria de adultos masculinos.[1] Cuando se les pidió calificarse su habilidad de llevársela bien con otras personas, "*todos los sujetos, 100%, se pusieron en la media superior de la población. Un 60% se calificó dentro del 10% superior de la población y un 25%, de manera muy humilde, se clasificó dentro del 1% superior de la población.*" En un estudio

---

1. Thomas J. Peters y Robert H. Waterman, *In Search of Excellence* (New York: Warner Books, 1982), pp. 56-57.

paralelo, "un 70% se calificó en el cuarto superior en cuanto al liderazgo, [mientras que] apenas un 2% se consideraba por debajo de promedio como líderes." En relación con su habilidad atlética, "un 60% dijo que se encontraba en el cuarto superior" y apenas un 6% sentía que era "inferior al promedio". No es malo que las personas tengan una visión positiva de sí mismas. Sin embargo, dada una tendencia más o menos común de evaluarnos de manera poco realista, la auto-evaluación por sí misma no puede establecer nuestra excelencia ni nuestra falta de ella. Necesitamos a alguien o algo con quien o que compararnos antes de poder hacer alarde de nuestra superioridad. No somos excelentes por el sólo hecho de decirlo.

Muchas personas y sus organizaciones se creen lo mejor, incluso cuando no lo son. Los folletos de colegios o seminarios declaran funcionalmente: "¡Somos los mejores! ¡Somos excelentes! No hay nadie como nosotros". Una vez realicé una evaluación escrita de un programa de entrenamiento para líderes en el África Occidental. Tenía menos de 15 estudiantes, sin embargo se veía como *el* primer programa de entrenamiento en todo el África. Sus documentos (presentados en un folleto a color bien diseñado como parte de una solicitud de financiamiento masivo del Occidente) sugerían un impacto a nivel mundial. Pueden haber sido excelentes relaciones públicas, ¡pero la realidad era que este no era un programa acreditado por alguien a quien conocía, y nadie que yo había conocido lo conocía! Su afirmación de excelencia no se basaba en nada aparte de la opinión elevada que ellos (solos) tenían de ellos mismos. Para afirmar realmente nuestra excelencia, necesitamos estándares o puntos de referencia objetivos contra los cuales nos podemos comparar. No somos excelentes sencillamente porque somos el único programa del que tenemos conocimiento.

Hay instituciones de entrenamiento que han tenido una historia y una reputación de ser excelentes. Muhammad Ali reclamó repetidas veces: "¡Yo soy el más grande!" Incluso si esto era verdad durante el corto tiempo que fue el campeón mundial de los pesos pesados del boxeo, hoy en día ya no es verdad. Lo mejor que puede decirse es que *fue* el mejor. El liderazgo de un programa de entrenamiento puede no darse cuenta que ya no están operando en un nivel de calidad que existía en días anteriores. Estos programas pueden estar respondiendo a necesidades que ya no existen. Pueden no haber adoptado nuevas metodologías o herramientas académicas que les habrían ayudado a enseñar mejor. No somos excelentes por el sencillo hecho de haberlo sido en algún momento.

Por otro lado, una institución de entrenamiento para el liderazgo puede llegar a la conclusión de que se encuentra lamentablemente alejada de la excelencia. Ve muchos problemas complicados a medida que se evalúa. Se siente desanimada, pues no siente que tiene un impacto significativo. Puede ser que su auto-evaluación sea cierta. Sin embargo, también puede ser que no estén conscientes de la manera en que Dios los está usando de maneras extraordinarias. No sólo les está haciendo falta una retroalimentación correcta, pueden estar requiriendo estándares elevados y poco realistas de ellos mismos. El ser buenos en lo que somos, en lo que hacemos y en cómo lo hacemos, es algo que los demás deben afirmar, especialmente quienes se benefician del programa. No estamos alejados de la excelencia por el sencillo hecho de sentirnos desanimados.

¿La excelencia equivale al éxito?

En un sentido la respuesta es afirmativa. Dios logró lo que se propuso lograr. Eso es de primera clase. Hay excelencia o calidad cuando las cosas correctas se hacen de la manera correcta. Pero el punto no se encuentra en sencillamente alcanzar una meta: se encuentran en alcanzar las metas correctas.

Algunos "éxitos" no podrían encontrarse más alejados de la excelencia. Un barón de la droga podría tener éxito al acaparar el mercado de la venta de drogas ilegales en una ciudad específica. Una persona puede alcanzar riquezas, pero hacerlo de una manera no ética o a expensas de su familia, relaciones o salud. El ser de primera clase implica la calidad del carácter y los procesos correctos, además de poseer los objetivos correctos.

Cuando la excelencia está determinada fundamentalmente por el "éxito", hay una tentación fuerte de contar historias que no presentan precisamente el cuadro completo. Trabajamos en Brasil entre 1977 y 1984. La denominación con la que trabajamos reportaba los bautizos de miles de nuevos creyentes cada año. Este "éxito" debería haber dado como resultado un crecimiento eclesial maravilloso. Sin embargo, las estadísticas del reporte anual de la denominación demostraban que cada año la membrecía total de la denominación seguía aproximadamente igual. Entonces mientras estaba bien evangelizar y bautizar personas nuevas, la realidad era que cada año la denominación estaba perdiendo igual número de personas de las que ganaba. Eso no es excelencia en la construcción de una iglesia saludable.

La Edición del Siglo 21 de *Operation World* (WEC, 2001), dice que el 91.7% de la población de Latinoamérica podría clasificarse como "cristiana". ¿No es ésta una historia de evangelización efectiva? ¿Pero qué pasa entonces con el sincretismo presente en buena parte de Latinoamérica? Esta mezcla confusa de creencias sugiere que el número de "creyentes nacidos de nuevo" sería en realidad mucho menor a este porcentaje. De manera similar, las estadísticas sugerirían el éxito del crecimiento del evangelio dentro de los Estados Unidos. Las encuestas Gallup han demostrado que más de la mitad de la población norteamericana se dice "nacida de nuevo". Sin embargo, estas mismas encuestas indican que no hay ninguna diferencia funcional en los valores y el estilo de vida entre estos "creyentes" y la población general del país. Si el ser un "creyente" no trae como efecto una diferencia de valores o de estilo de vida, uno no puede afirmar que existió excelencia en el evangelismo realizado.

Las instituciones de entrenamiento para el liderazgo pueden jugar de manera similar con las estadísticas que comparten con los demás. No somos excelentes si estamos contando las cosas equivocadas o si sencillamente no estamos contando lo suficiente. Un programa de entrenamiento puede haber alcanzado exitosamente su meta de un incremento del 50% en matrículas estudiantiles durante un período de tres años. Sin embargo, ¿todos los estudiantes nuevos fueron estudiantes de calidad? Y si lo fueron, ¿la institución tiene la capacidad para hospedarlos y alimentarlos bien? ¿Tiene los libros, el espacio y los profesores para ayudarlos a aprender? El logro exitoso de una meta no necesariamente indica la excelencia general del programa de entrenamiento de líderes.

Un programa de entrenamiento para el liderazgo puede reportar que sus ingresos han aumentado 20%. Esto puede ser maravilloso, ¿pero cuenta la historia completa? Pues si las matrículas estudiantiles han aumentado un 30%, y si se ha contratado nuevo personal para los nuevos estudiantes, los gastos pueden haber aumentado en más de 50%. Entonces, en realidad, el programa está peor de lo que estaba antes. O quizás el incremento en ingresos ha venido de una donación grande de un donante extranjero, con el resultado de que los donantes locales han concluido que el programa ya no necesita de su ayuda. Aunque se hayan logrado pagar las cuentas del año pasado, en realidad el programa se encuentra en problemas financieros profundos a pesar de su éxito temporal. No hay mucha excelencia en estas historias parciales.

Si una institución de entrenamiento reporta que todos sus estudiantes ganaron sus exámenes exitosamente, puede ser digno de celebrar. ¿Pero qué fue precisamente lo que se evaluó en esos exámenes? ¿Saben predicar los estudiantes? ¿O son predicadores brillantes pero son tan arrogantes que nadie los quiere como pastores? Un programa puede tener éxito en llevar a cada estudiante hasta la graduación, pero si han sido entrenados en las cosas equivocadas para que no puedan ministrar de manera efectiva, no hay mucha excelencia en el programa.

La excelencia es más que una lista sencilla de "éxitos", especialmente si nuestros éxitos vienen de metas equivocadas, reportaje selectivo, un análisis incompleto o un mal uso de las estadísticas. El resto de este libro ha sido diseñado para ayudarle a descubrir y celebrar las maneras en que usted es excelente (o podría ser excelente) al hacer lo que Dios quiso que hiciera.

¿La excelencia es algo relativo?

Sí y no. Evaluamos nuestra calidad a medida que nos medimos contra estándares y objetivos específicos. Eso no es relativo. Sin embargo, como lo notaremos en un momento, muchos estándares son diferentes para diferentes personas y contextos y en momentos diferentes.

A medida que cambia el propósito o las metas de una actividad u organización, también lo hacen los criterios bajo los cuales podemos evaluar la excelencia. Un curso de consejería matrimonial en un nivel de postgrado debería evaluarse de manera distinta que un seminario ofrecido un fin de semana para ayudarles a las parejas casadas a comunicarse mejor. Y estas dos cosas tendrán diferentes estándares o criterios que un campamento deportivo diseñado para ayudarles a los jóvenes a jugar fútbol mejor.

La evaluación de la excelencia depende también de las habilidades y la experiencia de los participantes. Lo que uno espera de un niño que apenas está aprendiendo a tocar el piano es distinto de un adulto que tiene un título en música. Tenemos diferentes estándares de excelencia para un estudiante que apenas comienza a predicar y para un profesor de homilética. Las expectativas que tenemos para un nuevo estudiante de una institución bíblica que apenas aprende a meditar acerca del ministerio serán muy distintas de nuestras expectativas para un misionero veterano que regresa del campo misionero para comenzar un programa de maestría en Misiología. El trabajo de ambos puede ser excelente, aunque los resultados de uno serán muy distintos a los resultados del otro. Afirmamos la excelencia hasta el punto en que hemos tenido éxito en alcanzar un estándar o una meta apropiada al programa y al nivel de habilidades y a la experiencia de quienes participan en dicho programa.

Además, podemos afirmar la excelencia en proceso a medida que alguien se mueve o progresa hacia el alcance de valores, estándares o metas. Una persona no sólo puede demostrar un progreso excelente a medida que progresa o madura, sino que también podemos afirmar la excelencia en la manera en que se está animando ese crecimiento. En todos estos ejemplos la excelencia tiene un aspecto relativo. Se está midiendo o evaluando algo en personas específicas con dones y habilidades específicas en momentos específicos y contextos específicos – contra valores, estándares o metas que son apropiadas para quienes están siendo evaluados.

¿Quién determina los estándares o afirma la excelencia?

1. Dios mismo

Los programas de entrenamiento evangélicos existen para glorificar a Dios. Nuestro deseo individual e institucional deberá ser el escuchar decir a Dios, "Bien hecho, buen siervo y fiel". Tenemos estándares claros de Dios contenidos en Su Palabra santa respecto al mandato de entrenamiento que se nos ha dado, en conjunto con muchos ejemplos de cómo podría y debería llevarse a cabo el entrenamiento. A medida que intentamos llevar a cabo la tarea que se nos ha encomendado, necesitamos hacerle caso a la Palabra de Dios y escuchar el Espíritu de Dios para caminar y obrar con sabiduría. Mientras que una evaluación final de nuestra obra sólo se realizará en el fin de los tiempos, cuando todas las cosas serán reveladas, Dios puede animarnos (y corregirnos) en lo que hacemos ahora. Que no estemos tan ocupados, ni seamos tan ciegos y sordos, que seamos incapaces de sentir la presencia de Dios entre nosotros o de escuchar Su voz. Que podamos regocijarnos y estar satisfechos con lo que Dios ha hecho a medida que vemos o escuchamos historias acerca de la vida y los ministerios de nuestros egresados. Y que seamos renovados y afirmados por el Espíritu de Dios que vive y obra en y a través de nosotros.

2. La comunidad constituyente

Después de Dios mismo, el lugar más importante del que deberíamos escuchar palabras de afirmación en cuanto a nuestra excelencia debería ser la comunidad a la que intentamos servir. La retroalimentación de nuestra comunidad es la mejor manera de recibir entradas tanto positivas como negativas con respecto a nuestra excelencia. Discutiremos los asuntos de la comunidad en mayor profundidad en los capítulos 4, 10 y 12. Su satisfacción con nuestros esfuerzos de entrenamiento es la mejor validación de lo que se está haciendo. Al contrario, si nuestros egresados y sus comunidades no están contentos con los resultados de nuestros esfuerzos, ciertamente no podremos afirmar la excelencia de nuestros programas de entrenamiento.

3. El gobierno o las agencias aprobadas por el Gobierno

Existe una afirmación de calidad y excelencia en los procesos oficiales de validación o acreditación. Cada vez más, los gobiernos se reservan el derecho de "acreditar" o "titular" los programas de entrenamiento. Esto no restringe el derecho de las iglesias u organizaciones a ofrecer seminarios o talleres de utilidad. Pero las autoridades educativas gubernamentales quieren asegurarse de que aquellos esfuerzos de entrenamiento que se hacen llamar "escuelas" tienen la competencia y la estructura para ser escuelas. La validación gubernamental protege a las personas del común contra programas falsos de entrenamiento que ofrecen "diplomas" baratos con un trabajo mínimo. Estos esfuerzos de validación por lo general no se meten con asuntos como quiénes son los profesores, o a quién se le enseña, o de qué se enseña en los cursos individuales. Ellos se preocupan de que quienes enseñan sean personas calificadas, de que las instalaciones y la financiación del programa sean adecuadas, de que los cursos estén diseñados para el título que se ofrece, de que el programa tenga unos estatutos registrados y un cuerpo de gobierno, etc. Por muchas razones, una institución de entrenamiento evangélica puede decidir no ser acreditada ni reconocida por los ministerios educativos de su gobierno. Sin embargo, la mayoría de los estudiantes le otorgan un valor elevado a los programas "acreditados", porque esto precisamente implica un reconocimiento oficial de la calidad y la excelencia del programa.

4. Las instituciones de entrenamiento pares

Otra manera de verificar la excelencia es mediante la evaluación por los pares. Esto resulta especialmente útil para las instituciones de entrenamiento evangélicas con metas muy distintas de las universidades locales. Los cuerpos gubernamentales no se encuentran en una posición para evaluar qué tan bien lo estamos haciendo en cuanto a la formación del carácter o en cuanto a la preparación efectiva para el ministerio. Sin embargo, esta clase de evaluación la pueden realizar colegas que trabajan en instituciones de entrenamiento para el liderazgo en un nivel equivalente dentro de la región. Esta evaluación por pares se hace formalmente mediante las agencias de acreditación asociadas con el Concejo Internacional para La Educación Teológica Evangélica (ICETE por sus siglas en inglés - www.icete-edu.org) y otros. Quienes han estado involucrados en el entrenamiento teológico son quienes están mejor ubicados para proponer estándares para la excelencia en el entrenamiento teológico, además de ayudarse mutuamente a ser responsables ante esos estándares. Es bueno cuando un programa puede ser honrado por su calidad en una plataforma mundial debido al reconocimiento que le han otorgado sus pares.

5. El personal y el liderazgo de la misma institución de entrenamiento

Todos aquellos que están involucrados en el entrenamiento para el liderazgo teológico evangélico deben tener un sentido de si están haciendo o no un buen trabajo. En el capítulo 12 discutiremos cómo un programa de entrenamiento puede convertirse en una comunidad que se renueva y se anima constantemente a crecer en la excelencia. Cada programa de entrenamiento necesita múltiples maneras para obtener retroalimentación acerca de lo que hace. Se requiere de excelencia en muchas áreas distintas para ser una institución excelente. Una buena manera para que una institución evalúe su propia excelencia es mediante las preguntas de revisión y auto-evaluación que hacen parte de las visitas formales de acreditación.

¿Es posible la excelencia?

¡En realidad se requiere! La Palabra de Dios no nos llamaría a la excelencia si esta no fuera posible. ¿Entonces hasta qué punto somos conscientes de la excelencia, pues Dios está obrando en y a través de nosotros? ¿Tenemos los ojos de Dios para entender las necesidades de las personas y de su entorno? ¿Nuestros ministerios están bien estructurados? ¿Estamos usando nuestro tiempo de manera sabia para hacer las cosas correctas en formas correctas? ¿Nuestros sueños buscan cosas nobles y provechosas? ¿Estamos construyendo nuestro entrenamiento sobre los valores de Dios, o estamos aplicando de manera inconsciente aquellos valores culturales que han formado nuestro pasado? ¿Nos hemos acostumbrado a la mediocridad?

Evaluamos nuestra calidad al saber hacia dónde deberíamos dirigirnos y por qué, y revisando luego los valores y los procesos que nos ayudaron, por la gracia de Dios, a llegar adonde estamos hoy. ¿Qué tan bien le hemos respondido a las necesidades de nuestro contexto, dadas nuestras metas y propósitos? ¿Logramos lo que nos propusimos? ¿Estamos satisfechos con los procesos que hemos estado usando para lograr nuestras metas? ¿Podemos decir que realmente hicimos lo bueno? ¿Qué tan efectivamente hemos usado los recursos que Dios nos ha encomendado para hacer la labor que Él nos ha dado? El saber las respuestas a esta clase de preguntas nos ayuda a afirmar si nuestra institución de entrenamiento para el liderazgo es excelente o no, no solo a ojos de Dios, pero ante muchos otros.

Conclusiones

El entrenamiento es un mandato que hemos recibido del Señor Jesús como parte de Su Gran Comisión para toda la iglesia (Mateo 28:18-20). El Apóstol Pablo nos anima con estas palabras: "Y todo lo que hagan, de palabra o de obra, háganlo en el nombre del Señor Jesús, dando gracias a Dios el Padre por medio de él". (Colosenses 3:17). Quienes lideran las instituciones de entrenamiento para el liderazgo necesitan descubrir lo que es y lo que no es excelente en lo que hacen. Necesitan saber qué afirmar además de qué arreglar o incluso abandonar a medida que laboran hacia la excelencia.

Como veremos a lo largo de este libro, los programas excelentes tienen buenos resultados. Saben hacia dónde van y por qué. Cumplen estándares mínimos. Encajan en el contexto. Su propósito, proceso y producto son acordes a los principios bíblicos. Están bien gobernados, administrados y dotados de personal. Tienen los recursos adecuados. Sus comunidades están compuestas de personas competentes y emocionalmente saludables que saben cómo cuidarse mutuamente. Las instituciones teológicas excelentes son comunidades de aprendizaje que puede renovarse a sí mismas.

Preguntas de discusión acerca de la excelencia

1. ¿Qué entiendes por la "excelencia" en el programa de entrenamiento del que haces parte?
2. ¿De qué maneras has sentido o visto el "Bien hecho, buenos siervos y fieles" de Dios en lo que están haciendo?
3. ¿En qué áreas tienen una reputación de hacer bien su labor? ¿Cómo sabes esto? ¿Existen otras áreas donde en realidad tienen una reputación pública no tan buena?

2

La excelencia en el liderazgo

Una institución de liderazgo excelente entiende lo que es el liderazgo y cómo este se puede animar, entrenar y usar. Los buenos programas saben cómo aprovechar los diferentes estilos de líderes. El encontrar, animar y desarrollar buenos líderes puede ser el elemento más importante de lo que convierte un buen programa en un programa excelente.

Muchas instituciones teológicas han sido fundadas por personalidades carismáticas. La institución nunca habría existido sin su labor sacrificial empeñada en desarrollar estructuras administrativas y curriculares, reclutar profesores y estudiantes, y encontrar los recursos para el funcionamiento del programa. Tanto los estudiantes como el personal buscan los consejos de su amigo y líder, incluso cuando esto implica largas demoras en la toma de decisiones. Es difícil que otra persona asuma el papel de liderazgo de una persona tan carismática, especialmente porque los líderes fundadores a menudo continúan como fiduciarios, miembros de la junta directiva, profesores y administradores, y como el principal recaudador de fondos para la institución. Aunque muchas veces existe gran admiración y amor por estas personas tan talentosas, estos líderes tienden a tener una influencia profunda, incluso sofocante, en todos los asuntos de la institución.

Existen muchos libros excelentes acerca de la naturaleza y la práctica del liderazgo. No tengo como propósito embarcarme en una revisión completa de las cosas buenas que ya han dicho otros. En la bibliografía al final de este capítulo he elaborado una lista de algunos de los libros y artículos más significativos que tratan este tema. Sin embargo, resulta asombroso la cantidad tan pequeña de instituciones de entrenamiento para el liderazgo que se han tomado el tiempo para discutir lo que *ellos* piensan que es el "liderazgo". ¿En qué sentido puede un programa de entrenamiento para líderes entrenar a esos líderes si no tiene una comprensión clara de lo que es el liderazgo?

En este capítulo examinaremos lo que es y lo que no es el liderazgo en las Escrituras, y veremos que lo que somos siempre es más importante que lo que hacemos. No consideraremos los asuntos curriculares de cómo entrenar a nuestros estudiantes para el ministerio como siervos-líderes, pues esto se discutirá más a fondo en el capítulo 6. En este capítulo nos ocupamos de aquellos que lideran los programas de entrenamiento para el liderazgo. Necesitamos considerar las características de personalidad y calidad que deben poseer, además de las cosas específicas que deben hacer. ¿Cómo se puede descubrir o desarrollar esta clase de persona? ¿Qué diferencia hay si existe una variedad de estilos de liderazgo? ¿Es posible que líderes de diferentes estilos trabajen bien en equipo? Examinaremos estos asuntos, y notaremos que cualquier líder necesita aprender habilidades de resolución de conflictos. También ofreceremos algunas sugerencias acerca de la manera en que el liderazgo existente puede prepararse para la transición a un nuevo liderazgo. Un asunto que no consideraremos en este capítulo es el cuidado y la renovación de los líderes que ya tenemos, pues nos ocuparemos de él en el capítulo 12.

¿Qué es el liderazgo?

¿El liderazgo es una cualidad personal con la que nace una persona o un don especial dado por Dios? ¿Es un rol posicional que coloca a una persona al frente de un grupo, una labor asignada para que alguien la realice o es simplemente lo que ocurre cuando un "líder" se alza en medio de una crisis? Podemos suponer que no todos los líderes siguen el patrón exacto de Moisés cuyo llamamiento y entrenamiento fueron orquestados por Dios mismo a lo largo de un período de 80 años. Tampoco parecería ser la norma que todos los líderes pasen 40 años trabajando en un programa interino, como sucedió con Josué. ¿Pero hasta qué punto puede ser intencional el entrenamiento para el liderazgo – la enseñanza de habilidades y técnicas que se alimentan de las experiencias y talentos de una persona? ¿Es posible que los líderes sean entrenados por personas que no son líderes?

Nuestras respuestas a estas preguntas tendrán implicaciones significativas para nuestros programas de entrenamiento para el liderazgo. Si percibimos el liderazgo como un rol primordialmente funcional en el que la mayoría de nuestros egresados ingresarán algún día, nuestros esfuerzos de entrenamiento deberían enfocarse en la provisión de habilidades, herramientas y recursos prácticos que le ayudarán a la persona a ser un buen líder. El entrenamiento debería incluir palabras de sabiduría de parte de quienes ya son líderes y de quienes han ocupado posiciones de liderazgo en el pasado y que entienden algo de la labor que se ha de a realizar. De manera alterna, si concluimos que el "liderazgo" es primordialmente el uso de los dones que Dios ha dado, nuestros esfuerzos de entrenamiento deberían ayudarles a los estudiantes a alcanzar un entendimiento apropiado de sus dones y habilidades. También resultará fundamental la seguridad de que estamos entrenando a las personas correctas. La aparente paradoja es que mientras estamos conscientes de que lo que una persona adquiera mediante experiencias educativas no "producirá" dones espirituales, sí confiamos en que nuestros esfuerzos de entrenamiento le ayudarán a una persona con dones de liderazgo a usar esos dones de una manera más efectiva.

Conceptos bíblicos del liderazgo

Las palabras bíblicas relacionadas con "liderar" o "dirigir" sugieren que el liderazgo tiene tanto un aspecto posicional como también funcional. Un líder es alguien que está visiblemente al frente y que lleva al pueblo a algún lugar, ¡sea llevando al pueblo de Dios a la Tierra Prometida, o llevándolos a la deriva! Moisés estaba consciente de que era Dios quien dirigía: "Si el Señor se agrada de nosotros, nos hará entrar en ella. ¡Nos va a dar una tierra donde abundan la leche y la miel!" (Números 14:8). Pero Dios le dio a Moisés parte de la tarea del liderazgo: "Así que dispónte a partir. Voy a enviarte al faraón *para que saques* de Egipto a los israelitas, que son mi pueblo." (Éxodo 3:10). También se le dio un papel de liderazgo a Josué: "Sé fuerte y valiente, porque *tú harás* que este pueblo herede la tierra que les prometí a sus antepasados" (Josué 1:6). En otras palabras, Dios lidera, el líder sigue a Dios y lleva así a los demás al lugar donde Dios quiere que vayan.

La dirección, o el liderazgo, era un papel desempeñado por los profetas (p.ej. Débora en Jueces 4:4), o por reyes "como las otras naciones... que nos *gobierne* y que marche al frente de nosotros cuando vayamos a la guerra" (1 Samuel 8:20). El Rey Salomón oró: "Yo te pido sabiduría y conocimiento para gobernar a este gran pueblo tuyo; de lo contrario, ¿quién podrá gobernarlo?" (2 Crónicas 1:10). El liderazgo tenía que ver con la posición que ocupaba la persona e implicaba un papel visible y a la delantera, que le ayudaba al pueblo de Dios a lograr algo que Dios quería que alcanzara.

Es posible liderar mal – o liderar bien, pero hacia fines equivocados. Ambos fueron problemas que enfrentó el pueblo de Israel a través de la historia. "¡Pobre pueblo mío, extraviado por tus guías, *que tuercen* el curso de tu senda!" (Isaías 3:12). También fue un problema en la iglesia. El Apóstol Juan advirtió: "Estas cosas les escribo acerca de los que procuran *engañarlos*" (1 Juan 2:26). Es claro que el ciego no debe *guiar* al ciego (Mateo 15:14). El propósito de Jesús al venir al mundo era "para que los ciegos vean" (Juan 9:39). Quienes ejercen el liderazgo deben poder ver con claridad. El liderazgo incluye tener visión, sabiduría y entendimiento.

El liderazgo cristiano implica ser seguidor de Jesús. Sus palabras no debían aprenderse simplemente; debían obedecerse (Mateo 28:19). Es bueno pedirle a Dios dirección para saber cómo vivir. A los discípulos se les enseñó a orar: "Y no nos dejes caer en tentación, sino líbranos del maligno" (Mateo 6:13). El Salmista pidió: "Fíjate si voy por mal camino, y *guíame* por el camino eterno" (Salmos 139:24). Como resultado de lo que Dios estaba haciendo en él, el Salmista podía responsabilizarse por sí mismo. "Quiero conducirme en mi propia casa con integridad de corazón" (Salmos 101:2).

Una imagen bíblica importante del liderazgo es la del pastor. Dios mismo es un pastor. David escribió: "En verdes pastos me hace descansar, junto a aguas tranquilas me *conduce*" (Salmos 23:2). El Mesías prometido iba a ser así: "Les dare pastores que cumplan mi voluntad, para que los *guíen* con sabiduría y entendimiento" (Jeremías 3:15). La imagen también se le aplica al Cristo resucitado en el final de los tiempos: "Porque el Cordero que está en el trono los pastoreará y los guiará a fuentes de agua viva" (Apocalipsis 7:17). Juan describe a Jesús como el gran "Yo Soy" quien es tanto la puerta para el rebaño como su Pastor: "El portero le abre la puerta, y las ovejas oyen su voz. Llama por nombre a las ovejas y *las saca* del redil" (Juan 10:3).

David Bennett ha llevado a cabo un estudio exhaustivo de las palabras bíblicas usadas para líderes en *Biblical Images for Leaders and Followers*

[Imágenes bíblicas para líderes y seguidores].[1] En un resumen dado en la Consulta sobre el Desarrollo Institucional para la Educación Teológica en el Mundo Dos-Tercios (26 de junio – 8 de julio de 1995), hizo las siguientes observaciones acerca de lo que no es el liderazgo:

- Jesús nunca usó ninguna de las muchas palabras con la raíz *arch*- palabras relacionadas con el gobierno y la autoridad.
- Aunque Jesús contó muchas historias acerca de amos y siervos, nunca comparó a sus seguidores con los amos – sólo con los siervos.
- Jesús describió a sus seguidores como una familia, pero nunca sugirió que ninguno tomara el papel de "padre".
- Cuando Jesús se refirió a sus discípulos como pastores, hacía énfasis en el cuidado del rebaño y no en la autoridad que tenía el pastor. Jesús no entrenó a sus discípulos para que fueran jefes futuros dándole órdenes al universo entero.
- Un grupo de imágenes notorio por su ausencia son las que vienen del templo y de la adoración. Los discípulos debían ser hermanos, y es posible que Jesús quería evitar cualquier sugerencia de una "elite" entre ellos.

Los discípulos de Jesús no debían llegar a ser como los gobernadores de los gentiles, que "oprimen" a los demás mientras "abusan de su autoridad" sobre ellos (Marcos 10:42). De acuerdo con Jesús, "El que quiera hacerse grande entre ustedes deberá ser su servidor, y el que quiera ser primero deberá ser esclavo de todos" (Marcos 10:43-44). El Apóstol Pedro entendió estas palabras y las reflejó en los consejos que les dio a los ancianos mucho después en su propia vida: "Cuiden como pastores el rebaño de Dios que está a su cargo, no por obligación ni por ambición de dinero, sino con afán de servir, como Dios quiere. No sean tiranos con los que están a su cuidado, sino sean ejemplos para el rebaño" (1 Pedro 5:2-3). Servir al rebaño no significa que no existan roles específicos de liderazgo, pues a algunos se les dio la tarea de ser ancianos, supervisores y pastores. Pero es claro que hay maneras equivocadas de ejercer el liderazgo. A nadie se le debería obligar a ocupar una posición de liderazgo, y el liderazgo no debe tomarse como una manera de

---

1. David Bennett, *Biblical Images for Leaders and Followers* (Grand Rapids: Baker Book House, 1993).

ganar poder o dinero. El liderazgo implica ser siervo, cuidando como pastor de aquellos a quienes se guía.

En Romanos 12 se dice que el liderazgo es un don relacionado con la administración de personas. Si el don es "de dirigir, que dirija con esmero" (Romanos 12:8). Este es apenas un don de entre muchos pues todo el pueblo de Dios tiene dones para alguna clase de ministerio. Indudablemente cualquiera de los dones que Dios da incluyen ciertos aspectos de liderazgo. Dios organizó las partes del cuerpo "como mejor le pareció" (1 Corintios 12:18). Las personas no pueden excluirse a sí mismas del ministerio por creer que no son aptos para ser líderes debido a que no creen tener los dones adecuados. Las personas (incluso aquellos que tienen dones de liderazgo) tampoco pueden considerar que tienen tantos talentos que no tienen necesidad de los demás. De acuerdo con Pablo, en Efesios 4, el cuerpo entero, sostenido y ajustado por cada ligamento, sólo "crece y se edifica en amor" cuando cada miembro realiza su "actividad propia" (4:16). El liderazgo implica usar los dones propios en la administración de personas para el bien de todo el cuerpo de Cristo.

Es en este contexto que leemos de algo especial que hizo Dios para su iglesia. Él le "dio" a la iglesia unas personas especiales, cada una de las cuales tiene su don especial: apóstoles, profetas, evangelistas y pastores-maestros. Estas eran personas reconocidas como líderes. Pero su tarea no consistía en hacer la obra del Reino en nombre de otros, sino preparar o equipar el pueblo de Dios para que pudieran hacer la obra del ministerio (Efesios 4:11-12). El liderazgo implica ayudar a equipar a otras personas para que lleven a cabo el ministerio.

Desde una perspectiva bíblica, el liderazgo efectivo implica cualidades de vida, y no sencillamente un puesto o un rol que ocupar. Podemos concluir que el liderazgo implica

- ser seguidor de Jesús.
- llevar el pueblo a algún lugar.
- tener visión, sabiduría y entendimiento.
- ser un siervo, cuidando de manera pastoral a aquellos a quienes guía.
- usar los dones propios para el bien del cuerpo de Cristo.
- ayudar a equipar a otros para llevar a cabo el ministerio.

Carácter: quién debe ser un líder

Lo que somos es más importante que lo que hacemos. El desempeño por sí solo no es lo que importa, sea en el liderazgo o en cualquier otro ministerio. En el Sermón del Monte, al maestro falso no se le rechaza con base en su enseñanza, sino por los frutos de su vida (Mateo 7:15-20). Jesús tampoco se dejaba impresionar por aquellos que le llamaban "Señor" ni por aquellos que hacían cosas increíbles en su nombre, como profetizar, hacer grandes milagros o echar fuera demonios. Lo que importaba era la obediencia, hacer la voluntad del Padre (Mateo 7:24). Jesús contó una historia de dos hombres que construyeron casas idénticas, una sobre una roca y la otra sobre la arena. Ambos podrían haber sido estudiantes de una escuela bíblica, pues ambos habían escuchado las palabras de Jesús lo suficiente como para haber aprobado los exámenes bíblicos con calificaciones excelentes. Ambos, en apariencia, tenían habilidades y experiencia equivalentes para la construcción, y ambos estaban obrando a partir de los mismos planos. Lo que hizo sabio a uno y necio al otro no fue su conocimiento, sus dones, sus habilidades, ni su fidelidad con los planos. El punto "fundamental" fue su obediencia: poner en práctica las palabras de Jesús (Mateo 7:24).

Oswald Sanders, en *Spiritual Leadership* [Liderazgo espiritual],[2] presenta la siguiente lista como las características esenciales para cualquier líder, incluso aquellos que le dan liderazgo y dirección administrativa a los programas de entrenamiento teológico.

- Disciplina – aprender a obedecer
- Visión – ver posibilidades y entender sus implicaciones con optimismo
- Sabiduría – discernir la aplicación correcta del conocimiento en áreas morales y espirituales
- Decisión – tomar decisiones de manera decisiva cuando está en posesión de todos los hechos
- Coraje – enfrentar las dificultades sin temor ni depresión
- Humildad – entender de manera realista quién es él o ella en Cristo
- Humor – sin ser a expensas de otro

---

2. Oswald Sanders, *Spiritual Leadership* (Chicago: Moody Press, 1967), capítulos 7-8.

- Ira – frente a las injusticias que deshonran a Dios y que esclavizan a las personas
- Paciencia – mantener relaciones sólidas, no adelantarse a todos los demás
- Amistad – amar a las personas, animandoles a dar lo mejor de sí
- Tacto y diplomacia – manejar varios puntos de vista sin perder el respeto por la persona
- Motivación – inspirar a otros para el servicio
- Habilidad Ejecutiva – mayordomía para que todo se haga con decencia

Muchos de estos factores son rasgos personales que debería poseer cualquier seguidor de Jesús. No podemos hacer demasiado énfasis en la importancia de la personalidad en el liderazgo. Lo que somos comunica lo que sentimos que es importante más que cualquier cosa que podríamos decir. Si nuestros valores más importantes son la pulcritud y el orden, sin decir mucho, nuestros estudiantes podrán aprender más acerca de no pisar el césped que lo que aprenderán acerca de las relaciones amorosas o de estar listos para el regreso de Jesús. Nuestra competencia profesional como maestros o administradores va de la mano con nuestras actitudes y relaciones. Los estudiantes aprenden más de observar quienes somos y cómo ministramos que de nuestro material de lectura. Lo que Jesús dijo es verdad, tanto positiva como negativamente, "El discípulo no está por encima de su maestro, pero todo el que haya completado su aprendizaje, a lo sumo llega *al nivel de* su maestro" (Lucas 6:40).

La vida que se vive en el contexto de la comunidad es el aspecto más importante del liderazgo (o de cualquier otro ministerio). Quiénes somos como líderes, profesores y personal es lo que más importa en un programa de educación teológica. Nuestra tarea educativa no es primordialmente funcional, es decir, que la enseñanza de habilidades o técnicas que pueda usar un estudiante para "realizar" su ministerio. Nuestra tarea primordial tampoco consiste en ayudarles a los estudiantes a adquirir cantidades de trasfondo e información acerca de la teología, la historia o las Escrituras. La tarea principal de la educación teológica consiste en formar las vidas de los seguidores de Jesús para que puedan ser usados por Dios como líderes e influencias para beneficiar su Reino. La personalidad importa, y es por esto que los líderes de los programas de entrenamiento para el liderazgo "enseñan" primordialmente mediante lo que son.

Responsabilidades: qué debe hacer un líder

Alguna vez en un taller le pedí a un grupo de aproximadamente 50 líderes de la educación teológica que hicieran una lista de las características o cualidades que creían debían existir en quienes dirigen los programas de educación teológica. Sus respuestas indicaban que la personalidad era en realidad importante. Un líder debe ser una persona con integridad, visión, pasión, un amor por Dios y por las personas, dispuesto a escuchar a otros, pero con la capacidad de tomar decisiones. También era importante la experiencia pasada, y el que la persona tenía las habilidades requeridas para hacer bien su trabajo. En cuanto a habilidades laborales, lo que parecía más importante era que el líder pudiera trabajar con otras personas. Eso implicaba contratar a las personas correctas y dejar ir a las equivocadas, además de saber cómo construir relaciones saludables tanto internas como externas. Un buen líder debería ser alguien que anima, que capacita, que soluciona problemas y que delega.

Hay cuatro áreas básicas que deben tener en cuenta quienes le dan liderazgo a los programas de entrenamiento para el liderazgo:

1. Un líder provee una visión y un plan

Como lo notamos antes, el liderazgo implica llevar a las personas a algún lugar. Entonces quienes le dan liderazgo a los programas de entrenamiento para el liderazgo necesitan tener una visión y un enfoque para saber hacia dónde van. Los líderes saben que el entrenamiento del liderazgo resulta estratégico para el crecimiento y la madurez de la iglesia. Están convencidos de que los programas de entrenamiento son lugares emocionantes donde se están formando vidas para la gloria de Dios y donde se está equipando efectivamente a futuros líderes para que hagan una diferencia para el Reino de Dios. Los líderes necesitan metas y un plan para saber cómo llegar desde aquí hasta allá. Estos son asuntos que discutiremos más a fondo en el capítulo 3.

2. Un líder construye equipos, los capacita y anima

Los líderes deben encontrar a quienes comparten su visión. Deben reclutarse personas competentes, entusiastas y con credibilidad para tener juntas funcionales, un equipo administrativo y financiero que descubrirá y usará apropiadamente el financiamiento adecuado para el programa, y un equipo de profesores competente y con vidas que ilustrarán lo enseñado. Los líderes no deberían simplemente hacer cosas para los demás (que podría ser manipulador) o en nombre de otros (que podría ser paternalista, y probablemente no muy productivo), sino por medio de otros. Para funcionar como equipo, las relaciones importan. Todas las personas necesitan empoderamiento, capacitación y ánimo.

3. Un líder enseña y un maestro enseña

Quienes dirigen programas de entrenamiento para el liderazgo deben tener la habilidad pedagógica para saber cómo ayudarles a los adultos a crecer y a aprender. Querrán enseñar un poco para mantenerse en contacto con sus habilidades y con el mundo real de sus estudiantes. Sin embargo, lo que puede ser aun más importante para un líder es convertirse en un profesor maestro, ayudándoles a los demás a obtener habilidades para la enseñanza efectiva.

4. Un líder representa públicamente a la institución

A los ojos de la comunidad, el gobierno, las iglesias, el profesorado, el personal y los estudiantes, los líderes personifican a la institución. La clase de carácter y de habilidades que se espera de los egresados es lo que se espera sea visible en los líderes del programa. Los líderes encontrarán maneras de ser asequibles y de ministrar en público para poder recibir retroalimentación y compartir historias de lo que Dios está haciendo. Asumirán sus roles en la construcción de una base sólida de financiación y en representar al programa en cualquier oportunidad.

Cómo descubrir y desarrollar el liderazgo

¿Cómo descubrimos a quienes tienen los dones para llevar a las personas a algún lugar y que tienen los dones y las habilidades para asumir roles de liderazgo? Quizás la respuesta más sencilla yace en observar la vida de los demás.

Como dijo Jesús, "Por sus frutos los conocerán" (Mateo 7:16). Debemos mirar a nuestro alrededor para ver quiénes se preocupan por la dirección en que van los demás. ¿Quiénes tienen buenas habilidades relacionales? ¿Quienes tienen vidas dignas de imitar? ¿Quiénes tienen visión y habilidades para enseñar o administrar a los demás? ¿Quiénes tienen una historia de ayudarles a los demás a movilizarse, sin manipularlos? Debemos notar a aquellos a quienes Dios ya está usando como líderes, y luego encontrar maneras de animarlos a medida que crecen.

Esto no requiere dominar el *Liderazgo para Dummies* (si es que existe tal libro), ni aplicar los *10 Pasos comprobados para convertirse en un líder perfecto*. El aprender a aprender es una de las habilidades que cualquier persona puede poseer, incluso un líder. Convertirse en un líder es un proceso y demanda esfuerzo y tiempo. La mejor manera de ayudarles a los líderes en potencia a crecer en su carácter y sus habilidades ministeriales es encontrar líderes experimentados con habilidades y una voluntad de servir como mentores. Los líderes en proceso se beneficiarán de varias relaciones distintas con personas que les enseñarán o discipularán, que les animarán o aconsejarán, quienes los patrocinarán ante otros y serán modelos para ellos.

Laurent Daloz describe tres cosas importantes que hacen los mentores:

1. **Los mentores proveen apoyo.** Escuchan, son "abogados" que defienden al otro, y comparten la experiencia propia. El mentor provee una estructura cómoda dentro de la cual las personas pueden aprender a aprender de sus propias experiencias actuales.
2. **Los mentores desafían.** Un profesor o mentor hábil les ayuda a los demás a repensar sus presupuestos fundamentales y a entender las situaciones o los problemas de maneras distintas. Los mentores les ayudan a las personas a fijarse expectativas altas pero realistas para ellas mismas.
3. **Los mentores proveen visión.** Al ofrecer retroalimentación y ánimo, un mentor anima a la reflexión crítica y la auto-consciencia para ayudarle a la persona a ver en lo que pueden (y deben) convertirse.[3]

---

3. Laurent Daloz, *Mentor: Guiding the Journey of Adult Learners* [Mentor: guiando el peregrinar de los aprendices adultos] (San Francisco: Jossey-Bass, 1999), pp. 206-229.

Para la mayoría de nosotros, nuestros mejores maestros fueron los que querían que descubriéramos las cosas por nosotros mismos. De esta misma manera, un buen mentor es un guía que trabaja con un líder en potencia para ayudarle a formular un plan de aprendizaje individual. Los mentores hallan maneras en que los líderes potenciales pueden sumergirse en tareas de liderazgo y luego hacen preguntas que requieren que mediten sobre nuevas experiencias y conocimientos. Los mentores son efectivos cuando pueden disponerse con regularidad a escuchar las cosas que se están aprendiendo además de contestar las preguntas que pueden surgir. Los buenos líderes que sirven como mentores les ayudarán a los líderes en potencia a seguir adaptándose y creciendo dentro de sus propios estilos únicos de aprendizaje.

Estilos y variedades de liderazgo

El estilo de liderazgo es la manera en la cual los líderes ayudan las personas a realizar el trabajo. No hay ningún perfil único de lo que debería ser un líder. Tampoco existe una manera única de ejercer el liderazgo. El liderazgo puede enfocarse en una tarea (llevar algo a cabo), en el proceso (hacer las cosas de la manera correcta) o en las personas (enriqueciendo o animando a quienes trabajan bajo o para el líder). Todas estas cosas son importantes, pero diferentes.

Cada uno de nosotros es una combinación única de habilidades, intereses y trasfondos – y trabajamos con personas que tienen dones, responsabilidades y competencias igualmente únicas. Venimos de diferentes culturas y trabajamos en una variedad de contextos. Podemos tener valores similares, pero establecemos prioridades de manera distinta. Algunos líderes son buenos para ver el cuadro completo, y sueñan con visiones grades. Otros funcionan mejor como animadores, entrenadores, facilitadores, solucionadores de problemas o administradores ejecutivos. Notemos algunas de las variedades de liderazgo que se encuentran en las Escrituras:

- Moisés – Un intermediario quién dirigió mediante un vocero.
- Nehemías – Alguien que hizo que funcionara el proyecto, incluso obligando a las personas a comportarse de manera correcta de vez en cuando.
- David – El rey, en la cima, con toda la autoridad.
- Pedro – Un hacedor impetuoso quien llevaba a las personas consigo.

- Pablo – Un jugador en equipo, alguien que delegaba. "Yo siembro, alguien más riega".

Es bueno que quienes se encuentran en posiciones de liderazgo descubran su propio estilo individual de liderazgo. Necesitamos saber cómo dirigir a partir de lo que hacemos bien, además de saber dónde no somos tan fuertes. Ninguno de nosotros fue creado ni dotado para ser omni-competentes, y es saludable saber dónde necesitamos realmente la ayuda de otros para hacer bien las cosas.

En el mundo de los negocios se han desarrollado muchas buenas herramientas para ayudarles a las personas a identificar sus estilos de liderazgo. Un herramienta común es la cuadrícula indicadora Myers-Brigg y se basa en cómo las personas aprenden, toman decisiones o se relacionan con otras personas. Esto se describe en un artículo de Wikipedia y en un libro por Renee Baron.[4] Otra herramienta usada comúnmente llamado el modelo DISC (www.intesiresources.com) describe los patrones de comportamiento en términos de fortalezas y debilidades en dos áreas: Dominio (que toman riesgos, y son enérgicos y directos), Influencia (que son emocionales y gregarios e intentan influenciar a los demás mediante la palabra y la actividad), Constancia o Seguridad (que son predecibles, jugadores de equipo leales, y les gusta un paso constante) y Conciencia o Conformidad (que les gusta adherirse a las reglas y a las estructuras y quieren hacer las cosas bien la primera vez).

El liderazgo implica tener seguidores. Algunas veces suponemos que el liderazgo debe ser lo que hacen las personas grandes "en la cima". La realidad es que la mayoría de las personas asumen roles de liderazgo en algún momento de sus vidas. El liderazgo lo realizan los pioneros (los que van delante de los demás), los profetas (que llaman a las personas a regresar a algo importante), o los administradores (que ayudan a realizar el trabajo de una manera eficiente). Los pastores van delante de las ovejas. Los perros pastores hacen su trabajo en la parte trasera y por los lados. A muchas de las ovejas pareciera encantarles el liderazgo en equipo como una manera de hacer las cosas en conjunto. En todos estos casos, uno espera que el rebaño se mueva en la dirección correcta.

---

4. http://en.wikipedia.org/wiki/Meyers_Briggs; Renee Baron, *What Type Am I? The Myers-Brigg Indicator Made Easy*. [¿Qué tipo soy? Guía sencilla al indicador Myers-Brigg] (New York: Penguin, 1998).

Nuestra conclusión es que hay muchos estilos distintos de liderazgo que son aceptables, y que el liderazgo se hace mejor cuando trabajamos juntos y cuando todos nos movemos en la dirección correcta.

El trabajo juntos como equipo

La mayoría de los líderes se siente abrumada por todo lo que recae sobre sus hombros. Una persona puede ser lo suficientemente competente en lo que hace - ¡sencillamente hay que hacer demasiado! La mayoría necesitamos escuchar (de nuevo) con cuidado a la amonestación que Jetro le hizo a Moisés: "No está bien lo que estás haciendo [. . .] pues te cansas tú y se cansa la gente que te acompaña. La tarea es demasiado pesada para ti; no la puedes desempeñar tú solo" (Éxodo 18:17-18).

Se supone que deberíamos hacer las cosas en conjunto. Dios le dio a Adán una compañera en el Jardín del Edén porque "no es bueno que el hombre esté solo" (Génesis 2:18). Somos una colección de piedras vivientes que Dios está usando para construir una casa espiritual (1 Pedro 2:5). Somos ciudadanos y miembros de la casa de Dios, el templo santo de Dios (Efesios 3:19-22). Somos "el cuerpo de Cristo, y cada uno es miembro de ese cuerpo" (1 Corintios 12:27). Solo crecemos cuando cada parte del cuerpo hace lo que debe hacer (Efesios 4:16). Incluso Dios mismo existe en comunidad: Padre, Hijo y Espíritu Santo.

Los líderes no deben "hacer" el trabajo del ministerio, sino equipar a otros para hacer ese trabajo. ¿Cómo pueden poner en práctica estos principios los líderes de la educación teológica en beneficio propio y además en beneficio de sus instituciones?

La solución no se encuentra en muchos comités o "grupos de trabajo" aleatorios. La delegación puede ayudar. Pero la clave de la buena delegación yace en determinar lo que pueden y deben hacer los demás. Esto implica repensar la descripción de nuestros trabajos. Entonces empoderamos a los demás y confiamos en ellos para que hagan lo que deben hacer. El liderazgo no lo debe hacer un comité. Pero puede ser una excelente idea que compartan las responsabilidades un equipo de liderazgo comprometido con una meta en común.

En *Team Players and Teamwork* [Jugadores en equipo y trabajo en equipo] (San Francisco: Jossey-Bass, 1990) Glen Parker sugiere que puede resultar importante tener personas en un equipo de liderazgo que le traen diferentes perspectivas y estilos a un grupo. Parker sugiere (p. 164) que hay cuatro tipos básicos de jugadores en equipo:

- **Contribuyentes** – aquellas personas organizadas, lógicas, pragmáticas y sistemáticas, aunque también pueden ser perfeccionistas, atadas a la información, poco creativas y con poca visión a largo plazo.
- **Colaboradores** – las personas visionarias, imaginativas, abiertas, flexibles y conceptuales, aunque también pueden ser demasiado globales, demasiado ambiciosos, insensibles, y poco conscientes de la realidad.
- **Comunicadores** – aquellas personas sustentadoras, relacionales, discretas, pacientes y relajadas, aunque pueden ser poco prácticas, estar a la deriva, ser manipuladoras e incluso necias.
- **Retadores** – personas de elevados principios, éticos y francos. Lo cuestionan todo, aunque también pueden ser quisquillosos, rígidos, incluso santurrones y arrogantes.

Los equipos de liderazgo funcionan mejor cuando tienen al menos un integrante de cada tipo. Descubriremos los gozos de la sinergia a medida que descubrimos cómo trabajar juntos en comunidad haciendo uso de los dones múltiples que Dios nos ha dado. También sobreviviremos más tiempo con menos consumo emocional y físico.

La resolución de tensiones y conflicto

El conflicto es inevitable en cualquier organización. Puede ocurrir cuando las personas quieren la misma posición, ministerio y privilegios o cuando hay visiones diferentes en cuanto a soluciones o prioridades. Las frustraciones pueden surgir por expectativas que no se han cumplido o cuando el liderazgo no funciona bien. Algunas veces chocan las actitudes y las personalidades. Las personas reaccionan cuando se sienten poco apreciadas o que se les ha tratado de manera injusta.

Donald C. Palmer señala que muchas veces en el conflicto se encuentran involucrados algunos asuntos sustanciales, tales como:

- Conflictos relacionados con los valores, las creencias y las tradiciones

- Conflictos acerca de propósitos y metas
- Conflictos sobre programas y métodos
    - ¿Cómo deberíamos hacerlo? Estrategia, métodos, programa
    - ¿Quién debería hacerlo? Organización, equipo
    - ¿Cuándo deberíamos hacerlo? Cronograma
    - ¿Cuánto debería costar? Presupuesto
- Conflictos sobre hechos, objetividad y perspectiva.
- Conflictos sobre visión ministerial, personalidades y estilos de liderazgo.[5]

No todos los conflictos son pecaminosos. Puede ser una indicación saludable de la vida y la vitalidad de una organización a medida que personas creativas sugieren nuevas ideas y cambios que se deben realizar. El conflicto sólo resulta peligroso cuando no se resuelve, permitiendo una acumulación de resentimiento. El liderazgo es crucial a la hora de asegurar que existan procesos instalados para que las personas sean escuchadas y para que se manejen de manera apropiada los diferentes asuntos.

Nuestros estudiantes aprenderán a resolver conflictos a medida que ven cómo sus líderes manejan el conflicto. Existen al menos dos maneras no saludables de responder ante el conflicto: (1) Intentar escapar o incluso negar su existencia; o (2) Atacar a los enemigos – verbal, legal o físicamente.[6]

Peacemakers Ministries [Ministerios de hacedores de paz] sugieren cuatro pasos que ayudarán a resolver el conflicto.

1. En lugar de enfocarnos en nosotros mismos y en nuestras dolencias, deberíamos regocijarnos en el Señor y en su perdón a medida que buscamos fielmente obedecer sus mandamientos.
2. En lugar de culpar a otros de un conflicto, deberíamos responsabilizarnos por nuestra propia contribución a los conflictos.
3. En lugar de hacer como si el conflicto no existiera, o de hablar a espaldas a los demás, deberíamos o ignorar las ofensas menores o hablar personalmente con quienes nos han ofendido.

---

5. Donald C. Palmer, *Managing Conflict Creatively: A Guide for Missionaries and Christian Workers* [El manejo creativo del conflicto: una guía para misioneros y trabajadores cristianos] (Pasadena: William Carey, 1990), pp. 11-13.
6. Peacemaker Ministries, P.O. Box 81130, Billings, MT 59108 USA. www.HisPeace.org.

4. En lugar de permitir componendas prematuras o permitir que las relaciones se marchiten, deberíamos perseguir activamente la paz y las reconciliaciones genuinas

Los líderes de programas de entrenamiento para el liderazgo deberían aprender a utilizar el conflicto para el bien y para el cambio. Que puedan animar a las comunidades saludables donde se practica el perdón. "Dichosos los que trabajan por la paz, porque serán llamados hijos de Dios" (Mateo 5:9).

Cómo negociar una transición en el liderazgo

Una de las cosas más difíciles para muchos líderes es preparar para la siguiente generación de líderes. Esto puede ser igual de difícil en las instituciones o en la iglesia como resulta en algunos gobiernos. Son pocas las veces que las personas tienen suficiente sentido común para darse cuenta del momento correcto cuando deben abandonar el puesto de manera voluntaria y permitirles a otros darle liderazgo a la organización. Es importante planear una transición, y no permitir que se convierta en una crisis después de la muerte del líder.

Todos los líderes deberían estar aconsejando y animando activamente a los nuevos líderes. Sin embargo, no estoy convencido de que es una buena idea que los líderes de programas de entrenamiento teológico sean los que elijan sus sucesores. Esta es tarea del cuerpo que gobierna la institución que puede examinar con cuidado y en oración las calificaciones de varias personas a la luz del propósito, las necesidades y las oportunidades a las que se enfrenta el programa de entrenamiento.

Un período de intersección entre el liderazgo antiguo y el nuevo también puede ayudar a que el nuevo superintendente, rector o presidente pueda observar los muchos detalles del programa antes de tener que asumir su responsabilidad completa. Sin embargo, en general, una transición debería ser lo más corta y limpia posible. Aunque es bueno entender a cabalidad la tarea antes de tener que asumirla, no todo el mundo quiere (como Josué) servir como un asistente durante 40 años antes de asumir las responsabilidades de liderazgo.

Hay dos asuntos importantes en una transición de liderazgo. El primero es que el liderazgo nuevo debe saber cómo honrar de manera apropiada el trabajo del líder anterior. Incluso si se escucha un suspiro de alivio cuando el líder antiguo por fin deja su puesto (o muere), no se gana nada al decir cosas negativas acerca del pasado. Sin embargo, es imperativo que el nuevo liderazgo tenga la libertad y la autoridad para hacer cosas nuevas, y que no se le obligue a continuar tradiciones que pueden no ser relevantes a las necesidades y realidades del programa actual. Aunque la sabiduría nos sugiere que no todo necesita cambiarse el día siguiente a una transición de liderazgo, debe existir la libertad para ingresar de manera apropiada en una nueva época de la vida de la institución. Esto por lo general requiere que el líder saliente no se quede para observar ni para ofrecer su asesoría.

Conclusiones

Los programas de educación teológica tienen tamaños y formas muy variados. No es un trabajo fácil el darle liderazgo a los programas de entrenamiento para el liderazgo. Pero sin excelencia en quienes sirven como líderes en nuestras instituciones de entrenamiento, no existirá mucha excelencia en el resto del programa. Es nuestro privilegio equipar a quienes Dios ha dotado y ha llamado al ministerio. No podemos distribuir los dones espirituales en nombre de Dios, pero podemos ayudarle a un administrador a que administre de manera más efectiva, a un maestro a que enseñe mejor, y a un pastor a que desarrolle un paquete completo de habilidades pastorales. ¡Que su institución de entrenamiento tenga un liderazgo excelente que la ayude a hacer precisamente esto!

Preguntas de discusión acerca de su liderazgo

1. ¿Qué tan bien se están preparando para las necesidades de su institución? ¿Cómo descubren (o podrían descubrir) personas con potencial de liderazgo? ¿Tienen un proceso para seleccionar y preparar a quienes asumirán posiciones de liderazgo en su programa de entrenamiento? De ser así, ¿cómo funciona?
2. ¿Cuáles valores claves tiene respecto al liderazgo? ¿Cuáles modelos ilustran estos valores? ¿Qué historias puede contar acerca de personas que ilustran estos valores?

3. ¿Cuáles son los roles de liderazgo más predominantes en su cultura? ¿Qué estilos de liderazgo tiene en este momento en su equipo de liderazgo? ¿Hasta qué punto son válidos o apropiados los diferentes estilos de liderazgo en su contexto?
4. ¿Qué hacen sus líderes en realidad? Revise las diferentes descripciones laborales que tienen. Dada la importancia del carácter, ¿cómo podrían fortalecerse mutuamente su ser como personas?
5. ¿Qué tan bien trabaja en equipo su equipo de liderazgo? ¿Qué podría ayudarlo a trabajar mejor?
6. ¿Cuál es el papel del liderazgo en la solución de problemas y la renovación de relaciones? ¿Cuáles elementos de la resolución de conflictos se encuentran más allá del control de un líder?

Sugerencias de lectura

Anderson, Terry D. *Transforming Leadership: Equipping Yourself and Coaching Others to Build the Leadership Organization.* New York: St. Lucie Press, 1998.

Augsburger, David W. *Conflict Mediation across Cultures: Pathways and Patterns.* Louisville: Westminster/John Knox Press, 1992.

Banks, Robert y Kimberly Powell, eds. *Faith in Leadership.* San Francisco: Jossey-Bass, 2000.

Bennett, David W. *Metaphors of Ministry: Biblical Images for Leaders and Followers.* Grand Rapids: Baker Book House, 1993.

Bennis, Warren. *The Unconscious Conspiracy: Why Leaders Can't Learn to Lead.* AMA-COM, 1976.

Blanchard, Kenneth y Spencer Johnson. *The One-Minute Manager.* New York: Berkley Books, 1982.

Covey, Stephen R. *The 8th Habit.* New York: Simon and Schuster, 2005.

Covey, Stephen R. *The Seven Habits of Highly Effective People.* New York: Simon and Schuster, 1989.

Clinton, J. Robert. *The Making of a Leader: Recognizing the Lessons and Stages of Leadership Development.* Colorado Springs: Nav Press, 1988.

Collins, Jim. *Good to Great.* New York: Harper Collins Publishers, 2001.

Daloz, Laurent. *Mentor: Guiding the Journey of Adult Learners.* San Francisco: Jossey-Bass, 1999.

DePree, Max. *Leadership is an Art.* New York: Bantam, Doubleday Dell Publishing, 1989.

Drucker, Peter F. *The Effective Executive*. New York: Harper and Row, 1985.
Early, Gene. "A Second Generation Leader Succeeds the Founder: What is the Process?" *Transformation* 18, no. 1 (2001), p. 1 ss.
Early, Gene. "The Chief Executive Role as God's Classroom for Character Formation." *Transformation* 18, no. 1 (2001), p. 9 ss.
Elmer, Duane. *Cross-Cultural Conflict: Building Relationships for Effective Ministry*. Downers Grove, InterVarsity Press, 1993.
Ford, Leighton. *Transforming Leadership: Jesus' Way of Creating Vision, Shaping Values, and Empowering Change*. Downers Grove, Illinois: InterVarsity Press, 1991.
Fullan, Michael. *Leading in a Culture of Change*. San Francisco: Jossey-Bass, 2001.
Gardner, John W. *On Leadership*. New York: Free Press, 1990.
Greenleaf, Robert K. *Servant Leadership*. New York: Paulist Press, 1977.
Hesselbein, Francis y Paul M. Cohen, eds. *Leader to Leader: Enduring Insights on Leadership from the Drucker Foundation's Award-Winning Journal*. San Francisco: Jossey-Bass, 1999.
Hesselbein, Francis, Marshall Goldsmith y Tichard Beckhard. *The Leader of the Future*. San Francisco: Jossey-Bass, 1996.
Jennings, Ken y John Stahl-Wert. *The Serving Leader*. San Francisco: Berrett-Koehler Publishers, Inc, 2003.
Kouzes, James W. y Barry Z. Posner *The Leadership Challenge*. San Francisco: Jossey-Bass, 1995.
Lewis, Phillip V. *Transformational Leadership*. Broadman, Holman Publishers, 1996.
Marshall, Tom. *Understanding Leadership*. Grand Rapids: Baker, 2003.
Maxwell, John C. *The 21 Irrefutable Laws of Leadership*. Nashville: Thomas Nelson, 1998.
Maxwell, John C. *The Winning Attitude: Your Pathway to Personal Success*. Nashville: Thomas Nelson, 1993.
Osei-Mensah, Gottfried. "Leaders: What are they?" *SPAN – IFES in English and Portuguese Speaking Africa* 2, no. 1 (Enero-Abril 1997).
Palmer, Donald C. *Managing Conflict Creatively: A Guide for Missionaries and Christian Workers*. Pasadena: Wm Carey, 1990.
Parker, Glenn M. *Team Players and Teamwork: The New Competitive Business Strategy*. San Francisco: Jossey-Bass, 1990.
Peters, Thomas J y Robert H Waterman, Jr. *In Search of Excellence: Lessons from America's Best-Run Companies*. New York: Warner Books, 1982.

Ratzburg, Wilf. "The Blanchard Leadership Model", de *Organizational Behavior –* OBNotes.htm (http://www.geocities.com/Athens/Forum/1650/ html blanchard.html).

Sanders, J. Oswald. *Spiritual Leadership*. Chicago: Moody Press, 1967.

Snook, Stuart G. *Developing Leaders Though TEE: Case Studies from Africa*. Wheaton: Billy Graham Center, 1992.

Stanley, Paul D. y J. Robert Clinton. *Connecting: The Mentoring Relationship You Need to Succeed in Life*. NavPress, 1992.

Wivcharuck, Peter. *Building Effective Leadership: A Guide to Christian and Professional Management*. Alberta, Canada: International Christian Leadership Development Foundation, 1987.

3

La excelencia en la planeación estratégica

Si no se tiene una idea clara de hacia dónde va uno, es difícil saber si se está logrando algo o no. Una institución excelente de entrenamiento para el liderazgo toma el tiempo para desarrollar y revisar de manera rutinaria un plan estratégico que incluye descubrir sus valores, definir su misión a la luz de sus necesidades, evaluar sus propias fortalezas y debilidades y luego soñar en oración para desarrollar un plan factible que la lleve hacia donde debe ir.

Una vez me preguntó una iglesia, "Si fuéramos a darle US $10,000, ¿qué harías con ese dinero?" No creo que en realidad me iban a dar un cheque, pero sí querían saber si tenía una estrategia para el ministerio, y si tenía idea de lo que podría costar mi plan.

Un plan factible resulta importante para un programa de educación teológica. Las escuelas bíblicas y los seminarios están intentando equipar a hombres y mujeres con el conocimiento y las habilidades necesarias para un ministerio efectivo. El proceso implica adquirir conocimiento bíblico y la erudición teológica de la historia. Incluye obtener un entendimiento de cómo puede aplicarse la verdad de manera práctica en el mundo real. Implica un desarrollo personal y espiritual consciente para que nuestros egresados ilustren lo que es la verdad.

Lograr esto resulta una tarea inmensa. Cada estudiante tiene dones individuales y se está moviendo hacia un ministerio único dentro de un contexto único. No tenemos todos los recursos del mundo. Muchas veces no tenemos el personal suficiente, y el personal y el profesorado que tenemos están compuestos de personas imperfectas. Para complicar las cosas aun más, lo normal es que tengamos solo tres o cuatro años de la vida de un estudiante dado para hacer nuestro trabajo. Entonces, ¿cómo podemos utilizar nuestros recursos, herramientas y personas para lograr algo significativo para el Reino de Dios? ¿Cómo deberíamos establecer prioridades entre todas las decisiones que debemos tomar? Para todo esto necesitamos un plan estratégico bien pensado y comprensivo. Los programas de entrenamiento excelentes tienen planes estratégicos que sirven como guías para todo lo que hacen.

En este capítulo consideraremos lo que es y lo que no es la planeación estratégica. Entonces miraremos los cinco pasos que se deben tomar antes de escribir un plan estratégico y en la revisión regular de un plan existente. Estos son: (1) Identifique sus valores centrales, (2) Revise de nuevo su declaración de misión, (3) Haga una evaluación de valores, (4) Lleve a cabo una evaluación institucional de sus fortalezas, debilidades y recursos, y (5) Sueñe y ore acerca de lo que puede y debe fortalecerse, abandonarse o añadirse.

Lo que no es la planeación estratégica:

1. La planeación estratégica no significa intentar todo lo que pueda necesitar cualquier persona en cualquier lugar

Una institución bíblica dada no puede ser todas las cosas para todo el mundo. Entonces, ¿por qué son reconocidos exactamente y qué cosas hacen realmente bien? ¿Cómo los ha usado Dios en el pasado? ¿A quiénes están sirviendo? Un buen plan estratégico define las preguntas de la comunidad y refleja la manera en que pueden servirle bien a esa comunidad mediante lo que es y lo que hace la institución.

2. La planeación estratégica no significa sencillamente perfeccionar lo que se ha heredado del pasado

Para un número de programas en el mundo no-occidental, su propósito principal parece ser asegurar que lo que siempre ha sido, será por siempre y siempre, amén. Aunque puede que estén conscientes (a veces muy conscientes) de que el programa fue desarrollado durante días de la colonización por extranjeros que se basaban en sus modelos de educación occidentales, lo que existe hoy en día es algo sagrado, y sólo requiere de preservación y cuidado.

Cualquier cambio en lo que siempre ha existido se percibe como una traición de la labor de amor de los fundadores. En consecuencia, la energía que impulsa la planeación estratégica de la institución yace en la perpetuación y la perfección la intención original. Lo triste de eso es que es muy probable que si los fundadores fueran a instalar el programa hoy en día, usarían modelos de aprendizaje más nuevos y creativos, así como lo hicieron cuando comenzaron el programa. La planeación estratégica no puede realizarse meramente cuidando de las reliquias. Aunque es verdad que hay muchas cosas buenas que podemos afirmar de nuestro pasado, la planeación estratégica necesita tomar en cuenta las realidades del presente. A medida que cambian nuestros estudiantes y cambia el mundo en que ministran, así también necesitan cambiar nuestras instituciones de entrenamiento y sus programas. La planeación estratégica encuentra un equilibrio entre la afirmación del pasado y los desafíos del presente.

3. La planeación estratégica no implica simplemente arreglar lo que está roto

Así como sucede en una casa vieja, las personas, los programas y las instalaciones de las instituciones bíblicas pueden acabarse y deshacerse. No es una mala idea mantener una lista de todo lo que no está funcionando, para luego formular un plan para 'arreglarlo'. Sin embargo, si esta clase de mantenimiento continuo es lo único que hacemos cuando 'planeamos', es posible que nos estemos perdiendo de algunos asuntos más globales. Ciertos cursos o programas de estudios no deberían arreglarse; deberían abandonarse. Algunos edificios no deberían arreglarse; deberían reemplazarse. Algunos profesores y administradores . . .

Aunque debemos prestarle atención al buen funcionamiento de las cosas, un plan estratégico incluye mucho más que arreglar cosas. Debemos mirar el impacto más amplio de todo lo que somos y todo lo que tenemos. Un buen plan estratégico incluye asuntos de mantenimiento, pero estos son apenas una parte de nuestro programa global.

4. La planeación estratégica no significa crear nuevos programas académicos

Algunas instituciones parecen creer que un 'plan estratégico' implica lanzar una variedad de 'programas de nivel superior'. El razonamiento es que estos programas reflejan los deseos del estudiantado y de la comunidad dentro del desarrollo educativo de la región en general. Entonces se gasta mucho tiempo, energía y finanzas adaptando creativamente y estableciendo Maestrías en Administración, Maestrías en Teología o Doctorados en Filosofía. Cada programa nuevo puede ser válido pero, por sí solo, el desarrollo de un nuevo programa no es lo que significa la planeación estratégica. Un plan estratégico mira las fortalezas y las necesidades del programa actual a la luz de las necesidades reales de nuestros estudiantes y el mundo dentro del cual ministrarán. A medida que revisamos lo que puede hacerse de una manera realista con los recursos limitados que tenemos (personas, instalaciones, biblioteca, financiamiento), ¿cuántos programas podemos ofrecer en realidad? Si introducimos nuevos programas, ¿hasta qué punto va a afectar esto el buen funcionamiento de los programas de calidad que le han dado a nuestra institución la buena reputación de la que goza en la actualidad? ¿Las iglesias y las organizaciones cristianas necesitan a los egresados de los programas más nuevos o más antiguos – o los de ambos? Un buen plan estratégico construye sobre la base de las fortalezas comprobadas de la institución a medida que responde ante las necesidades reales de su entorno dentro de los recursos que posee.

5. La planeación estratégica no consiste en preparar planos para edificios

Para demasiados programas de entrenamiento para el liderazgo, parecería que la salud se calcula únicamente en términos del crecimiento numérico. Así, el plan estratégico se convierte en un documento de relaciones públicas con cuadros coloridos mostrando el crecimiento proyectado para los próximos cinco a diez años en programas, estudiantes, libros, profesorado y edificios. La mayoría de las páginas de este plan se usan para presentar bosquejos y estimados para todos los nuevos edificios (y quizás hasta el nuevo plantel) que se necesitarán para acomodar el crecimiento proyectado. Es verdad, el desarrollo del plantel es una parte válida del plan estratégico. Sin embargo, el ser estratégico no significa necesariamente el ser más grande. Incluso si el crecimiento parece ser una parte importante del desarrollo de la institución, un plan estratégico necesita basarse cuidadosamente en la investigación y la realidad, y no sencillamente en incrementos imaginados o esperados. Además, un plan estratégico debe considerar los muchos factores que acompañan el crecimiento en cantidad de estudiantes o cantidad de programas, incluyendo el desarrollo de la biblioteca, un profesorado nacional calificado, el apoyo del personal, el reclutamiento de estudiantes, los costos administrativos, y así sucesivamente. Un buen plan estratégico no sólo es global, también se basa en la realidad.

6. *La planeación estratégica no es un documento escrito por un comité pequeño*

Para que funcione bien, la planeación estratégica necesita ser un proceso grupal. La preparación de un plan a cinco o diez años no es como una publicación de investigación que se le entregará a la administración o a la junta. Tampoco es el plan privado del rector, el equipo administrativo o la junta. Un plan estratégico necesita reflejar los sueños colectivos de todos. Revisa y renueva cosas que todos creen que necesitan revisarse o renovarse. Sugiere la creación de nuevos programas cuya necesidad es percibida por muchos. Entonces, aunque es una buena idea designar un comité de trabajo que coordinará el proceso de la planeación estratégica, e incluso tener una persona altamente perceptiva con buenas habilidades de comunicación a cargo de la recopilación de los resultados, un buen plan estratégico les pertenece o lo desarrollan casi todos los que se encuentran en la institución además de quienes tienen un interés en la institución.

Cómo desarrollar un plan estratégico

1. Identifique sus valores centrales

Puede parecer extraño comenzar con el asunto de los valores. La realidad es que todo lo que hacemos refleja en últimas lo que nos es importante. Sea o no de manera consciente, nuestros planes y acciones demuestran los valores que poseemos. Por ende, antes de desarrollar planes específicos para el futuro de un programa de entrenamiento para el liderazgo, vale la pena tomar el tiempo para revisar y reafirmar lo que le es importante para todos los involucrados – el personal, el profesorado, la junta directiva, incluso los estudiantes.

Nótese que los valores no los constituyen necesariamente versículos bíblicos que hablan de características o frutos espirituales. Estas cosas deberían ser importantes de verdad, pero los valores también incluyen expectativas acerca de la vestimenta de las personas, la forma en que nos relacionamos los unos con los otros, y la imagen que tenemos de la educación. En casi todo esto, los valores reflejan lo que es importante en nuestras culturas. Esto puede o no ser algo bueno.

Algunos valores nos son más importantes que otros, como lo ilustra cualquier matrimonio. Lo que era importante en la familia de alguno de los esposos puede no haber tenido importancia alguna en la familia del otro. Cuando surgen desacuerdos, vale la pena meditar acerca de la razón por la cual esta cosa nos importa tanto. Los conflictos más profundos surgen normalmente cuando chocan los valores. Francamente, hay cosas por las cuales vale la pena luchar. En la mayoría de las instituciones bíblicas, denominaciones, organizaciones y familias, se han librado batallas importantes. Necesitamos discernir qué es lo que era (y es) tan importante que valió la pena luchar por él.

De una manera similar, puede resultar útil identificar nuestros héroes (y enemigos) para descubrir nuestros valores. ¿Qué tienen estas personas que hace que sean tan importantes para nosotros, sea de una manera positiva o negativa? ¿Por qué nos importa tanto su opinión?

Existe un mayor potencial para choques de valores cuando venimos de lugares distintos. Para los norteamericanos, la eficiencia es muy importante pues "¡el tiempo es dinero!" Sin embargo, para los latinoamericanos, las relaciones son por lo general mucho más importantes que el tiempo. Con el fin de obedecerle a Dios, un estudiante brasileño puede elegir trasnochar con un familiar o amigo doliente antes que terminar un trabajo semestral que debe entregar al día siguiente. ¿Hasta qué punto resulta esto correcto o incorrecto? En nuestra planeación, ¿cómo podemos otorgarle el espacio apropiado a los diferentes valores que poseen nuestros estudiantes y profesores?

En el mundo africano, el bien de la comunidad es un valor importante. También es importante respetar la autoridad de una persona mayor o anciana, incluso si esta persona no tiene mucho entrenamiento formal. Las Escrituras afirman que el otorgar respeto y el mantener la unidad son valores bíblicos.

Sin embargo, para los americanos y para muchos europeos, lo importante es tener la razón y defender los derechos propios (y los derechos de los demás), sin importar la edad, el género, la raza o la religión de la persona involucrada. La cultura cristiana occidental sugiere que como cada persona ha sido creada a la imagen de Dios, cada persona debería desarrollar sus dones a plenitud, sin importar lo que piensa la comunidad.

Estas son las clases de valores que chocarán, incluso en la educación. ¿Los exámenes y el proceso de calificación deberían enfocarse más en los logros individuales o deberían existir proyectos que les ayuden a los estudiantes a trabajar en equipo? ¿Hasta qué punto debería tener que explicarse un profesor o un administrador ante los demás? ¿Debería el personal tomar el algo con los estudiantes, o deberían existir lugares y tiempos distintos para tomar el algo? ¿Nuestros valores (y nuestra cultura) requieren que exista mayor espacio (y opulencia) para las oficinas de los profesores tiempo completo que las de los profesores asociados, que tienen más espacio que los profesores de cátedra, que tienen más espacio que los asistentes, que tienen más espacio que los monitores, y así sucesivamente? ¿O será que un sistema jerárquico demasiado bien organizado les comunicará a nuestros estudiantes con demasiada claridad la importancia de tener un estatus y de requerir respeto y comodidad cuando **ellos** lleguen a ser parte del clero? Y en ese orden, ¿cómo dicta el estatus la forma en que deberían verse las residencias estudiantiles?

Lo que creemos y lo que nos importa inevitablemente va a influir en lo que aprende realmente el estudiantado, sin importar si queríamos enseñarlo o no. Nuestros puntos de vista acerca de la comunidad, la limpieza, la puntualidad, la pureza, la piedad, la reconciliación, el perdón, el papel del Espíritu Santo en el aprendizaje, etc. – afectarán lo que nuestros estudiantes realmente aprenden. Necesitamos descubrir nuestros valores para que la planeación que realizamos para nuestros programas y comunidades educativas construyan de manera consciente y cuidadosa sobre lo que nos es importante. Parte de este proceso debería incluir inevitablemente la evaluación (e incluso el descartar) aquellos valores culturales heredados que ya poseemos, algunos de los cuales pueden no ser bíblicos. Para poder ser intencional en lo que logran con sus esfuerzos de entrenamiento, comiencen el proceso de planeación estratégica identificando y evaluando sus valores centrales.

2. Revise nuevamente su declaración de misión

Se ha escrito mucho acerca de desarrollar declaraciones de misión o de propósito. Estas son esencialmente un resumen de quién es una institución como programa de entrenamiento. Una declaración de misión debería contestar de manera resumida las siguientes preguntas:

- ¿Quiénes son?
- ¿Por qué existen?
- ¿Para quién (o para qué) existen?
- ¿Cómo pretenden hacer lo que van a hacer?
- ¿Dónde lo harán? ¿Y durante cuánto tiempo?

Casi todas las instituciones ya tienen alguna clase de declaración de propósito o misión. Antes de brincar a revisar, arreglar o crear esto, puede ser útil organizar una variedad de grupos pequeños que revisará sistemáticamente los aspectos grandes y pequeños de su programa entero a la luz de lo que contiene actualmente su declaración de misión. ¿Lo contiene todo? ¿La declaración refleja lo que están intentando ser y hacer? ¿Refleja todos sus valores y lo que les es importante?

El tomar en serio su declaración de misión implica hacer preguntas como esta: "¿Estamos realizando actividades en el momento que van más allá de nuestra declaración de misión?" De ser así, parte de su plan estratégico debería incluir la eliminación de estas actividades pues no contribuyen a lo que están intentando hacer en realidad. De manera alterna, si concluyen que las actividades foráneas son demasiado 'importantes' para abandonarlas, necesitarán escribir una nueva declaración de misión.

¿Su declaración de misión sugiere nuevas actividades o áreas enteras de ministerio que nunca han realizado? De ser así, entonces el plan estratégico necesita bosquejar cómo comenzar algo que es importante para quiénes son como institución de entrenamiento. Una buena declaración de misión sera incluyente, y cubrirá todo lo que hacen o lo que harán. También ser limitante, definiendo lo que no hacen ni harán.

Uno de los aspectos más importantes del desarrollo y el refinamiento de una declaración de misión es la participación de la comunidad en general. Es verdad, alguien brillante podría trazar la declaración de misión ideal para su programa de entrenamiento. Sin embargo, no debería permitirse que la construcción de una persona (especialmente si esa persona posee autoridad) se convierta en algo tan sagrado que no puede desafiarse, discutirse ni cambiarse.

Una buena declaración de misión será un resumen conciso (incluso que se pueda memorizar) de lo que trata su programa. Como resumen, es un punto de referencia contra el cual evaluar su programa. ¿Todos los aspectos de su programa ilustran lo que está diciendo la declaración de misión de manera resumida? La ventaja de desarrollarla, discutirla y revisarla como grupo es que entre mayor sea el acuerdo acerca de la declaración de misión, mayor unidad existirá para ponerla en práctica. Además, el descubrir las fortalezas y las debilidades del programa existente a la luz de la declaración de misión no sólo esclarecerá la tarea de la planeación estratégica, sino que dará un ímpetu para que ocurran los cambios correctos.

Tengan en mente que los cambios en las necesidades de la comunidad, las realidades del programa y su capacidad de responder afectarán su declaración de misión. Las organizaciones crecen y cambian. Un proceso de planeación estratégica ayuda a que este cambio sea intencional. A la vez, ¡el crecimiento organizacional puede sugerirles que es la declaración de misión es la que necesita cambiar! De cualquier manera, debemos regresar vez tras vez a nuestra declaración de misión a medida que revisamos y pensamos acerca de nuestro programa para determinar lo que se debe añadir, revisar o mantener.

3. *Evalúe sus necesidades*

Otra parte del trabajo necesario de preparación para la planeación estratégica consiste en considerar las siguientes preguntas:

- ¿Quién los necesita?
- ¿Cómo los necesitan?
- ¿Cómo lo podrías saber?

Como lo mencionamos antes, una institución educativa no lo puede ser todo para todo el mundo. No tenemos los recursos financieros, humanos ni físicos como tampoco el tiempo para lograr todo lo que necesita hacer la iglesia o la sociedad. Si la educación es el proceso de equipar a los hombres y mujeres con el conocimiento y las habilidades necesarias para un ministerio efectivo, ¿quiénes son esos hombres y esas mujeres, y para cuáles ministerios los estamos preparando? Si éste es el contexto en el que pensamos trabajar, necesitamos conocer bien ese contexto.

¿A quién le estamos sirviendo? Uno esperaría, por ejemplo, que a un programa denominacional su propia denominación la considera el lugar principal para enviar a sus estudiantes para su entrenamiento. Pero hay un número sorprendente de instituciones que fueron fundados por denominaciones que, por una variedad de razones, ya no envían a sus estudiantes al programa. Si esta es su realidad, necesitan saber por qué no lo hacen.

Incluso si la denominación efectivamente les envía sus estudiantes, ¿qué es lo que esperan exactamente de su institución de entrenamiento? ¿Quieren profesores bíblicos, pastores, fundadores de iglesias, trabajadores de escuela dominical, o laicos cristianos preparados para el mercado? ¿Quieren un seminario de dos semanas ofrecido en docenas de lugares alrededor del país, o quieren programas que ofrecen varias clases de títulos?

El conocer la respuesta a esta clase de preguntas nos ayuda a enfocarnos mejor a medida que revisamos nuestros esfuerzos de entrenamiento. Aunque hay fundamentos bíblicos y teológicos que deberían ser ciertos para todos los estudiantes, las distintas tareas ministeriales requieren distintos niveles de entrenamiento. Necesitamos saber para quiénes estamos trabajando y con qué fines estamos realizando nuestros esfuerzos de entrenamiento.

Su programa de entrenamiento puede llevar el nombre de una denominación, recibir apoyo financiero importante de la denominación y tener una junta y un profesorado que pertenecen exclusivamente a iglesias relacionadas con la denominación. Sin embargo, es posible que sus estudiantes vengan de una variedad de iglesias. Quizás muchos de ellos ni siquiera se están preparando para el ministerio pastoral dentro de las iglesias locales. ¿Hace parte de su 'misión' servir a estos estudiantes y a sus organizaciones? ¿Si no, porqué están gastando tiempo, dinero y energía en hacer algo que no hace parte de su misión? Pero si *hace* parte de su misión, ¿cuáles son las implicaciones para la clase de profesorado que necesitan, los programas que deberían ofrecer, y las personas que integran su junta directiva? Los planes para contestar estas preguntas estratégicas solo pueden aparecer después de que tengan claridad acerca de su público objetivo y sus necesidades reales.

La mayoría de las instituciones bíblicas no están adscritas a una denominación específica. Fueron creadas por misioneros como programas independientes, obrando esencialmente bajo la filosofía de 'constrúyelo, enseña la

Biblia, y los estudiantes llegarán'. Es posible que esto fuera cierto, pero estos programas podrían ser incluso mejores si se tomara el tiempo de evaluar de una manera realista quiénes podrían o deberían verlos como su programa de entrenamiento, a la vez que verifican quiénes no los ven como su programa de entrenamiento (y probablemente nunca lo harán). Es importante determinar con cuidado cuáles denominaciones, organizaciones para-eclesiales y grupos no-gubernamentales, étnicos o lingüísticos los ven como 'su' programa. ¿Qué tanto alcance geográfico tienen (o les gustaría tener)? ¿Su entrenamiento se enfoca en preparar a los líderes futuros (es decir, a los jóvenes), a líderes emergentes, o en equipar a los líderes actuales dentro de su contexto?

La parte más sencilla de la evaluación de necesidades viene de observar a sus estudiantes actuales. ¿De cuáles iglesias u organizaciones provienen? ¿Por qué escogieron a su institución? ¿Cuáles son sus expectativas (y las de sus líderes)? No suponga que conoce sus necesidades y expectativas. ¡Hable con ellos y con sus líderes acerca de sus necesidades de entrenamiento! Las respuestas a estas preguntas le ayudarán a determinar qué tan bien les está yendo en sus esfuerzos de entrenamiento. Un diálogo continuo le mantendrá informado acerca de las necesidades tanto de los estudiantes como de sus iglesias u organizaciones. El escuchar a sus egresados también será de gran ayuda para saber qué tan bien les ha ido en equipar a personas reales para sus ministerios. A medida que perciba qué tanto están cumpliendo o no las expectativas, guarde lo bueno y fortalezca lo que no marcha tan bien.

La parte más difícil de una evaluación de necesidades consiste en mirar el entorno en el que trabajamos de una manera profética. ¿Cómo afectan a su programa los factores sociales, políticos o económicos? ¿Qué asuntos enfrentan sus estudiantes en este momento? ¿Sus estudiantes para qué asuntos necesitan estar preparados? Algunas de estas necesidades posiblemente incluyan:

- Tensiones raciales, étnicas o tribales
- Hacer parte de un grupo minoritario, en especial una minoría oprimida
- Injusticia o corrupción
- Problemas de salud, como por ejemplo la desnutrición, VIH/Sida
- Guerra o acciones guerrilleras
- Grandes cantidades de refugiados
- Dificultades económicas, incluyendo brechas grandes entre los ricos y los pobres

- Conflictos religiosos con, por ejemplo, el Islam, el hinduismo u otros grupos.
- Problemas urbanos, tales como la prostitución, los barrios de invasión, la violencia o las drogas

Estas necesidades hacen parte del ambiente en el cual existe su programa de entrenamiento y al cual ingresarán sus graduandos. ¿Hasta qué punto debería su programa estarle respondiendo a estas necesidades y, de ser afirmativa su respuesta, qué tan bien está respondiendo? Las respuestas a estas preguntas le ayudarán a definir lo que deberían incluir en su plan estratégico. (Sin embargo, no se olvide de que no lo puede hacer todo para todo el mundo. ¡Hay que tomar decisiones difíciles en cuanto a lo que su programa puede y no puede hacer!)

Cuando hayamos realizado bien nuestra evaluación de necesidades podemos determinar con mayor facilidad qué tan bien diseñado está nuestro currículo. Hablaremos más a fondo acerca del diseño curricular en el capítulo 6. Lo importante en este momento es desarrollar un perfil cuidadoso de quiénes son sus estudiantes, que incluya:

1. ¿Que saben? Esto va más allá que su conocimiento bíblico o teológico.
2. ¿Qué saben hacer? Habilidades ministeriales, habilidades de estudio o habilidades de vida.
3. ¿Qué clase de personas son? Personalidades y actitudes.

Luego, necesitamos describir los ministerios a los cuales entrarán nuestros egresados como parte de su respuesta a las necesidades de la iglesia y la sociedad. Esto incluye:

1. ¿Qué necesitan saber para poder llevar a cabo estos ministerios?
2. ¿Qué habilidades específicas necesitan como practicantes de estos ministerios?
3. ¿Qué clase de personas necesitan ser para poder ministrar bien?

Si hemos hecho un buen trabajo de discernir las necesidades de los estudiantes además del entorno en el que ministrarán, entonces cada aspecto de nuestro currículo debería describir cómo pensamos llevarlos de donde se encuentran ahora hasta donde necesitan estar.

Es posible que lleguemos a la conclusión de que hemos estado preparando a nuestros estudiantes para un ministerio efectivo de una manera inadecuada. También es posible que descubramos que hemos estado reclutando a las personas equivocadas como estudiantes, que estamos enseñando en los lugares errados, que no tenemos los profesores correctos o que estamos usando metodologías de enseñanza inadecuadas. El punto es este: debemos investigar cuidadosamente para entender lo que hemos hecho bien, lo que hemos hecho mal y lo que no hemos hecho. A medida que entendamos esto podremos construir un plan estratégico de manera inteligente.

4. Realice una evaluación institucional – fortalezas, debilidades y recursos

La última parte del trabajo de preparación que se necesita hacer antes de compilar o revisar su plan estratégico consiste en realizar una evaluación de las fortalezas y las debilidades del programa de entrenamiento en general. Se debe empezar con la parte 'general'. Cada programa establecido tiene alguna clase de recorrido visible. ¿Cómo percibe la gente los efectos y la salud de su programa de entrenamiento? ¿Cómo se sienten sus profesores, su personal, su junta y sus estudiantes? ¿Cómo se sienten sus egresados y las iglesias a las que sirven acerca del valor del entrenamiento? ¿Cómo piensa en ustedes la comunidad secular a su alrededor? Busquen maneras en las cuales la comunidad académica entera pueda afirmar lo que se ha hecho bien, notando las áreas específicas donde Dios ha dado bendición. Identifique y celebre estas cosas.

Resulta tranquilizador cuando la comunidad en general, tanto por dentro como por fuera de la institución, está de acuerdo acerca de quiénes son y hacia dónde necesitan ir. Para obtener una comprensión realista del cuadro más grande, busque una variedad de lugares formales e informales donde pueda determinar en cuáles de sus fortalezas y/o debilidades está de acuerdo casi todo el mundo. Al hacerles preguntas sencillas a muchas personas acerca de lo que hacen bien y lo que no hacen tan bien, estará preparando el camino para mantener lo bueno y cambiar lo que necesita mejorar.

Sin embargo, un proceso de planeación estratégica también necesita de un análisis sistemático de cada pieza de su programa de entrenamiento. La mejor manera de hacer esto es organizando grupos pequeños de estudio que puedan mirar los detalles y entregar reportes por escrito de sus conclusiones y sugerencias para el cambio.

Cada uno de estos grupos de estudio debería también iniciar discutiendo y afirmando sus valores. Revisitarán la declaración de misión pues esta es la declaración resumida de lo que trata su programa y sirve como punto de referencia para ayudar a determinar la efectividad de las partes del programa. Luego, una evaluación cuidadosa notará lo siguiente:

1. ¿Qué es muy bueno y debería mantenerse?
2. ¿Qué se debería fortalecer o arreglar para que pueda mejorar?
3. ¿Qué se debería desechar por completo?
4. ¿Qué hace falta que se debería añadir?

Una de las mejores herramientas para una evaluación sistemática y detallada de su programa consiste en trabajar sobre una de las guías de auto-evaluación que hacen parte normalmente de un proceso de acreditación (p.ej. cualquiera de las ocho agencias continentales afiliadas con el Concejo Internacional para la Educación Teológica Evangélica: www.icete_edu.org/). La siguiente lista sugiere áreas que se deben examinar además de algunas preguntas que pueden ser de ayuda. Recuerde que el fraseo de las preguntas es menos importante que asegurarse de revisar todas las áreas a conciencia.

1. **Programa académico**
¿Qué tan fuerte es cada uno de sus programas de entrenamiento y los títulos ofrecidos por medio de ellos? ¿Su entrenamiento formal hasta qué punto logra en sus estudiantes lo que dice su misión y el propósito que se proponen realizar? ¿Cómo se comparan los estándares de su programa de entrenamiento con los estándares de acreditación y/o con otros programas que ofrecen títulos similares?

2. **El desarrollo del carácter y de habilidades**
¿Qué evidencia hay de crecimiento espiritual y madurez en las vidas de sus estudiantes? ¿Hasta qué punto es este crecimiento el resultado de lo que están haciendo intencionalmente para desarrollar el carácter? ¿Cómo afecta el entorno dentro del cual están enseñando lo que los estudiantes están aprendiendo de verdad? ¿Qué tan bien funciona su programa de educación práctico? ¿Los

estudiantes están demostrando un crecimiento en sus habilidades ministeriales prácticas?

3. **El desarrollo del profesorado y del personal**
   ¿Qué tan fuerte es su profesorado (en lo académico, habilidades de enseñanza, habilidades de ministerio pastoral, otras áreas de experiencia práctica, etc.)? Dado que los estudiantes aprenden más de las vidas de sus profesores, ¿qué están haciendo para fortalecer su facultad? (¿Mentores pares? ¿Entrenamiento?) ¿Cómo les está yendo con el desarrollo de personal nacional?

4. **El liderazgo organizacional y administrativo, personal de apoyo**
   ¿Qué tan fuerte es el liderazgo de su organización en términos de habilidades, experiencia, entrenamiento y carácter? ¿Qué tan adecuado y competente es su personal administrativo? ¿Existe claridad acerca de lo que se necesita hacer y quién lo debe hacer, y hay eficiencia al llevar a cabo lo que se necesita hacer?

5. **Las estructuras administrativas y los asuntos de gobierno**
   ¿Qué tan bien sirven sus reglas y reglamentos administrativos para los propósitos de su institución de entrenamiento? ¿Están escritos y están disponibles generalmente? ¿Hasta qué punto están trabajando con reglas y políticas que ya no son relevantes en el contexto actual?

6. **El desarrollo de la junta**
   ¿Qué tan fuerte (competencia de los individuos, además de tener los individuos adecuados) es su junta? ¿Qué tan activos son, como individuos y como grupo, en la vida del programa? ¿Qué tan adecuados son sus procesos de gobierno?

7. **El desarrollo del plantel y las instalaciones, que incluye un plan a largo plazo**
   ¿Cómo evaluarías la suficiencia de las instalaciones y los equipos del plantel, incluyendo los computadores y el acceso a Internet? ¿Hay formas en las cuáles podrían mejorar sus instalaciones al compartirlas con los demás o al prestar instalaciones que les pertenecen a otros?

8. **El desarrollo de bibliotecas y del recurso de la información**
   ¿Qué tan adecuada es la colección de su biblioteca para servir a los programas que ofrecen? ¿Hay una política de selección para la biblioteca? ¿Se ha desarrollado un plan de informática y cómo va su implementación? ¿Sus profesores y su personal saben cómo usar los recursos de investigación que poseen?

9. **Los estudiantes**
   ¿Qué tan fuerte es su cuerpo estudiantil (académica, emocional, espiritual y relacionalmente)? ¿Cuáles son las fortalezas y las debilidades en su proceso de reclutamiento de estudiantes? ¿Cómo podrían descubrir a los estudiantes en potencia?

10. **Las relaciones con la iglesia y la comunidad, las redes de personas**
    ¿Qué tan saludables y amplias son sus relaciones con las iglesias y las organizaciones que les envían (y que *no* les envían) estudiantes, personal y finanzas? ¿Cómo evaluarías lo que hacen en términos de relaciones públicas?

11. **Los procedimientos y el desarrollo de la financiación**
    ¿Qué tan fuertes son sus finanzas, especialmente su capacidad de hallar fondos locales? ¿Cómo podrían descubrir fuentes adicionales de financiación? ¿Hay otras formas, distintas al dinero, en que las personas podrían apoyar su programa? ¿Qué tan adecuados son sus registros financieros, sus sistemas bancarios, y el personal que hará que todo esto funcione?

5. Escriba/ revise su plan estratégico

La mayoría de los programas de entrenamiento ya tienen alguna clase de plan a largo plazo. Estos se deben revisar cada cinco años más o menos. Si se encuentran en ese punto, involucre a la comunidad entera en discusiones acerca de sus valores y su misión, de las necesidades que ven y sienten a su alrededor, y de sus fortalezas y debilidades a medida que intentan responder ante aquellas necesidades con los recursos que Dios les ha dado. Cuando hayan hecho esto, es hora de examinar las conclusiones y recomendaciones de los diferentes grupos de trabajo.

a. Revise lo que han discutido y concluido a la luz de sus valores centrales y su declaración de misión. ¿Están haciendo cosas que no encajan con lo que son? ¿Hay una razón importante por la cual deberían aferrarse a estas cosas? Si no, encuentren una manera elegante de desecharlas.
b. Revise los reportes escritos de la evaluación de necesidades, además de las evaluaciones generales y sistemáticas realizadas de los diferentes aspectos de su programa. Mientras mira sus oportunidades, fortalezas y debilidades, toma el tiempo para orar, soñar y planear las diferentes maneras en que podrían ser distintos. ¿Qué ha sido de especial bendición y debería mantenerse? ¿Cómo se podrían mejorar aun más estas cosas? ¿Qué es lo que se debe arreglar? Haga una lista de las cosas específicas que debería y podría hacer.
c. Trabaje con estas listas, sistematizandolas y estableciendo prioridades para que cada cambio propuesto sea considerado con cuidado. Tenga en mente que éste no es un proceso sencillo. Para cada ítem de esta lista, deberá contestar tres preguntas inter-relacionadas con cuidado y a cabalidad:
   - **Resultados**. ¿Qué es lo que espera alcanzar en un área específica? Estas son declaraciones de fe, es decir, es lo que creen que Dios quiere que sean o hagan durante los próximos años.
   - **Proceso**. ¿Cómo planean lograr los diferentes resultados propuestos? ¿Qué se necesita para llegar desde acá hasta allá?
   - **Recursos**. ¿Qué te costará, en tiempo, personas, espacio o finanzas, poder lograr estos resultados?

Y si no tiene un plan estratégico: ¡Escriba uno!

Después del primer Instituto para la Excelencia de OCI en Nairobi en abril de 1999, uno de los programas que participó regresó a casa para trabajar de una manera sistemática estas preguntas relacionadas con la planeación estratégica. Habían nacido durante los días del apartheid en Suráfrica, y a medida que revisaban su historia pudieron ver claramente cómo sus valores habían formado su programa. En vez de considerar un movimiento a un ambiente más espacioso por fuera de la ciudad, reafirmaron su compromiso con una misión en un contexto urbano. Esto incluía un desarrollo continuo de su plan de ubicación para adquirir las propiedades adyacentes para obtener posesión de la cuadra entera donde estaban ubicados. La revisión de sus valores también les ayudó a reafirmar la razón por la cual les era tan crucial trabajar en la formación espiritual y del carácter. No sólo les era importante sobreponerse a las barreras raciales, sino también a las que se creaban por las denominaciones o el género. A medida que consideraban las necesidades de la ciudad a su alrededor, llegaron a la conclusión de que debía desarrollarse una nueva iniciativa para preparar a los estudiantes a responder ante la crisis de VIH/Sida. También consideraron la manera en que los estudiantes y el personal podrían responder con compasión ante las necesidades de la comunidad.

Durante varios años, los comités de trabajo no sólo escribieron de nuevo las declaraciones de misión y de propósito de la institución, sino que además se reconfiguró todo el programa académico. Incluso concluyeron que necesitaban cambiar su nombre de Seminario Bíblico Evangélico del Sur de África (*Evangelical Bible Seminary of Southern Africa*, EBSemSA) a Seminario Evangélico del Sur de África (*Evangelical Seminary of Southern Africa*, ESSA) pues hacía que sus siglas fueran más fácil de pronunciar. (Puede aprender más acerca de este programa creativo en: www.essa.ac.za/.)

Conclusiones

Un plan estratégico no implica negar nuestra confianza en la soberanía de Dios. Como dijo el Dr. John Bennett, anterior presidente de Overseas Council, en un taller que presentó en 1999, "Cada plan estratégico es una declaración de fe, es decir, una declaración de un futuro no realizado". Planeamos, como lo hizo Nehemías, para que podamos ser fieles y efectivos en terminar lo que se nos ha encomendado. Nuestro plan se convierte en un mapa para el futuro. Y cuando miramos hacia atrás, nuestra revisión de lo que se ha logrado proveerá una base para afirmar la excelencia de lo que hemos hecho. Y espero que esta sea una gran excusa para una fiesta, para la gloria de Dios.[1]

---

1. Este capítulo se presentó en las reuniones de ICETE en el Reino Unido, en agosto de 2003; también se publicó una versión como el capítulo 3 de *Educating for Tomorrow: Theological Leadership for the Asian Context*, compiladores Manfred W. Kohl y A. N. Lal Senanayake (Bangalore: SAIACS Press, 2002).

Preguntas de discusión acerca de su plan estratégico

1. ¿Tienen un plan estratégico amplio y completo y, de ser así, qué tan cómodos se sienten con él? Si no han escrito uno, o no se sienten felices con el que tienen, ¡respiren profundo y póngase la tarea de escribir uno de la manera correcta!
2. Incluso si ya tienen una lista formal y publicada de los valores centrales de la institución, anime a los individuos a que escriban sus propias listas de lo que piensan que es importante para su institución de entrenamiento. Luego, reúnanse en grupos pequeños, recopilen sus listas y redúzcanlos a 5-10 "valores centrales". ¿De qué maneras difieren las listas entre sí y en comparación con la lista oficial de "valores centrales"?
3. ¿Su declaración de misión o de propósito hasta qué punto describe adecuadamente quiénes son y todo lo que están intentando hacer? (¡Y si no tienen una, escríbanlo!)
4. ¿Quién los necesita – y cómo lo saben? ¿Quiénes los ven (o podrían verlos) como "su" programa de entrenamiento? ¿En qué maneras necesitan lo que están intentando ofrecerles?
5. ¿Qué es lo que su programa de entrenamiento hace muy bien – y que todo el mundo lo sabe? ¿Cómo podrían celebrar eso? ¿Existen formas de mejorar aun más estas cosas?
6. ¿Qué debilidades obvias necesitan arreglarse? ¿Cuáles de estas deberían abandonarse por completo?
7. ¿Sienten que hay oportunidades para nuevos ministerios que son en realidad una parte de su misión y de su propósito como organización? ¿Qué necesita hacerse para que estas cosas funcionen?
8. ¿Cuáles procesos o planes tienen para revisar o escribir de nuevo su plan estratégico?

Sugerencias de lectura

Baer, Michael R. "Strategic Planning Made Simple." *Leadership* 10 (Primavera, 1989), pp. 32-33.

Banks, Robert. *Reenvisioning Theological Education: Exploring a Missional Alternative to Current Models*. Grand Rapids: Eerdmans, 1999.

Dolence, Michael G., Daniel James Rowley y Herman D. Lujan. *Working Toward Strategic Change: A Step-by-Step Guide to the Planning Process*. San Francisco, Jossey-Bass, 1997.

Esterline, David, "A Planning Framework for Theological Education." *Ministerial Formation* 42 (Junio 1998), pp. 14-22.

Ferris, Robert W. *Renewal in Theological Education: Strategies for Change*. Wheaton: Billy Graham Center, Wheaton College, 1990.

Haworth, Jennifer Grant y Clifton F. Conrad. *Emblems of Quality in Higher Education: Developing and Sustaining High-Quality Programs*. Boston: Allyn and Bacon, 1997.

Kohl, Manfred Waldemar y A. N. Lal Senanayake. *Educating for Tomorrow: Theological Leadership for the Asian Context*. Bangalore, SAIACS Press, 2002.

Peters, Tom, *Thriving on Chaos: Handbook for a Management Revolution* (New York: Harper Collins Publishers, 1987).

Peters, Tom y Robert H. Waterman, Jr. *In Search of Excellence: Lessons from America's Best-Run Companies*. New York: Harper and Row, Publishers, 1982.

Rowley, Daniel J. y Herbert Sherman, *From Strategy to Change: Implementing the Plan in Higher Education*. San Francisco: Jossey-Bass, 2001.

4

La excelencia en el gobierno

Las instituciones de entrenamiento para el liderazgo son responsables ante las comunidades a las que sirven. Son aconsejados y gobernados por concejos y juntas directivas bien concebidas que las apoyan.

En este capítulo, queremos examinar los fundamentos sobre los cuales se erigen las instituciones teológicas. La pregunta fundamental es una de propiedad, y la clave para la excelencia en el gobierno es que los propietarios deben asumir la responsabilidad por lo propio. La gestión es la manera principal en que las instituciones son responsables por lo que hacen, sea en el mundo occidental o en el no-occidental. En este capítulo, sugeriré que hay tres niveles básicos en que debe realizarse la gestión: (1) en un nivel de autoridad, por un concejo general o asistente que representa la comunidad de la institución; (2) en un nivel de políticas, por una junta o un concejo directivo; y (3) en un nivel de implementación, por el equipo del personal administrativo de la institución, bajo el liderazgo del rector de la institución.

¿Vale la pena tener una junta?

Probablemente, pues los estatutos escritos de la mayoría de los programas de entrenamiento requieren que tengan alguna clase de junta, concejo u órgano de gobierno. Incluso así, existen muchas razones para preguntarnos si deberíamos tomarnos la molestia de tener una junta. He estado presente en muchas reuniones de junta o de concejo y me he dado cuenta que muy pocos son funcionales. Algunas veces una junta parece ser poco más que un grupo representativo de líderes eclesiales nacionales que se reúne de manera regular para mantener las apariencias, pues todas las decisiones importantes (especialmente las que tienen que ver con el financiamiento) las toma la misión que fundó la escuela o el personal administrativo y el profesorado de la institución.

En todo caso, muchos miembros de la junta no asisten a las reuniones de manera regular, y quienes sí asisten no parecen saber la razón por la cual están allí. En algunos casos a los miembros de la junta hay que pagarles unos honorarios y los gastos de su viaje para que al menos consideren la posibilidad de asistir. Esta falta de respeto por las juntas no es sorprendente. En una institución, el rector escribía el acta de su reunión de concejo antes de que ese concejo se reuniera. El grupo sabía que sus reuniones no tenían sentido, aunque seguían reuniéndose para escuchar los reportes y hablar acerca de los diferentes asuntos antes de llegar a un acuerdo acerca de las conclusiones predeterminadas. ¡He visto a personas dormirse durante las reuniones de junta (una vez fue el mismo presidente quien lo hizo)!

Muchas juntas parecen existir como poco más que comités de trabajo, diseñadas para ayudarle al personal administrativo a llevar a cabo sus labores. Es impresionante cuánto tiempo puede gastar un grupo de personas importantes para decidir acerca de la compra de una fotocopiadora. Los concejos se convierten en comités de admisiones para considerar quiénes deberían o no aceptarse como estudiantes para el programa de entrenamiento. Se convierten en comités de recursos humanos para manejar los escalafones salariales y la contratación y el despido de los profesores. Funcionan como comités de quejas para solucionar problemas prácticos y de relaciones. Se convierten en comités para edificios y planteles, para desarrollar horarios de mantenimiento y para debatir los costos de equipos específicos. Se convierten en comités de finanzas, recopilando y criticando el presupuesto rubro por rubro, además de determinar cómo debería manejarse el dinero y quiénes deberían firmar en las cuentas bancarias. Se convierten en comités de construcción que trazan los planes para el sitio y discuten los detalles y los costos de las instalaciones que hay que construir o renovar. Todas estas actividades pueden serle de mucha ayuda a una institución, aunque no tiene sentido crear una "junta" o "concejo de gobierno" compuesta de líderes eclesiales importantes o de expertos comunitarios sólo para hacer estas cosas. Un grupo de voluntarios calificados podría hacer lo mismo, y sería más simple trabajar con ellos.

Muchas veces las reuniones de junta son poco divertidas. Las relaciones pueden hacerse difíciles, como en los momentos en que el liderazgo de las iglesias patrocinadoras usa el espacio de las reuniones como un foro para tratar problemas que tienen poco que ver con el programa de entrenamiento. En ocasiones aparecen tensiones "nosotros-ellos" entre los misioneros y el personal nacional, o entre el liderazgo administrativo y los líderes de las iglesias locales. Algunas veces surge una dinámica pobre debido a luchas por el poder o malos entendidos culturales entre un sinnúmero de grupos o individuos.

Vale la pena entonces regresar a nuestra pregunta original: ¿para qué tomarnos la molestia de tener una junta? La respuesta yace en comprender la naturaleza del gobierno: para ayudarles a los programas de entrenamiento a ser responsables ante aquellos a quienes sirven a medida que cumplen fielmente con su propósito. Una junta o un concejo saludable le provee a los programas de entrenamiento una estabilidad a largo plazo. Sin embargo, a la mayoría de los programas teológicos les hace falta una comprensión general de la gestión. Como sus juntas no son ni fuertes ni funcionales no tienen una base firme sobre la cual construir sus programas. Una gestión pobre puede ser la debilidad más grande para muchas instituciones de entrenamiento teológico. ¿Cómo podemos tener excelencia en el gobierno?

¿A quién le pertenece el programa o la institución de entrenamiento teológico?

Las preguntas fundamentales de gobierno están relacionadas con asuntos de propiedad. ¿A quién le pertenece esta institución? ¿Con quién compartimos nuestras preocupaciones y a quien le contamos nuestras historias? ¿Quién fija las reglas que debemos seguir? ¿Y quién nos ayuda a asegurar que seguimos siendo y haciendo lo que era nuestro propósito?

1. ¿Le pertenecemos al gobierno?

Las organizaciones educativas tienen estatutos que requiere que cumplan con ciertos requisitos ante "las autoridades". Si están registradas o certificadas, normalmente necesitan una junta que puede ser responsable por todas las actividades de la organización. Este es un aspecto importante para que nuestros esfuerzos educativos tengan una credibilidad pública. Sin embargo, la mayoría de nosotros no piensa que el gobierno sea uno de nuestros "propietarios". El Ministerio de Educación (o aquel lugar donde se acumulan los documentos legales) es sencillamente el lugar donde se radican legalmente los documentos relacionados con la propiedad. Los "fiduciarios" que se reúnen sólo para cumplir los requisitos gubernamentales en realidad no representan a los propietarios.

2. ¿Nos pertenecemos a nosotros mismos?

La mayoría de las instituciones de entrenamiento para el liderazgo parecen funcionar como si se pertenecieran a sí mismos. El equipo administrativo y el profesorado escriben su propia declaración de propósito y desarrollan su propio plan a cinco años. Hacen y supervisan las reglas de su operación interna. Los que trabajan para la institución se contratan, se despiden y se evalúan entre sí. Determinan sus propios salarios y presupuestos, además de asumir la responsabilidad de levantar y administrar los fondos necesarios para funcionar. Ven la responsabilidad (de dar explicaciones) en tres áreas diferentes.

- Validación – satisfacer las preocupaciones gubernamentales acerca de la legalidad de existir como una institución;
- Acreditación – satisfacer a las instituciones de su mismo nivel de que lo que hacen lo están haciendo en un nivel similar a lo que los demás están haciendo; y
- Satisfacción de la comunidad – mantener felices a los beneficiarios del programa a medida que prepara a los estudiantes efectivamente para el ministerio.

Todos los tres aspectos de la responsabilidad son importantes. Además, gran parte de la implementación práctica de las políticas de gestión es una tarea que debería asumirla el equipo administrativo del programa de entrenamiento. Sin embargo, las instituciones de entrenamiento excelentes no deberían ser sus propios propietarios. Cuando queremos compartir nuestros éxitos o nuestras luchas, no deberíamos estar hablándonos o reportándonos principalmente a nosotros mismos.

3. ¿Les pertenecemos a los fundadores?

En los lugares que tienen una herencia colonial británica, los fundadores se convierten en la "compañía". Sus fiduciarios designados sirven de por vida para garantizar la continuidad del propósito original de la organización. Puede que estos fiduciarios nunca se reúnan, y por lo general no están involucrados en las decisiones diarias de la organización. Aunque puede existir una junta administrativa o de gobierno, a estos fiduciarios se les considera los "propietarios" de la compañía.

Esta no es una estructura que sea de mucha ayuda para la mayoría de los programas educativos. La existencia de una junta de fiduciarios a los que no se les obliga a reunirse ni a mantenerse en contacto con las actividades de la institución implica serias tensiones con la junta directiva de la institución (y con la institución misma) a medida que los programas evolucionan y responden a las realidades actuales.

Tampoco es provechoso cuando a los fundadores se les considera (o cuando ellos mismos se consideran) como los propietarios de una institución de entrenamiento. Resulta apropiado honrar a quienes fundaron y cuidaron a la institución en sus inicios, pero debe quedar claro que un programa de entrenamiento para el liderazgo no existe para beneficiar a sus fundadores históricos de la manera en que una fábrica existe para proveerles utilidades a sus fundadores y accionistas.

4. ¿*Les pertenecemos a los beneficiarios de nuestro programa?*

¡Absolutamente! Los propietarios verdaderos de una institución de entrenamiento para el liderazgo son aquellas personas que se benefician de su programa. Esta clase de propiedad resulta relativamente fácil de visualizar para aquellas instituciones establecidas, pobladas y financiadas por una denominación eclesiástica que quiere entrenar estudiantes para sus iglesias. Este es su esfuerzo de entrenamiento. La denominación crea las reglas, contrata a los profesores y al personal, selecciona a los estudiantes, aprueba el currículo, y financia su programa de entrenamiento.

Aunque las cosas son más complicadas para aquellas instituciones establecidas por organizaciones o por individuos que quieren crear opciones de entrenamiento para la comunidad cristiana en general, los conceptos son los mismos. Todas aquellas personas que se benefician de su programa se convierten en accionistas de la institución. Cuando las iglesias o las organizaciones cristianas invierten en una institución de entrenamiento al enviarles a sus estudiantes para recibir entrenamiento, al enviarles miembros del profesorado para que enseñen, o al proveerle financiamiento para que pueda operar – se convierten en los "propietarios" funcionales del programa. Resulta apropiado que cada uno de estos beneficiarios pueda declarar que esta institución es "su" programa. Las organizaciones fundadoras se convierten en propietarios de la institución de la misma manera, no por causa de su relación histórica con lo que se llevó a cabo hace años, sino porque siguen beneficiándose de lo que se está realizando por y por medio del programa. Todos estos propietarios tienen el derecho de ayudar a definir las reglas bajo las cuales debería funcionar la institución, pues ellos son quienes están proveyendo profesores, estudiantes y fondos. Resulta apropiado que reciban reportes acerca del progreso de los esfuerzos de entrenamiento y que tengan una voz para decidir la dirección y el funcionamiento de lo que es en realidad "su" programa.

El papel de la propiedad en el gobierno

Para que las instituciones de educación puedan desarrollar una estructura saludable de gobierno, el primer paso consiste en tener claro a quién le pertenecen. Necesitan entender la composición de la comunidad general a la cual sirven. Es necesario reconocer, honrar y escuchar a quienes consideran la institución como "suya". Este no es un asunto de propiedad legal, lo cual es un asunto que debería definirse en los estatutos de la institución. La propiedad es un asunto más de "responsabilidad por" y no de "autoridad sobre". Como los propietarios son aquellos a quienes la institución sirve, estos se benefician más cuando su institución de entrenamiento funciona con excelencia. La propiedad funcional será más flexible a medida que nuevos "propietarios" ingresan y salen los "propietarios" antiguos que ya no están involucrados. La propiedad funcional y legal debe convertirse en estructuras prácticas desarrolladas para el gobierno. Hay tres niveles básicos en los que se debe realizar el gobierno:

1. En un nivel de autoridad, por medio de un órgano general que represente a la comunidad entera de la institución. No lo llamaremos la "asamblea general", aunque también se podría entender como una junta asesora o como un concejo general.

2. En un nivel de política, por medio de un grupo más pequeño seleccionado por su experiencia y disponibilidad para definir el propósito de la institución, para desarrollar las políticas operativas y para supervisar la

implementación de esas políticas. Nos referiremos a este grupo como la junta directiva o el concejo directivo.

3. En un nivel de implementación, por medio de quienes manejan la institución de entrenamiento para la comunidad dentro de las políticas establecidas para lograr la visión y el propósito establecidos. El rector o el presidente de la institución tiene la responsabilidad de asegurarse de que esto se dé, trabajando en conjunto con toda el profesorado y el personal administrativo.

La asamblea general como junta o concejo asesor

Los programas de entrenamiento denominacionales tienen asambleas generales programadas a intervalos regulares, compuestas de delegados de las iglesias que pertenecen a la denominación. La agenda de la asamblea general normalmente incluirá reportes acerca del progreso de los programas de entrenamiento para el liderazgo que pertenecen a la denominación. Mientras que la responsabilidad de supervisar la salud de estas instituciones bíblicas y estos seminarios por lo general se le entregará a un grupo más pequeño seleccionado por la asamblea, este grupo directivo también le presentará sus informes a la asamblea mayor. La asamblea general se reserva la autoridad de aprobar todos los asuntos importantes referentes a la(s) institución(es), incluyendo su presupuesto y la designación del rector y de la(s) junta(s) directiva(s).

Las instituciones de entrenamiento no-denominacionales necesitan una asamblea general similar. Este grupo debería estar compuesto por todos los representantes de los "propietarios" y "accionistas" del programa. Serán líderes importantes de iglesias y organizaciones cristianas que consideran que la institución es suya. Como son ellos los que le proveen al programa de entrenamiento sus profesores, su personal, sus estudiantes y su financiamiento, la institución deberá entregarles reportes periódicos e informes para que puedan entender la salud de la institución, además de las necesidades financieras y de oración. Este grupo debería tener una oportunidad de discutir estos asuntos en conjunto, además de poder dar retroalimentación acerca del éxito o del fracaso del programa. Esta asamblea general debería reunirse al menos una vez al año, tal vez con relación a otros eventos importantes que se lleven a cabo en la institución, como por ejemplo las ceremonias de graduación o una semana de énfasis especial.

Este grupo representativo de los propietarios podría designarse como un concejo asesor o una junta asesora pues existen más para aconsejar y dar retroalimentación que para gobernar. Aunque a la asamblea general se le pueden otorgar algunos poderes importantes, tales como la aprobación del presupuesto o la ratificación de la selección de una junta directiva o del rector de la institución, su enfoque principal debería estar en los asuntos más grandes, que tienen que ver con los resultados y el impacto, y no en las operaciones diarias o los detalles. Las reuniones de y con este grupo deberían diseñarse para obtener la mayor retroalimentación posible en cuanto a estudiantes y egresados, además de opiniones acerca del impacto (o la falta de impacto) que está teniendo el programa de entrenamiento. La experiencia del grupo puede convertirse en un foro o un comité de expertos para ayudarle a considerar nuevas formas creativas de realizar su entrenamiento, administración, financiación, reclutamiento de estudiantes, etc. Estas reuniones pueden ser momentos excelentes para que el liderazgo de la institución aprenda acerca de las tendencias importantes dentro de la educación, la iglesia, o la sociedad en general.

Este grupo de asesoría formal puede designarse como una junta de referencia pues los individuos de esta junta son líderes reconocidos cuya bendición le afirma a la comunidad en general el valor del entrenamiento ofrecido. No se debe subestimar la importancia y la influencia de este grupo. Por ende, es muy importante que se sientan cómodos con todos los aspectos de lo que está intentando lograr la institución de entrenamiento teológico, pues se encuentran en una posición única para orar inteligentemente por la institución y para compartir sus necesidades y sus éxitos con la comunidad en general.

La junta de gobierno

Todo programa de entrenamiento necesita una junta o un concejo de gobierno. Este es un grupo más pequeño que cumple el papel constitucional del economato, asumiendo la responsabilidad legal del programa de entrenamiento para el liderazgo y sus actividades. Obra bajo la autoridad de una asamblea general para desarrollar políticas y reglas bajo las cuales funciona un programa de entrenamiento y para supervisar el funcionamiento general de la institución de entrenamiento.

Una junta de gobierno puede designarse como una junta directiva, junta de fiduciarios o junta de regentes. La responsabilidad principal de una junta o un concejo de gobierno consiste en asegurar que la institución de entrenamiento está haciendo lo que se supone que debe hacer. La constitución de la institución por lo general la considera como la entidad legal que tiene "propiedad" del programa (por lo general en nombre de la asamblea general o las distintas organizaciones representadas por los miembros del concejo). Tiene, en últimas, la responsabilidad de todos los aspectos y actividades de la organización. La junta debería definir y afirmar continuamente los propósitos básicos o la misión del programa de entrenamiento, además de sus valores. La junta supervisa el desarrollo y la implementación de un plan estratégico que refleja la misión y los valores de la institución a medida que intenta responder ante las necesidades reales de la comunidad de la institución, con los recursos financieros y humanos disponibles.

Una junta o concejo de gobierno no debería tener más de 7-12 miembros. Si va a tener discusiones de todo un día, no debería reunirse más de tres veces al año (tener dos reuniones formales y participar en el retiro anual con el personal). Si los miembros de la junta o concejo viven cerca y pueden reunirse con facilidad, pueden decidir reunirse durante la mitad del día cada dos o tres meses.

A las instituciones teológicas les resulta útil tener miembros de junta que representen diversas profesiones. Eso significa que *no* todos deberían ser pastores o académicos. Si el entrenamiento del programa le es ofrecido a tanto hombres como mujeres con una variedad de trasfondos denominacionales, los miembros del concejo deberían reflejar esos trasfondos, es decir, hombres y mujeres de una variedad de edades que provienen de diferentes grupos eclesiásticos. Este mismo principio se aplica a las instituciones denominacionales. Si una parte significativa del cuerpo estudiantil, del profesorado o de los fondos no provienen de la denominación, la junta debería tener miembros que representan los co-propietarios del programa. Hasta donde sea posible, puede ser útil tener miembros en la junta que posean habilidades específicas, por ejemplo en recursos humanos, negocios, finanzas, administración, medios o derecho. Aunque los miembros del personal, incluyendo al rector, pueden servir extraoficialmente en la junta, no deberían ser miembros u oficiales de la junta.

Existen ventajas cuando una persona sirve como miembro de la junta durante un tiempo suficiente como para poder entender a cabalidad la historia y las operaciones de la institución de entrenamiento, como también para establecer relaciones con otros miembros de la junta y con el personal y los estudiantes. Sin embargo, también existen ventajas cuando un miembro de la junta no considera que su puesto es una designación de por vida. Es sabio tener una edad máxima para servir como miembro de la junta (quizás 70-75 años), y no permitirles a los miembros de la junta servir más de dos períodos de cuatro a cinco años. Esto permite la renovación y la introducción de nuevas ideas y perspectivas. La junta debería desarrollar procedimientos para la nominación y selección de miembros nuevos. Estos podrían ser seleccionados (o ratificados) por la asamblea general de acuerdo con los criterios que describen las cualidades o la experiencia que se desea o requiere de parte de los miembros de la junta.

Los miembros de la junta necesitan sentir suficiente libertad los unos con los otros para poder compartir de manera honesta y abierta a medida que consideran cuidadosamente los diferentes lados de asuntos complicados, incluyendo asuntos con aspectos emocionales. No es provechoso establecer como obligación que todas las decisiones se tomen por aclamación unánime. Si las personas tienen reservas serias acerca de un asunto específico, la junta generalmente puede posponer una decisión. Los detalles de cualquier discusión deberían mantenerse en confianza y cuando se llega a una discusión, la junta habla con una sola voz. Los miembros individuales no deben seguir hablando de sus puntos de vista personales por fuera de la junta.

Como el cuerpo de gobierno supremo de una institución de entrenamiento teológico, un concejo de gobierno desarrolla las reglas o políticas bajo las cuales opera una institución. No se ven como un grupo de expertos que existe para ayudarle al personal a hacer su trabajo. Por ejemplo, en vez de desarrollar un presupuesto, la junta determina qué es lo que hace que un presupuesto sea aceptable o inaceptable. En lugar de contratar y evaluar el personal y la facultad, la junta directiva desarrolla políticas que determina qué clase de profesores y administradores son (y no son) aceptables para la institución. La junta luego monitorea estas políticas para asegurar su implementación apropiada. El concejo debería hacer esto por medio del rector o del director, que es la única persona a la que ellos contratan. El personal administrativo y académico le presentan todos sus informes al rector, quien le presenta informe periódicamente a la junta en cuanto a progresos, problemas o asuntos que necesitan discutirse.

Un ejemplo de una política de la junta podría ser: "Todo el personal administrativo o académico tendrá descripciones laborales escritas que incluyen estándares de desempeño." O: "A todo el personal administrativo y académico se le evaluará anualmente de acuerdo con los estándares de desempeño para su labor." La junta no escribe descripciones laborales, estándares de desempeño ni procesos de evaluación. Estos son asuntos de implementación de políticas y debería realizarlos el equipo de administración de la institución. Discutiremos estos asuntos más a fondo en el siguiente capítulo. Sin embargo, la junta sí es la responsable de asegurar la existencia de descripciones laborales y estándares de desempeño adecuados para cada empleado de la institución, que las evaluaciones se lleven a cabo anualmente, y que todo esto se haga de acuerdo con las políticas establecidas por la junta.

Cuando la junta recibe el reporte dado por el rector (que debería llegarles por escrito mucho tiempo antes de la reunión de junta), lo leen con cuidado (en vez de pedirle a otro que se los lea) a la luz de las políticas establecidas que están siendo implementadas. Una junta necesita entender si el programa de entrenamiento para el liderazgo está alcanzando o no lo que está intentando alcanzar dentro de los delineamientos fundamentales bajo los cuales se creó el propósito del programa.

Hay ocasiones en las que se requiere que la junta directiva le dé su bendición a decisiones que otros pueden tomar mejor que ellos. Estas podrían incluir la ratificación de designaciones de personal o del profesorado, la aprobación de eventos del calendario o la aprobación del presupuesto. Un "sí" de cortesía bastará y no se debería gastar el tiempo necesario para revisar de manera sistemática lo que esperamos fue realizado de manera competente por otros – a no ser, por supuesto, que existan (aparentemente) violaciones de las políticas establecidas por la junta. Sin embargo, incluso en este caso, una junta no debería intentar hacer el trabajo del personal; debería pedirles a los responsables que vuelvan a hacer el trabajo. Una junta debería usar su tiempo y experiencia para discutir asuntos mayores, tales como ayudar a definir la clase de profesores que se necesitan, o para discutir cómo renovar o entrenar mejor a la facultad existente. Al igual que la asamblea general, las juntas directivas funcionan como asesoras, y deberían utilizar su experiencia para pensar de manera creativa en los asuntos que encara la institución. Estos podrían incluir discusiones acerca de diversas maneras para desarrollar la financiación o cómo podrían descubrirse nuevos estudiantes, nuevos profesores (o incluso nuevos públicos objetivos).

Por lo general, una junta tiene la responsabilidad fiduciaria o legal de monitorear que los fondos se recojan y se usen de manera apropiada. Esto es importante, aunque es aun más importante determinar si los fondos que se recogieron y gastaron fueron adecuados para permitirle a la institución de entrenamiento lograr lo que sus valores y propósitos dicen que debe lograr. En todas las áreas, una junta no debería distraerse con los asuntos diarios de la operación. Su tarea principal consiste en garantizar que el programa de entrenamiento en general es eficaz en lo que está intentando hacer.

Responsabilidades específicas de la junta

La lista de responsabilidades de la junta de una institución de entrenamiento y educación teológica que aparece a continuación fue adaptada de una presentación que realizó Nabil Costa, el director ejecutivo de la Sociedad Libanesa para el Desarrollo Social, en un Instituto para la Excelencia OCI en el Cairo en febrero del 2001.

1. **Una junta tiene una dimensión visionaria:**
    - Para desarrollar y afirmar la misión de la institución (sus valores, su propósito y declaración de fe, etc.) y para vigilar el programa o la institución de entrenamiento para asegurar que este fundamento se mantenga.
    - Para orar y soñar acerca de cómo se verá el futuro del programa. Aunque la mayor parte del trabajo para desarrollar un plan estratégico lo realizará el equipo administrativo y académico de la institución, el proceso de planeación es supervisado por la junta pues ellos son los responsables de hacer realidad ese futuro, de acuerdo con el propósito y los valores fundamentales del programa. Si se necesitan cambios fundamentales, la junta es la que debe afirmar esto.

2. **Una junta tiene una dimensión administrativa y gerencial:**
    - Para desarrollar políticas para todos los aspectos de la operación del entrenamiento y para monitorear la salud de la

institución por medio de los reportes del rector a la luz del propósito, los valores y las políticas de la institución.
- Para aprobar el presupuesto (el cual se ha desarrollado de acuerdo con las políticas establecidas por la junta) y para asegurarse de que se han implementado los controles fiscales apropiados para que los fondos se utilicen de una manera apropiada.
- Para reclutar, designar, evaluar y animar al director de la institución (rector, presidente o ejecutivo en jefe) y nuevos miembros de la junta.
- Para evaluar su propia efectividad.

3. **Una junta tiene una dimensión de relaciones públicas:**
   - Para conocer bien la institución de entrenamiento, y apoyarla en oración y en público.
   - Para ayudarle a la institución a mantener relaciones sanas con donantes, iglesias, la comunidad, los medios, los egresados y el gobierno.
   - Para asistir en la búsqueda de nuevos donantes, y ser donantes ellos mismos.

4. **Una junta tiene una dimensión legal:**
   - En nombre de los propietarios, tener responsabilidad por toda la revisión fiscal y la responsabilidad fiscal, además del bienestar general del ministerio.

Responsabilidades específicas de los miembros de la junta

Cada miembro de la junta o del concejo debería abrazar de corazón lo que significa ser parte de la junta. La membrecía del concejo no es algo que la persona asume para poder ganar prestigio o para mejorar su imagen en la comunidad. Tampoco es un trabajo por el cuál deberían recibir honorarios, aunque si el presupuesto lo permite, es aceptable ofrecer algún reembolso por los gastos de viaje. Nadie debería aceptar la responsabilidad de servir en una junta directiva si no están dispuestos a orar por la institución y hacerle donaciones financieras periódicas, como también a mantenerse informados acerca del programa y sus personas mediante la lectura de informes y visitas, y a participar activamente en todas las reuniones de la junta.

El Dr. Manfred W. Kohl, Vicepresidente de Desarrollo Internacional para Overseas Council International ha compartido en muchos de los Institutos para la Excelencia de OCI lo que él denomina la "Regla de Siete". Estas no son reglas rígidas, sino principios sabios. De acuerdo con la Regla de Siete, cada miembro de la junta debería comprometerse a:

1. Pasar siete segundos diarios en oración por la institución, sus líderes y su personal.
2. Pasar siete minutos a la semana leyendo correspondencia, noticias y reportes de la institución; para llamar al rector o a otros para ver cómo van las cosas y, cuando surja la ocasión, para compartir la naturaleza y las metas del programa de entrenamiento con otros.
3. Destinar siete horas al mes para asistir a servicios en la capilla o tiempos de oración con el personal; o para almorzar con el rector, los profesores o los estudiantes.
4. Dar siete días al año para atender reuniones periódicas de la junta; para ser parte de tiempos especiales de oración y planeación con la junta y el personal.
5. Servir siete años en la junta para dar continuidad y servicio de calidad, pero luego dejar su puesto para darles la oportunidad a nuevas personas con nuevas ideas, además de tener la libertad de servir en la junta de otras organizaciones.
6. Pasar las últimas siete semanas de su período entrenando a su sucesor para que la transición sea suave y sin complicaciones, y para explicar asuntos difíciles o significativos que hayan surgido en el pasado.
7. Junto con los otros miembros de la junta, compartir la responsabilidad de proveer 1/7 parte del presupuesto operativo mediante un compromiso de apoyo financiero; buscando amigos y donantes interesados en el ministerio, y ayudando a abrir puertas y hacerles seguimiento a los contactos.

El equipo administrativo o de gerencia

Como lo notamos antes, las instituciones de entrenamiento teológico no deberían funcionar como sus propios propietarios. Sin embargo, hay roles de gobierno importantes que las debe asumir el equipo administrativo de la institución. El liderazgo del programa de entrenamiento escuchará la sabiduría y el consejo de aquellos líderes importantes que hacen parte de su asamblea general. Necesitamos su afirmación y bendición pues somos "su" programa de entrenamiento. Queremos que sigan enviándonos estudiantes, profesores y fondos. El liderazgo administrativo de una institución también respetará su junta directiva pues ellos tienen la responsabilidad legal por todos los aspectos de nuestra institución de entrenamiento para el liderazgo. El buen gobierno es más que un folleto que contiene reglas y políticas bien construidas. Las políticas deben implementarse con reportes entregados para que la junta (y los propietarios) se sientan satisfechos de que la institución está haciendo lo que debe hacer. Obviamente tendrá que existir un equipo administrativo o de liderazgo que ayudará a realizar las tareas administrativas diarias de la institución. Un equipo de personal administrativo competente es materia del próximo capítulo. Sin embargo, antes de concluir nuestra discusión de los asuntos del gobierno, necesitamos considerar el rol y la responsabilidad de la persona responsable por implementar la visión y las políticas de la institución de entrenamiento. Este individuo puede llamarse preboste, rector, CEO, canciller, director ejecutivo o presidente.

El papel de gobierno del rector

En el capítulo 2 discutimos las cualidades que deben estar presentes en la vida de cualquier persona que le ofrece dirección a los programas de entrenamiento para el liderazgo: (1) Un líder provee la visión y un plan; (2) Un líder construye, equipa y anima a los equipos; (3) Un líder enseña y es profesor maestro; y (4) Un líder representa a la institución en público.

Sin embargo, sólo una persona ha de designarse como el líder, o el rector, de la institución. Este es el individuo contratado por la junta directiva y ratificado por la asamblea general para asumir la responsabilidad total de todo lo que sucede al interior de la institución. Esto implica que las responsabilidades del rector deben incluir al menos las siguientes áreas:

- Planeación estratégica, lo cual incluye perspectivas a largo plazo
- Planeación operacional y organizacional, lo cual incluye el desarrollo del personal
- Presupuesto anual con reportes financieros y preparación para la auditoria anual
- Desarrollo de equipos y planeación con/para miembros clave del personal
- Un flujo de información mensual/regular a miembros de la junta, asegurándose de que se lleven a cabo las decisiones tomadas por la junta y los comités.
- Representación de la organización en el exterior, incluyendo la participación en reuniones internacionales
- La responsabilidad última por la identidad corporativa, todas las publicaciones y actividades de mercadeo
- Preparar y asistir a las reuniones de la junta y de los comités

Este no es un trabajo para un perfeccionista que prefiere hacerlo todo por sí mismo. Tampoco es un trabajo para alguien cuya pasión se encuentra exclusivamente en la enseñanza o en el cuidado pastoral. Que los maestros y los predicadores le entreguen su corazón y su alma a la enseñanza y a la predicación. Un rector efectivo, por otro lado, tendrá que dividir su tiempo en tres partes más o menos iguales.

1. Construir relaciones con la junta directiva y los miembros de la junta directiva y la asamblea general. Esto será tanto pastoral como parte de la necesidad de crear una visión. Es importante escuchar el corazón y las preocupaciones de la junta y de los líderes de la comunidad objetiva de la institución. El rector compartirá sus propias preocupaciones además de lo que Dios está haciendo en y a través de la institución de entrenamiento. La vida en una institución de entrenamiento mejorará si el rector invierte una cantidad significativa de tiempo con estas personas de manera regular.

2. Invertir en el equipo de liderazgo o de administración de la institución. Esto implica la administración y enseñanza directa, aunque también debe incluir empoderar a otros y enseñar a los profesores para tener un equipo fuerte que pueda trabajar en conjunto para llevar a cabo la misión de la institución. Discutiremos una estructura posible para este equipo de liderazgo en el próximo capítulo.

3. Relaciones públicas. Esto puede implicar presentaciones públicas con el propósito de reunir fondos o hacer amigos en una variedad de contextos, además de conversaciones privadas con amigos nuevos y antiguos. Como el rector representa visiblemente lo que es la institución, debe dedicarle suficiente tiempo para que los oficiales gubernamentales, las otras instituciones de entrenamiento y la sociedad en general puedan reconocer la credibilidad de la institución.

Conclusiones

El buen gobierno es un fundamento sólido para las instituciones de entrenamiento teológico. Es importante que las comunidades a las que sirve el programa de entrenamiento tomen se apropien de los esfuerzos de entrenamiento y desarrollen estructuras que definirán y preservarán los valores y el propósito de la institución. Una clave importante para hacer esto con excelencia consiste en tener un rector que no solo puede construir y empoderar a los equipos para implementar los deseos de la junta directiva y la asamblea general, sino que también puede inspirar la visión mientras cuida pastoralmente de los líderes claves de la comunidad de la institución.

Preguntas de discusión acerca de su gobierno

1. ¿Qué tan funcionales son sus juntas o concejos?
2. ¿A quién le pertenecen? ¿Ellos lo saben?
3. ¿Hasta qué punto funciona su junta directiva como un comité, haciendo principalmente el trabajo de su personal administrativo o gerencial? ¿Cómo podrías ayudarla a pasar menos tiempo haciendo lo que de verdad no les compete y más tiempo haciendo las cosas importantes?
4. ¿Su junta o concejo directivo está compuesto por las personas correctas? ¿Qué podría hacerse para hacer de este un mejor grupo de gobierno?

Sugerencias de lectura

Blackman, Rachel. "*Organizational Governance.*" *Roots* 10 (2006). Un excelente recurso disponible por medio de Tearfund UK como parte de la serie ROOTS en www.tearfund.org/tilz.

Carver, John. *Boards That Make a Difference*. San Francisco: Jossey-Bass, 1990.

Drucker, Peter F. *Managing the Non-Profit Organization: Principles and Practices*. New York: Harper Business, 1990.

O'Connell, Brian. *The Board Member's Book: Making a Difference in Voluntary Organizations*. Washington: The Foundation Center, 1985. En especial el capítulo 4 "The Role of the Board and Board Members," pp. 19-32.

5

La excelencia en la administración

Las instituciones excelentes de entrenamiento para el liderazgo poseen estructuras apropiadas y adecuadas que hacen que el programa funcione bien. La buena administración la realizan personas que tienen descripciones laborales claras, que son competentes y que están dispuestas a servirles a los profesores, el personal y los estudiantes para que pueda ocurrir el aprendizaje.

Cuando fui por primera vez al Brasil, nuestra asociación local de pastores nos pidió a un colega canadiense y a mí fundar una institución de entrenamiento teológico. Nosotros, los dos profesores, encontramos un edificio en forma de U que había sido una residencia para niñas cristianas que llegaban a estudiar en la ciudad. Contratamos trabajadores para que convirtieran cuatro de las habitaciones pequeñas en dos salones de clase y el apartamento del mayordomo en un espacio para las oficinas administrativas. El comedor se convirtió en nuestra biblioteca mientras que otros cuatro cuartos de la otra ala hospedaron a nuestros estudiantes que venían de afuera de la ciudad. Creamos nuestros propios formularios de inscripción para los estudiantes, como también formularios para la asistencia estudiantil y las calificaciones. Abrimos una cuenta bancaria y nos inventamos nuestro propio sistema de finanzas. Compramos libros de las listas que podíamos encontrar de casas editoriales brasileñas, y los clasificamos para nuestra pequeña biblioteca. Visitamos iglesias locales para promover el seminario e invitamos a algunos de los pastores locales para ser profesores de cátedra en nuestra nueva institución. Nuestro currículo era básicamente una recopilación de lo que encontramos en otros programas de entrenamiento en el Brasil. Organizamos los horarios para las clases y la capilla de acuerdo con los horarios en que podían venir los profesores. Aunque nosotros mismos éramos profesores nuevos, hicimos lo que pudimos para entrenar a otros profesores. En retrospectiva, no creo que hicimos un mal trabajo, pero resulta claro que ambos hicimos muchas cosas cuando en realidad teníamos poco conocimiento acerca de ellas.

La mayoría de los programas de educación teológica fueron fundados por profesores. En las primeras etapas del desarrollo, los profesores son los que asumen la mayoría de las tareas administrativas de la institución nueva, sin importar si son buenos para ellas o no. Esto no siempre cambia con el tiempo. Resulta razonable que los profesores escriban y enseñen el currículo. Están en la mejor posición para establecer reglas y prácticas académicas. Los profesores deberían tener una voz en lo que tiene que ver con admisiones estudiantiles, desarrollo de la biblioteca y necesidades de instalaciones y equipos. Deben tener una voz en el desarrollo del presupuesto. Pero por lo general no es buena idea que asuman la responsabilidad eterna de supervisar todo lo que pasa en un plantel de educación teológica.

A medida que crecen las necesidades de personal de una institución, surge la necesidad especializarse. Existen tres áreas internas en las que debe haber excelencia para que los estudiantes estén bien equipados para el ministerio, y solo una de estas es el área académica. La mayoría de las personas entiende que el aprendizaje tiene un lado académico, para el cual necesitamos libros, un salón, computadores y personas con dones para la enseñanza. Pero también necesitamos excelencia en las áreas de la administración y el levantar fondos.

En este capítulo miraremos los asuntos de la administración y la estructura. Veremos que la administración de una institución teológica requiere de un rector que supervisa tres áreas distintas: los asuntos académicos, los asuntos administrativos y las relaciones públicas y el desarrollo de fondos. También miraremos los presupuestos, las descripciones laborales, la contratación de nuevas personas y cómo fortalecer el equipo administrativo que tenemos.

El desafío de la administración

Muy pocas personas aprecian lo mucho que pueden y deben hacer las personas con dones de administración (y no sólo con dones de enseñanza) para que un programa de entrenamiento funcione de una manera fluida y efectiva. Un número menor aun entiende lo que necesita suceder para que un programa obtenga el apoyo financiero necesario. Sin un equipo administrativo competente, que trabaje dentro de unas estructuras administrativas bien diseñadas, resulta imposible alcanzar la excelencia en la enseñanza. Sin un financiamiento adecuado, ni los que enseñan ni los que administran podrán funcionar. El aprendizaje ocurre dentro de un sistema complicado donde muchas piezas deben funcionar de manera simultánea.

Los programas de entrenamiento para el liderazgo requieren excelencia en la administración. La coordinación de la logística para una institución de entrenamiento teológico puede ser abrumadora en programas de cualquier tamaño. Una razón grande para esto es que la mayoría de las estructuras, los procesos y las reglas administrativas no son el resultado de un plan bien pensado, diseñado para servir a los propósitos del programa de entrenamiento de manera coherente. Más bien, muchas veces las estructuras, las prácticas y las políticas reflejan una acumulación larga de respuestas a situaciones particulares de personalidades individuales. Comúnmente, el liderazgo de una institución heredará estructuras administrativas que son demasiado complicadas para la tarea que hay que realizar.

Lo mejor es lo sencillo. La administración consiste en desarrollar y coordinar un equipo de personas que pueden hacer las cosas específicas que necesitan hacerse para apoyar su programa de entrenamiento. No resulta beneficioso sencillamente seguir haciendo lo que siempre se ha hecho. Tampoco construimos eficiencia y competencia en nuestros esfuerzos administrativos cuando agarramos a cualquier persona disponible para que haga cosas que no son de su competencia. Necesitamos tener individuos con habilidades específicas que asuman labores que vale la pena realizar como parte de la tarea de hacer que todo el proceso educativo funcione con excelencia.

La administración es un esfuerzo en equipo. Quizás la persona más importante al presentar la imagen pública de una institución no sea el rector, sino la recepcionista a la entrada que trata con los visitantes y las llamadas de una manera personal y entusiasta. Hay quienes cuidan con amor de nuestro plantel, quienes limpian y preparan nuestras aulas de clase para que los profesores siempre tengan tiza o marcadores que funcionen. Hay alguien que pide los textos y otros útiles con seis a doce meses de anticipación para que nosotros y nuestros estudiantes tengamos los recursos necesarios para el aprendizaje. Hay personas con habilidades especiales que mantienen nuestras bibliotecas, nuestros edificios y nuestro plantel, nuestro sistema de teléfonos, nuestra fotocopiadora y nuestros equipos de informática. Hay alguien que recluta a nuestros estudiantes y se asegura de que no hemos aceptado a los estudiantes equivocados. Otros ayudan a que todos los estudiantes nuevos reciban una orientación adecuada en nuestra comunidad educativa. Algunos de los miembros de nuestro equipo administrativo poseen dones pastorales y sabiduría que usan para cuidar con amor de nuestros estudiantes y personal. Hay alguien que supervisa nuestro programa curricular para asegurar que hayan profesores calificados disponibles para enseñar las diferentes materias, y que se designen las clases con un horario específico para cada período lectivo. Hay personas con habilidades para la organización que coordinan y mantienen los registros académicos, los sílabos, los resultados de las evaluaciones y los créditos. Los asistentes administrativos coordinan los horarios, organizan reuniones, preparan documentos, y mantienen la correspondencia institucional al día y bien archivada. Alguien se asegura de que se ha recibido el pago de las matrículas de los estudiantes, que las becas se hayan administrado bien y que se hayan pagado todas las cuentas y los salarios. Hay entrenadores internos que nos supervisan, nos renuevan y nos equipan a todos para una variedad de tareas. Todas estas son descripciones de tareas administrativas, la mayoría de las cuales no deberían realizarlas las personas con dones de enseñanza – incluso en establecimientos educativos pequeños.

Somos parte de un ambiente en el que ocurre el aprendizaje. Los estudiantes y la comunidad a nuestro alrededor ven cómo las personas sirven a Dios con gozo y competencia – o no. La manera en que la facultad, los administradores y el personal se relacionan entre sí y con los estudiantes es una lección poderosa acerca del cuerpo de Cristo. Para bien o para mal, lo que hacemos y lo que somos se verá reflejado en las iglesias y los ministerios de nuestros estudiantes cuando estos se gradúen.

Estructuras administrativas apropiadas

Alguien tiene que estar encargado. Tal como lo notamos en el último capítulo, esta persona, llámese rector, presidente, preboste, vicecanciller o oficial ejecutivo en jefe, es la persona seleccionada y empoderada por el órgano de gobierno de la institución para implementar políticas que le ayudarán a la institución a lograr lo que debe lograr. Para hacer esto, una de sus responsabilidades será la de desarrollar, entrenar y supervisar un equipo para tres áreas distintas pero relacionadas en las que debe haber excelencia:

- Asuntos académicos.
- Asuntos administrativos.
- Relaciones públicas y desarrollo de fondos.

En un sentido, todas estas áreas tienen que ver con la administración pues hacen parte del paquete general de logística que hace que un programa de entrenamiento funcione. Sin embargo, como tienen que ver con diferentes aspectos de un programa de entrenamiento, cada una de ellas se debería manejar de manera individual y debería estar dirigida por una persona designada específicamente para proveerle liderazgo a esa área en particular. Dependiendo del tamaño del programa de entrenamiento, no es necesario que estas personas sean administradoras de tiempo completo. A estos líderes administrativos se les podría dar una variedad de títulos, como por ejemplo coordinadores, directores, decanos o vicepresidentes. Dadas las diferentes habilidades que implica cada cargo, cada coordinador debería ser responsable por una sola de estas áreas. Sin embargo, los tres funcionan en unidad cercana bajo el liderazgo del rector de la institución, pues reconocen la relación significativa y dinámica entre las tres áreas.

1. *Asuntos académicos*

Esta puede ser el área más fácil de conceptualizar. Sabemos que es necesario encontrar, entrenar y renovar un profesorado competente. Debe existir un programa conceptualizado de estudios para equipar a los estudiantes para el ministerio. Deben definirse resultados y metodologías de enseñanza para todos los cursos con un sílabo que se mantiene y se monitorea para asegurar la calidad de cada curso que se ofrece. La educación práctica y el desarrollo del carácter deben estructurarse como parte del programa general. Puede designarse un decano estudiantil en el equipo de asuntos académicos para que ayude a supervisar el crecimiento espiritual de los estudiantes. Un bibliotecario también podrá hacer parte de este equipo académico, dada la importancia de los libros y los recursos electrónicos en el aprendizaje. Es necesario tener políticas para la asignación de calificaciones, y mantener cuidadosamente los registros académicos. Alguien debe desarrollar un horario para las clases y un cronograma para el uso de las aulas.

El papel de un vicepresidente académico o decano

Un decano académico o un coordinador de asuntos académicos tiene la responsabilidad principal de supervisar el desarrollo y la enseñanza del currículo institucional. Los decanos académicos necesitan habilidades organizacionales y relacionales, además de competencias básicas y experiencia como educadores. Su tarea consiste en construir un equipo fuerte de educadores comprometidos con un currículo contextualizado para que la organización pueda llevar a cabo su propósito de equipar a las personas para el ministerio. Los decanos académicos deben tener una comprensión clara de las fortalezas y las debilidades de sus esfuerzos de entrenamiento. Funcionan menos como pioneros de nuevos esfuerzos y más como administradores de personas que realizan una variedad de tareas interrelacionadas. Si son exitosos y justos en su liderazgo, todos sentirán que su tarea la realizaron entre todos. Las responsabilidades de un decano académico incluyen al menos los siguientes siete elementos importantes:

1. **El desarrollo del currículo.** El decano académico debe supervisar un proceso continuo de evaluación y revisión del currículo para asegurar su relevancia. Los profesores deben entender cuál es su contribución para hacer que el currículo sea efectivo.
2. **Consenso en cuanto a la visión.** El profesorado se parece un poco a los gatos, pues son muy difíciles de arrear. Un buen decano sabe cómo construir un consenso para que haya un sentir común de lo que todos están intentando hacer. Las relaciones son importantes y las decisiones deben tomarse en conjunto. Jeanne P. McLean escribió que el decano sirve como "facilitador, negociador y guía. Los decanos ejercen su liderazgo al permitirles a otros la participación en el gobierno y el logro de las metas que tienen en común."[1]
3. **El desarrollo de la facultad.** El decano debería desarrollar un sistema regular de retroalimentación de los estudiantes y de sus colegas para ayudarles a los profesores a saber cómo enseñar mejor. Debería ayudar y animar al profesorado a participar en seminarios

---

1. Jeanne P. McLean, *Leading from the Center: The Emerging Role of the Chief Academic Office in Theological Schools* (Atlanta: Scholars Press, 1999), p. 74.

o talleres profesionales para mejorar sus habilidades y construir relaciones con sus colegas. El decano debería coordinar los esfuerzos para permitirle a la facultad obtener un entrenamiento formal avanzado.

4. **Desarrollo estudiantil.** El decano académico debería supervisar tanto al decano estudiantil y el programa de educación práctica. Debería conocer y proveer apropiadamente para el progreso, los asuntos y los problemas estudiantiles.
5. **Solución de problemas y resolución de conflictos.** El decano académico se convierte en una corte de apelación para la mayoría de los asuntos académicos, incluyendo solicitudes para excepciones a las reglas y problemas disciplinarios. El decano sirve como un mediador en los conflictos que surgen entre la facultad y los estudiantes o entre los miembros del personal.
6. **Presupuesto y desarrollo del programa.** El decano académico es el responsable de presentar lo que se necesita para el funcionamiento saludable del programa académico en lo referente a personal, equipos y finanzas.
7. **Influencia y relaciones.** El decano académico representa al equipo académico y debería mantener relaciones cercanas con el programa de entrenamiento en general y su órgano de gobierno. Cuando surge la necesidad de aprobar algo, es el decano académico quien defiende el proceso y las conclusiones.

2. Asuntos administrativos

El funcionamiento de un programa de entrenamiento teológico implica muchos detalles. Cuando las cosas pequeñas no las manejan personas aptas para las tareas detalladas, todo el mundo siente los efectos. En una carta de febrero del 2006 que iba dirigida a un grupo de líderes misioneros, el Director de SIM International, Malcolm McGregor, notó que la falta de un buen apoyo administrativo era una de las cosas que más amenazaba la salud y el bienestar de los líderes. Citó la situación de un individuo: "Tiene un corazón inmenso y una visión para la labor que se está realizando . . . sin embargo se mantiene cargado por una falta de apoyo administrativo. Esto no le permite involucrarse en el ministerio y los asuntos estratégicos, no le permite estar con su equipo y consume su energía – pero es un líder nato".

Hay por lo menos siete áreas generales donde debe darse la labor administrativa para que su programa de entrenamiento para el liderazgo funcione bien:

1. **Admisiones y registro** – para asegurar que se admiten las personas correctas al programa y que sus documentos muestren cómo están progresando hacia la graduación dentro de su programa de estudios.
2. **Asistentes personales y ayuda en el secretariado** –para asegurar que los materiales o los exámenes estén listos para los profesores, que haya un cuidado apropiado durante las conferencias o cuando hayan invitados especiales, que se mantengan cuidadosamente los registros estudiantiles y académicos, que los documentos para el gobierno estén al día, y que se dé respuesta a toda la correspondencia de estudiantes potenciales, egresados, iglesias, donantes y otros.
3. **Compras** – para asegurar que la institución tenga los equipos y las provisiones y los recursos diarios que necesita, incluyendo textos, marcadores, papel, carpetas para archivos, etc.
4. **Mantenimiento de equipos** – para asegurar que las cosas funcionen, incluyendo teléfonos, computadores, conexiones a Internet, la fotocopiadora y cualquier vehículo que puedan poseer.
5. **Mantenimiento de edificios y propiedades** – para asegurar que las aulas, las oficinas, la biblioteca y la capilla estén aseadas y cuidadas de manera adecuada, que las lámparas tengan bombillos que funcionen, que los pupitres y las sillas de los estudiantes estén en buen estado, y que el plantel esté ordenado y seguro.
6. **Personal** – para asegurar que se tomen buenas decisiones a la hora de contratar personal, que se lleven registros del personal, y que todos tengan descripciones laborales bien escritas y al día con un salario claramente definido y prestaciones para cada puesto.
7. **Finanzas** – para asegurar que se reciban y se depositen apropiadamente las matrículas estudiantiles y donaciones, que las cuentas y el salario del personal se pague a tiempo, incluso las obligaciones sociales que requiere el gobierno para todos los empleados; que existan registros apropiados para presupuestos y auditorías. Una

falta de confianza en el manejo de los fondos puede ser fatal para un programa de entrenamiento.

El papel de un vicepresidente administrativo

El mundo de los negocios puede llamar "jefe de operaciones" a su director de administración pues éste tiene la responsabilidad de supervisar los detalles que implica el funcionamiento de las operaciones. Aunque los oficiales administrativos no necesitan experiencia o competencia como educadores, para nuestros fines, necesitan buenas habilidades organizacionales y relacionales además de estar completamente comprometidos con la educación teológica. Su tarea consiste en construir, equipar y empoderar a un equipo administrativo fuerte que cubrirá en realidad todas las tres áreas en las cuales se requiere excelencia para el programa de entrenamiento: asuntos académicos, relaciones públicas/recolección de fondos, y administración general. Al igual que los decanos académicos, necesitan ser administradores capaces del recurso humano, que realizan una compleja variedad de tareas.

El director o vicepresidente administrativo debe entender las piezas grandes y pequeñas del proceso educativo de la institución. Hay muchas cosas que diariamente requieren de su atención. Estas pueden incluir el descubrimiento de que no hay suficiente azúcar para el té de los estudiantes y profesores después del servicio de hoy en la capilla, hacer arreglos para que alguien esté en el aeropuerto "ya mismo" para recibir a un profesor invitado, manejar la crisis financiera inmediata de un estudiante o encontrar un carro y un conductor para llevar a un miembro del personal al hospital. Todas estas cosas son importantes, pero un jefe administrativo sabrá cómo balancear las crisis inmediatas con asuntos a largo plazo que también necesitan atención y finanzas, tales como proyectos para la compra de equipos, el desarrollo del personal o el mantenimiento preventivo de los edificios del plantel.

3. *Las relaciones públicas y el recaudar fondos*

Dado que la mayoría de las organizaciones no funcionan muy bien sin fondos, resulta importante recordar que las relaciones públicas y el levantar fondos hace parte de las tareas administrativas generales de cualquier institución de entrenamiento. Las instituciones de entrenamiento teológico necesitan manejar los asuntos financieros con transparencia y sabiduría. El desarrollo de un presupuesto es un ejercicio grupal, mientras que la administración real de los fondos es responsabilidad del equipo de asuntos administrativos. Sin embargo, alguien tiene que asumir la responsabilidad de encontrar los fondos que necesita la institución. Esta área de la administración combina la tarea comunicativa de compartir la visión, y las historias de la obra de Dios con una tarea de reunir fondos y encontrar a quienes estén dispuestos a invertir en el entrenamiento para el liderazgo. El concepto de relaciones públicas requiere buenas relaciones con las iglesias que envían estudiantes, profesores y personal – y fondos. También incluye las relaciones con los egresados de la institución, además de negocios, fundaciones, organizaciones e individuos claves. Para que exista el ministerio educativo de la institución, esta parte del equipo administrativo de la institución necesita hallar formas creativas de compartir el éxito y las necesidades del programa de entrenamiento con quienes creen en el valor del programa.

El papel de un vicepresidente para relaciones públicas y levantar fondos

El Dr. Manfred W. Kohl de OCI se refiere a éste puesto como el director de comunicaciones y recolección de fondos. La persona que dirige esta área no necesita experiencia ni habilidades educativas, aunque necesitará sentir un compromiso profundo con la educación teológica. Es posible que no necesite experiencia en administración financiera ni coordinación administrativa. Pero estos líderes necesitan habilidades excelentes para las relaciones y la comunicación. Su tarea consiste en encontrar, equipar y manejar a un equipo que pueda construir relaciones y compartir información en nombre del programa de entrenamiento con los egresados, las iglesias, la comunidad de negocios y las autoridades gubernamentales. Necesitarán entender las fortalezas y las debilidades de su programa de entrenamiento teológico y sabrán cómo comunicarlas de maneras apropiadas a aquellas personas a quienes les importa (o debería importarles) la institución. Saben cómo pedir ayuda, y se reportan de manera periódica a quienes hacen parte del equipo de soporte de la institución. En el capítulo 10 discutiremos más a fondo algunas ideas acerca de cómo se pueden y se deben levantar los fondos.

La elaboración de un presupuesto

¿Para qué necesitamos un presupuesto? Para muchas instituciones la falta continua de fondos significa que usamos lo poco que tenemos para satisfacer las necesidades más obvias y urgentes.

Una de las razones más importantes para elaborar un presupuesto es que nos obliga a establecer prioridades en nuestra labor. Es bueno tomar decisiones en oración acerca de cómo usamos lo que tenemos, y cuando escribamos estas decisiones tendremos un plan financiero que se puede evaluar. Afirmaremos en conjunto las cosas importantes que nos gustaría poder hacer, *si tuviéramos* los recursos con los cuales hacerlas. Nuestro presupuesto se convierte en parte de nuestra visión a medida que compartimos lo que vemos como necesidades legítimas con los que se unen con nosotros para pedir la provisión de Dios, mientras también consideran si podrían ayudarnos económicamente.

Un presupuesto nos ayuda a vivir como mayordomos. Todo lo que tenemos nos lo ha dado Dios (Salmos 24:1), y no estamos en libertad de gastárlo en lo nos parece más urgente. Nuestro presupuesto nos ayuda a ejercer el autocontrol y sólo gastar lo que tenemos para lo que fue destinado. Esto es especialmente importante para mantener nuestra credibilidad frente a los donantes, pues casi nunca es buena idea usar los fondos para cosas *distintas* a aquellas para las cuales fueron dados.

El desarrollo del presupuesto es en últimas la responsabilidad del rector, aunque en realidad muchas personas contribuyen a él. Por lo general un presupuesto debe aprobarlo la junta directiva y posiblemente la asamblea general. Los presupuestos deben ser detallados, y deben incluir las tres áreas administrativas del funcionamiento de una institución. Este dinero deberá asignarse para el programa académico (salarios y prestaciones, colección de la biblioteca, equipos de enseñanza y suministros), para la administración (salarios y prestaciones, mantenimiento, comunicaciones, edificios y plantel, etc.) y para la recolección de fondos y las relaciones públicas (salarios y prestaciones, costos de viajes, publicaciones y comunicaciones, etc.). Una de las mejores maneras de desarrollar un presupuesto consiste en mirar lo que se gastó en realidad durante un año dado, y luego proyectar las necesidades del año siguiente. Los presupuestos también incluyen reflexiones acerca de las posibles fuentes de ingresos. Discutiremos asuntos relacionados con la recolección de fondos en el capítulo 10.

¿Cuánto personal administrativo resulta ser demasiado?

A no ser que su institución de entrenamiento esté bendecida con niveles de financiación muy generosos, hay límites al número de personas que deberían contratar como profesores o para las tareas administrativas. Es fácil encontrar tareas para las cuáles nos gustaría tener trabajadores, pero la realidad es que pueden haber demasiados trabajadores para una institución con muy pocos estudiantes. La mayoría de los programas no pueden costear el tener siete profesores para sólo 20 estudiantes. No resulta razonable mantener un vehículo y un conductor sólo para el rector. Probablemente no resulte eficiente mantener una cocina completa cuando sólo se les sirve el almuerzo (y de pronto la comida) a menos de 100 personas entre estudiantes y personal.

Si el plantel es grande o si hay un gran número de opciones distintas de programas de entrenamiento, resulta sencillo adquirir un gran número de guardias de seguridad, personal de mantenimiento, profesores y personal de apoyo. Pero un programa *nunca* debería tener más empleados que estudiantes. Por ejemplo, aunque los estándares de acreditación de la Asociación del Medio Oriente para la Educación Teológica (MEATE, por sus siglas en inglés) requieren que "el personal de enseñanza sea suficiente como para apoyar de manera efectiva el programa educativo,"[2] suponen que en la mayoría de los programas más de un estudiante estudiará con cada profesor. MEATE sugiere que debería haber "al menos un profesor para cada quince estudiantes."[3] Para los programas de maestría o doctorado, es posible que la proporción entre estudiantes y profesores deba ser menor, como por ejemplo un profesor por cada diez estudiantes. Además, ningún programa debería necesitar más de dos miembros del personal de apoyo y supervisión por cada profesor. Esto sugiere una proporción general de no más de un miembro de personal por cada tres o cuatro estudiantes. Si esto no describe sus proporciones entonces,

---

2. "Personal de Enseñanza" en el acreditación manual de MEATE, Punto 2.1.1. Este documento está disponible en http://www.meate.org.

3. Acreditación manual de MEATE, Punto 2.1.2.

o necesita más estudiantes, o están en un plantel demasiado grande o costoso, ¡o están intentando hacer más de lo que necesitan hacer!

Precaución: ¡no realicen tareas administrativas innecesarias!

Muchas instituciones de entrenamiento las iniciaron personas que tenían una visión que incluía mucho más que el entrenamiento. Por ejemplo, el líder de un programa de entrenamiento para misiones podría tener el anhelo de abrir nuevas iglesias o enviar y mantener a sus propios egresados como misioneros. O el líder de una institución de entrenamiento teológico tal vez quiera usar la planta física y los recursos administrativos, incluso los estudiantes y profesores para responder a las necesidades de la comunidad. Entonces, además de administrar su programa de entrenamiento, es posible que la institución esté coordinando proyectos en áreas de salud comunitaria, desarrollo comunitario o trabajo con VIH-SIDA y cuidado comunitario de huérfanos. Estos proyectos los maneja entonces el personal de la institución, se reúnen y se administran fondos a través del sistema financiero y sus instalaciones pueden hospedar a los equipos voluntarios que vienen a trabajar con los proyectos.

El alcance y cuidado de personas necesitadas son actividades válidas en el Reino de Dios. Sin embargo, se pueden convertir en distracciones de nuestros esfuerzos de entrenamiento. Pueden incluso convertirse en algo más grande que la institución de entrenamiento. No necesitamos que la cola menee al perro. Si nuestro propósito consiste en equipar a líderes para el ministerio, es mejor encontrar formas de trabajar como amigos y socios en universos paralelos. Si hay más espacio en su plantel, podría dársele una oficina o un edificio a una agencia misionera organizada para enviar y apoyar a misioneros o fundadores de nuevas iglesias. O podría dársele (o alquilársele) espacio a una agencia creada para coordinar voluntarios que trabajan con proyectos de salud comunitarios o que responden a las necesidades de los huérfanos del VIH-SIDA. Aunque sus estudiantes (y su personal) se beneficiarán al cooperar con proyectos así como parte de su educación práctica, es mejor si estos proyectos funcionan independientemente del programa de entrenamiento. La coordinación de voluntarios o la administración de proyectos así probablemente no sea el propósito central de su institución de entrenamiento. Entonces estas cosas no deberían convertirse en la responsabilidad o el enfoque ni del equipo de liderazgo de la institución ni de sus esfuerzos para reunir fondos. Los proyectos de extensión necesitan sus propios presupuestos, juntas administrativas y personal.

Las descripciones laborales

Cada persona que trabaja para una institución de entrenamiento teológico debería tener su propia descripción laboral escrita, que detalle lo que se espera que él o ella sea y haga y la manera en que esto encaja con la misión de la institución. Las personas necesitan una descripción de los estándares personales y laborales por los cuales serán responsables. Una buena descripción laboral servirá como la base para realizar evaluaciones además de ser una guía para el desarrollo del personal y para sugerir el entrenamiento que se podría requerir antes o después de tomar el trabajo.

De acuerdo con Peter Wiwcharuck, la siguiente información debería incluirse en cada descripción laboral:

- El título del trabajo, y la fecha en la que se escribió esa versión de la descripción laboral.
- El objetivo principal de la organización en general.
- El objetivo principal de este puesto en particular (es decir, un resumen laboral además del lugar que ocupa esta persona en particular en el organigrama general de la organización).
- Las líneas, los detalles, y los límites de la autoridad del puesto.
- Los detalles de cada actividad a realizarse.[4]

Una descripción laboral bien escrita servirá como una herramienta para la contratación de personas, pues permite ver la autoridad y las responsabilidades que implica el puesto que están considerando. Cuando aceptan el puesto, se convierte en una clase de contrato que indica que están de acuerdo en hacer lo que espera de ellos la institución.

Las descripciones laborales deben escribirse teniendo en mente el puesto y no los dones de un individuo en particular. Sin embargo, es bueno dejar espacio para que una persona pueda desarrollar su trabajo en el puesto de acuerdo con su propia personalidad y experiencia. Las descripciones laborales

---

4. Peter Wiwcharuck, *Building Effective Leadership: A Guide to Christian and Professional Management* (Three Hills, Alberta: International Christian Leadership Development Foundation, Inc, 1987), pp. 175-176.

debería escribirlas inicialmente el liderazgo de la institución, dado su conocimiento de lo que es necesario hacer. Sin embargo, todas las descripciones laborales deberían revisarse al menos una vez al año. La mejor persona para revisar y corregir una descripción laboral es la persona que ocupa el puesto, pues sabe qué hay que hacer y cómo debe hacerse. Cualquier cambio que se hace en una descripción laboral debe ir con la aprobación del supervisor. Aunque tanto el supervisor como el empleado necesitan copias de lo acordado, el departamento de recursos humanos del programa deberá guardar una copia maestra de cada versión nueva.

Cómo contratar personal nuevo

El primer paso para contratar personal nuevo consiste en saber exactamente qué es lo que estamos buscando. Una variedad de personas puede dar su opinión pues somos una comunidad que trabaja en unidad para equipar a las personas para el ministerio. ¿De verdad necesitamos a una persona nueva? De ser así, necesitamos definir cuidadosamente el trabajo que hay que hacer, en conjunto con las habilidades, el carácter y la personalidad que se necesitarán para llevar a cabo la tarea. Incluso cuando estemos añadiendo personas que nos lleven a nuevas áreas, no deberíamos estar reorganizando y complicando nuestro organigrama. Estamos trabajando juntos para alcanzar un propósito común. Todo el personal, sea nuevo o antiguo, necesita encajar como parte de nuestra comunidad y como parte del esfuerzo colectivo para alcanzar lo que queremos alcanzar.

Es posible que su programa de entrenamiento tenga un comité de personal que supervise el proceso de contratación. Los decanos académicos y la facultad por lo general quieren tener alguna voz en la clase de personal académico que requieren. Un bibliotecario querrá hacer parte de la contratación de quienes trabajarán en la biblioteca. Es posible que las juntas de gobierno o las iglesias patrocinadoras quieran sugerir personas que les podrían ayudar. Sin embargo, la contratación de personal es en últimas la responsabilidad del director o rector del programa de entrenamiento.

Un individuo o un comité de búsqueda sólo debería empezar a buscar personas con las habilidades, la experiencia, el carácter y la visión que queremos cuando hayamos desarrollado una descripción laboral clara y cuando hallamos definido los beneficios salariales que acompañarán el puesto.

La mayoría de los gobiernos tienen leyes que estipulan cómo se deben llenar los puestos laborales. Es posible que debamos seguir un cronograma a medida que ofrezcamos públicamente el puesto, recibamos solicitudes escritas de empleados potenciales, y llevemos a cabo las entrevistas formales. Sin embargo, esto no nos impide solicitar hojas de vida de personas calificadas que ya sabemos que encajarían bien con el trabajo.

Cualquier solicitud debería incluir al menos la siguiente información: Información de contacto, estado familiar, registros académicos, empleos previos, afiliación y participación eclesial, adherencia a la declaración de fe y al código de conducta de la institución. Una pregunta útil es: "¿Por qué te gustaría ocupar este puesto laboral en nuestra institución?" Necesitamos personal que no solo sea competente, sino que también crea en lo que intentamos hacer.

De las solicitudes recibidas, determine quién es el candidato más probable. Las entrevistas le permiten tener un sentido del compromiso espiritual de la persona y su compatibilidad con la misión y la ética de la institución. Además de determinar su competencia para realizar la labor, deberíamos escuchar sus pasiones y sus sueños. ¿Es la clase de persona que queremos como parte de nuestro equipo? Considere sólo una persona a la vez, y lleve ese proceso a su conclusión antes de seguir con el nombre siguiente en la lista. Eso no significa que no se puedan buscar nuevos miembros en potencia de la facultad, pero sí sugiere que no es sabio considerar seriamente al mismo tiempo a tres individuos como candidatos finales para el mismo puesto en Nuevo Testamento.

Es necesario tener cuidado antes de sencillamente contratar personas nuevas para labores que no se estén haciendo (o que no se estén haciendo bien). A medida que se miran los casos específicos, tal vez se pueda concluir que se ha estado prestando demasiada atención a algo que en realidad no es necesario hacer o para lo cual no se necesitan tantas personas. Es posible que sea mejor abandonar el proyecto en lugar de contratar personas nuevas. Pero tal vez se llegue a la conclusión de que la labor existente de apoyo administrativo se ha realizado tan mal que la tarea se ha vuelo casi imposible de ejecutar. No contraten personal nuevo para compensar por conflictos interpersonales o por la incompetencia de alguien. En cualquiera de estos casos, primero se deben tratar los asuntos involucrados: incompetencia, resolución de conflictos, o apoyo administrativo de los proyectos. La contratación de personal nuevo no resolverá la mayoría de nuestros problemas.

Cómo fortalecer el equipo administrativo que ya tenemos

Resulta mucho mejor equipar, animar y empoderar al personal que tenemos que estar siempre buscando gente nueva. La meta administrativa más importante consiste en tener un equipo de personas emocionalmente saludables que estén haciendo lo que es necesario hacer. Las personas tienen el derecho de ser respetadas por quienes son. Debemos proveerles prestaciones de salud adecuadas y beneficios salariales apropiados para su nivel de entrenamiento y las labores que están realizando.

Una manera de equipar a los demás consiste en darles retroalimentación periódica y honesta acerca de lo que están haciendo. Se deben realizar evaluaciones laborales para todo el personal, con base en las descripciones laborales de cada quien. Esto nos permite mantener estándares altos al cumplir la tarea de la institución. También permite que se noten los problemas. Podemos descubrir que se le está pidiendo a algunos de nuestros colegas que hagan cosas de las que son capaces, pero para las cuales no tienen suficiente entrenamiento. También es posible que veamos aquellas áreas en las cuales no están haciendo lo que posiblemente harían mejor, porque están intentando hacer cosas que les hemos pedido, pero que alguien calificado podría haber hecho mucho mejor. Parte del problema de "llenar huecos" con cualquier persona que podamos encontrar es que terminamos quemando a nuestro personal, mientras que a la vez perpetuamos la mediocridad. Las descripciones laborales claras y las evaluaciones periódicas nos pueden ayudar a evitar esto.

Un compromiso importante que asumimos consiste en ayudarles a quienes trabajan para nosotros y con nosotros a ser más competentes. El desarrollo del personal debe ser una parte importante de nuestro plan administrativo. Los mejores profesores son los que siguen aprendiendo. El mismo principio se aplica para los miembros del personal administrativo. Peter Drucker comentó que "el quemarse, muchas veces, es una excusa para el aburrimiento."[5] No propiciamos la excelencia si nuestros profesores y nuestro

---

5. Peter Drucker, *Managing the Non-Profit Organization* (New York: Harper Business, 1990), p. 197.

personal administrativo está aburrido y encerrado en la rutina. Miraremos más asuntos de evaluación y renovación en el capítulo 12.

También necesitamos dar ánimo y cuidado pastoral a nuestro personal. Todo el mundo pasa por tiempos de crisis emocional, física y espiritual. Estas inevitablemente afectan la manera en que hacen su trabajo. ¿Entonces hasta qué punto las personas están haciendo un mal trabajo temporalmente sólo por estos factores? El ser un administrador de recurso humano implica que sabremos cómo apoyar a los que están pasando por tiempos difíciles.

Conclusiones

Hay muchas tareas que se deben realizar de manera competente para que nuestros esfuerzos de entrenamiento funcionen con excelencia. Los profesores pueden servir felizmente con paz mental pues saben que se han implementado procedimientos estructurales y administrativos efectivos. Debemos poder confiar en las habilidades y el carácter de quienes trabajan con y alrededor de nosotros. La excelencia en la administración no solo implica cuidar de los muchos detalles de lo que intentamos hacer; También incluye administrar a las personas que hacen que el programa funcione. Quiénes somos como comunidad de aprendizaje tendrá un papel importante en formar la manera en que nuestros estudiantes verán a las iglesias que sembrarán y a las que servirán.

Preguntas de discusión acerca de su administración

1. ¿Cuál es la historia detrás de sus estructuras administrativas?
2. Haga una lista larga de cada detalle que necesita hacerse bien para que funcione bien su programa de entrenamiento. ¿Quién es el responsable de asegurarse que todos estas labores detalladas se realicen?
3. Escriba (o revise) su organigrama de cómo las personas se relacionan mutuamente para hacer lo que hay que hacer. ¿Quién se relaciona con quién? ¿Cómo se relacionan todos con todos?
4. ¿Cada persona que trabaja en su programa de entrenamiento tiene una descripción laboral escrita? Examine su propia descripción laboral y discuta qué tan adecuada es. ¿Cómo podría mejorarse?

5. ¿Qué tan complicadas son sus estructuras administrativas? ¿Hay una mejor manera de organizar la forma en que se hacen las cosas?
6. ¿Tienen más personas en puestos administrativos de lo que justifica el número de estudiantes? ¿Cómo se pueden hacer los cambios necesarios?
7. ¿Cómo están estructurados para equipar y cuidar de las personas que hacen parte de su equipo administrativo y académico?

Sugerencias de lectura

Bright, David F. y Mary P. Richards. *The Academic Deanship: Individual Careers and Institutional Roles*. San Francisco: Jossey-Bass, 2001.

Drucker, Peter. *Managing the Non-Profit Organization*. New York: Harper Business, 1990.

Haworth, Jennifer Grant, y Clifton F. Conrad. *Emblems of Quality in Higher Education: Developing and sustaining high-quality programs*. Needham Heights, MA: Allyn and Bacon, 1997.

Langford, David P. y Barbara A. Cleary. *Orchestrating Learning With Quality*. Milwaukee, Wisconsin: ASQC Quality Press, 1995.

McLean, Jeanne P. *Leading from the Center: The Emerging Role of the Chief Academic Office in Theological Schools*. Atlanta: Scholars Press, 1999.

Wiwcharuck, Peter. *Building Effective Leadership: A Guide to Christian and Professional Management*. Three Hills, Alberta: International Christian Leadership Development Foundation, Inc, 1987.

Wolverton, Mimi, Walter H. Gmelch, Joni Montez, y Charles T. Nies. *The Changing Nature of the Academic Deanship*. ASHE-ERIC Higher Education Report, Vol. 28:1. San Francisco: Jossey-Bass, 2001.

6

La excelencia en el currículo

No existe el currículo perfecto donde "una talla le queda a todos". Un programa excelente equipa a los estudiantes específicos para ministrar dentro de un contexto específico. Su currículo lo enseñan de manera creativa profesores cuyas vidas son ejemplo de lo que dicen.

Se escucha una falta de entusiasmo por los programas de entrenamiento para el liderazgo entre quienes sienten que la educación teológica no capacita de manera efectiva a sus egresados con teoría, fundamentos bíblicos y prácticos para la vida y el ministerio. ¿El problema yace en el currículo? Existen cinco áreas problemáticas relacionadas con el currículo.

1. ¿Nuestro currículo es incapaz de desarrollar intencionalmente el carácter o de enseñar disciplinas espirituales? Desafortunadamente es evidente la falta de carácter en algunas de las personas que portan diplomas de instituciones bíblicas y seminarios teológicos.

2. ¿Nuestro currículo apaga la pasión de los estudiantes por alcanzar a los perdidos y obstaculiza así a quienes lideran a las iglesias con crecimiento más acelerado? Uno de los presentadores en la Consulta Global acerca de la Evangelización Mundial (GCOWE) en Pretoria en julio de 1997 dijo que las instituciones teológicas son uno de los mayores obstáculos al evangelismo mundial.

3. ¿Un currículo tradicional es capaz de impartir las habilidades pastorales y de liderazgo que se necesitan para el ministerio?

4. ¿Nuestro currículo prepara a los egresados para manejar asuntos tales como la corrupción política, el genocidio étnico y el apartheid, o la disparidad entre ricos y pobres? Existe una percepción de que hay una falta de relevancia entre lo que se enseña y el mundo en que vivimos.

5. ¿Existen maneras que sencillamente son mejores para entrenar a los líderes? ¿Nuestro currículo se basa en metodologías de enseñanza que ya no son válidas? ¿No hemos aprendido de lo que están haciendo los demás?

Es importante notar aquellas instituciones de entrenamiento que producen egresados excelentes. También resulta reconfortante escuchar un llamado a la renovación de parte de aquellos que acreditan los programas de entrenamiento.[1] Pero tenemos razón para preocuparnos si sospechamos que le podríamos estar enseñando el contenido equivocado a las personas equivocadas. ¿Cómo podemos evaluar nuestro propio currículo y el punto hasta el cual este es el centro de nuestros problemas?

En este capítulo consideraremos la naturaleza del currículo. Veremos que Dios tiene su propio currículo para moldear a personas escogidas y dotadas para vivir en santidad y para el servicio amoroso, usando entrenamiento informal, no-formal y formal. Un buen plan curricular entiende la parte de la tarea que nos corresponde. Construye sobre la experiencia y el conocimiento que ya tienen nuestros estudiantes y los equipa para los ministerios para los que Dios los ha llamado. Discutiremos asuntos del desarrollo del carácter, del diseño curricular y de cómo usar y evaluar los materiales curriculares.

¿Qué es un currículo?

El término currículo tiene sus orígenes en la palabra latina *currere*, que significa "correr una carrera". La carrera no es necesariamente la de un seminario intensivo de un fin de semana ni la de un semestre agotador, ¡sino la de la vida misma! Nótese que un *Curriculum Vita*, nuestro C.V. (Hoja de Vida), describe todo lo que nos es de importancia (hasta este momento) en nuestra existencia: nacimiento, matrimonio, hijos, experiencia laboral, premios recibidos, etc.

---

1. P.ej., el Manifiesto de ICETE de 1995, http://www.theoledafrica.org/ICETE/ICETEManifesto.asp.

Nuestro "currículo" personal es un resumen de lo que ha pasado en y a través de nosotros por todo lo que ha sucedido a nuestro alrededor. Esto es profundamente teológico. Dios tiene un plan maravilloso para la vida de quienes hemos sido adoptados como sus hijos. Pablo declara, "Ahora bien, sabemos que Dios dispone todas las cosas para el bien de quienes lo aman, los que han sido llamados de acuerdo con su propósito" (Romanos 8:28). Pablo afirmó, "pues Dios es quien produce en ustedes tanto el querer como el hacer para que se cumpla su buena voluntad" (Filipenses 2:12). Pablo confiaba en lo que estaba sucediendo con sus amigos en Filipos: "el que comenzó tan buena obra en ustedes la irá perfeccionando hasta el día de Cristo Jesús" (Filipenses 1:6). Estamos participando en un currículo que Dios está obrando en nosotros durante toda nuestra vida.

Para los programas de entrenamiento y educación teológica, se puede entender lo que es el currículo de varias maneras distintas:

- Como una lista de materias ofrecidas.
- Como un plan de instrucción en cualquiera de esas materias, usando una variedad de experiencias de aprendizaje para llevar a una persona a alcanzar ciertos resultados planeados.
- Como una pieza de instrucción programada para un curso específico (como por ejemplo un currículo para enseñar habilidades informáticas, administración del liderazgo, o una serie de lecciones de Escuela Dominical durante 13 semanas).
- Como el efecto general de un paquete educativo completo.

Al considerar el impacto de una institución de entrenamiento, la última versión es la más importante. El currículo incluye todo lo que hacemos que contribuye al crecimiento de los estudiantes. El Dr. Victor Cole ha escrito que un currículo es "la totalidad del proceso de un plan de acción educativo."[2] Los planes curriculares son la manera de la cual estructuramos todo el proceso educativo. Hay dos elementos básicos en cualquier plan curricular:

1. **Un contenido que se va a enseñar:** "Usted necesita aprender *esto*."
2. **Alguien a quien equipar en carácter y para el ministerio.** "*Usted necesita aprender esto.*"

---

2. Victor Cole, *Training of the Ministry* (Bangalore: Theological Book Trust, 2001), p. 38.

A menudo las instituciones bíblicas han enfatizado uno de estos puntos a expensas del otro. El contenido puede convertirse en una caja sagrada de sabiduría acumulada o tradiciones que deben vertirse en la cabeza de un estudiante, sin importar lo útil que pueda serle ese material a ese estudiante. Por otra parte, el enfocarse únicamente en el equipamiento o la formación de un individuo puede reducir al entrenamiento a un mero dominio de técnicas, con poco entendimiento propio y pocos fundamentos bíblicos e históricos que le sirvan de sustento. Tanto el contenido como la práctica son importantes.

Sin embargo, aunque un profesor realmente bueno puede ayudarle a sus estudiantes a obtener buenas notas en los exámenes de contenido y (dentro de las capacidades y las habilidades del estudiante) podrá lograr bastante en términos del desarrollo de habilidades, ningún profesor humano puede cambiar el corazón de las personas ni reformar la mente. La transformación es obra de Dios.

El plan curricular de Dios

Al organizar un plan curricular para educandos adultos, debemos estar conscientes de nuestro papel dentro del currículo de Dios para la vida del estudiante. Necesitamos saber qué es lo que Dios ya ha estado haciendo en la vida de una persona y hallar maneras apropiadas de facilitar el proceso continuo de aprendizaje y crecimiento hacia la madurez. La hoja de vida de cada individuo debería mostrar las buenas obras que se han hecho en su proceso de ser conformado a la imagen de Jesús. El examen final de Dios se gana o se pierde, y quienes tengan éxito escucharán: "¡Bien hecho, buen siervo y fiel!". Hay cinco pasajes bíblicos que nos ayudarán a ver algunos de los principios del plan curricular de Dios.

1. Dios ya está obrando (Romanos 12:1-2)

Nos enrolamos en el plan educativo de Dios cuando nos ofrecemos a él como sacrificios vivos, y aceptamos por fe con gratitud lo que Él ha hecho por nosotros y en nosotros. No podemos cambiarnos a nosotros mismos de malos a buenos, pero podemos ser transformados y renovados para conocer a Dios y Su voluntad. Sin embargo, seguimos viviendo en un contexto específico. La mayor parte de lo que sabemos – nuestra cosmovisión, nuestros valores centrales, y nuestros comportamientos básicos (que incluyen varios hábitos pecaminosos) – lo hemos recibido de nuestro entorno. A medida que Dios obra en nosotros, es importante estar consciente de los efectos positivos y negativos que ejerce nuestra cultura para que podamos resistir la tentación de conformarnos "a este siglo".

2. Vale la pena esforzarse por aprender (Proverbios 2:1-6)

Aunque la sabiduría es un don de Dios, hay cosas que, como estudiantes de Dios, debemos hacer para adquirir sabiduría y entendimiento. Necesitamos acercarnos a su Palabra con un corazón abierto a aceptarla y una mente lista para recordarla. Como todos los buenos estudiantes, debemos ser educandos activos que hacemos preguntas y nos expresamos cuando no entendemos algo. El aprendizaje requiere de investigación y esfuerzo, pero es motivado por el valor del resultado: el conocimiento de Dios.

3. El entrenamiento es para la obediencia (Mateo 28:18-20)

La Gran Comisión concluye: "Enseñándoles a obedecer todo lo que les he mandado." Esto sugiere dos aspectos importantes del currículo de Dios: (1) El grupo de personas a quienes se les ha de enseñar incluye a **todos** los que han sido evangelizados y bautizados. (2) Lo que importa no es lo que sabemos ni lo que sabemos hacer, sino nuestra obediencia a todo lo que Jesús mandó. La mayoría de nuestros programas de entrenamiento no saben diseñar un currículo que enseña la obediencia. Nos va mejor haciendo exámenes, evaluaciones y proyectos.

4. La verdad debe enseñarse, modelarse y ponerse en práctica (2 Timoteo 2:2; 3:10-17)

En el currículo de Dios, lo que aprendemos de los demás lo debemos volver a enseñar. Las Escrituras son fundamentales para llevarnos a la salvación y equiparnos para el ministerio. Que la Palabra de Dios sea útil "para enseñar, para reprender, para corregir y para instruir en la justicia" sugiere aspectos tanto positivos como negativos del proceso educativo de Dios. El aprendizaje implica quitar el mal pensamiento y la mala doctrina (corrección) además de entender lo que es correcto (enseñanza). El aprender a vivir y a ministrar implica corregir el mal comportamiento y las malas prácticas (reprender), mientras se buscan los modelos positivos y se recibe ánimo (instrucción en justicia). Los modelos son parte importante del plan educativo de Dios. Timoteo podía continuar en lo que había aprendido pues sabía cómo se veía tanto el contenido como la práctica en la vida de aquellos de quienes había aprendido. Timoteo había observado la vida de Pablo, su propósito, fe, paciencia, amor, resistencia, persecuciones y sufrimientos. La intención de Dios es que sus alumnos sean maduros y estén completamente equipados para toda buena obra mediante el estudio de Su Palabra y por los modelos de sus profesores.

5. Todo el mundo debe estar capacitado para usar sus dones (Efesios 4:7, 11-16)

El cuerpo entero, unido y sostenido por cada ligamento, sólo puede crecer y ser construido en amor cuando cada miembro del cuerpo de Cristo hace su trabajo. Todo el pueblo de Dios tiene dones, aunque no todos tienen los mismos dones. La metodología del currículo de Dios consiste en que los líderes aprendan a equipar a otros para que ellos hagan el trabajo, de modo que todos estén capacitados de manera adecuada para usar los dones que poseen.

Un currículo, fundamentalmente, no es . . .

1. Un currículo no es un paquete para entregar

El entrenamiento teológico no consiste en entregar exactamente el mismo paquete que nos fue entregado. Tendemos no solo a enseñar de la *manera* en que nos enseñaron, sino también a enseñar exactamente *aquello* que se nos enseñó. No resulta apropiado enseñar simplemente las mismas notas de clase y textos guía que siempre se han usado, especialmente cuando dichos textos no se escribieron para el entorno y las necesidades de los estudiantes a quienes les estamos enseñando. Debemos reflexionar de manera crítica, preguntándonos si lo que estamos haciendo es bíblico, relevante para las vidas de nuestros estudiantes y si en realidad los capacita para sus propios ministerios.

2. Un currículo no es una experiencia monástica

Un currículo no es algo que se debe absorber durante tres o cuatro años mientras se vive en o cerca de un plantel con sus dormitorios, eruditos residentes, biblioteca y edificios impresionantes. Algunos egresados parecieran haber adquirido sus credenciales sencillamente pasando tiempo en el local. Han "pasado" cuatro años de Teología, como lo comprueba el certificado o el diploma que exhiben en su pared. Pero en realidad aprendieron poco si sus vidas no cambiaron o si pueden recordar poco de lo que estudiaron.

3. Un currículo no es preparar a unos pocos, especialmente para las cosas equivocadas

Un plan curricular no es un camino para que sus egresados se conviertan en un grupo elite de personas especiales llamadas a bendecir a otros mediante sus esfuerzos. Hemos fracasado si nuestros egresados (y sus iglesias) sienten que deben convertirse en profesionales pagados que deberían hacer, en nombre de sus iglesias, toda la visitación, el cuidado pastoral, el evangelismo, el trabajo social y la administración de la iglesia. También hemos fracasado si nuestros esfuerzos de entrenamiento han producido actores que presentan semanalmente servicios de adoración pulidos y entretenidos para las "masas" que vienen a orar y a pagarles a quienes lo hacen todo por ellos y para su placer.

Cómo aprenden las personas

Un buen currículo equipa a personas reales para ministerios reales. No existe un currículo global perfecto que enseñen los grandes profesores del mundo ni un paquete educativo único que pueda usarse con todos en todas partes. Una talla no le queda a todos. Las personas aprenden en una variedad de entornos y de muchas formas distintas. Como todos nuestros estudiantes ya se encuentran matriculados en el programa educativo de Dios, debemos estar conscientes del lugar donde se encuentran en su caminar con Dios. El desarrollo curricular nos obliga a entender algo del ambiente en que aprenden las personas, para que podamos preparar más adecuadamente un plan curricular para equipar a nuestros estudiantes.

Las personas aprenden de manera informal

Casi cualquier cosa significativa que hayamos aprendido probablemente no vino de la educación formal. Somos formados continuamente por el mundo a nuestro alrededor. Eso incluye las cosas tanto buenas como malas que hemos absorbido del hogar, el barrio, la iglesia, los amigos y el trabajo. Hemos "aprendido" cómo y qué ver, y cómo interpretar esas cosas. Probablemente reflejamos de manera poco crítica los valores, comportamientos y la cosmovisión de nuestra herencia cultural y natural. Al igual que nuestros antepasados, tenemos una naturaleza egoísta y hemos aprendido a ser manipuladores. Sabemos cómo crear problemas y evitar el conflicto. Aunque la mayoría de nosotros quiere cambiar para poder vivir de una manera distinta, nuestros planes de auto-ayuda fracasarán pues sólo Dios puede transformar a una persona desde adentro. Necesitamos que el Espíritu Santo de Dios obre en nosotros en el contexto de comunidades cristianas saludables.

Un buen plan curricular reconoce la importancia del entorno y de la comunidad en el aprendizaje. Lo que somos y lo que hacemos como comunidad de aprendizaje será lo que mayor influencia tendrá sobre aquello que realmente aprenden de nosotros nuestros estudiantes, y la manera en que lo aprenden. Qusieramos ayudarles a desarrollar un entendimiento crítico de ellos mismos y de sus trasfondos. Usaremos grupos pequeños para que las personas se ayuden a crecer mutuamente. Ofreceremos buenos consejos a medida que nos animamos. También identificaremos conscientemente los modelos tanto buenos como malos que animarán a nuestros estudiantes a vivir de una manera que glorifique a Dios.

Las personas aprenden de manera no formal

Todos hemos aprendido en grupos pequeños, seminarios o talleres. Aunque usted no haya recibido crédito académico por los años que pasó en la escuela dominical, ¡esperamos que haya aprendido algo acerca de Dios! Usted puede haber sido parte de un grupo de estudio bíblico, o haber asistido a un taller de fin de semana acerca del enrriquecimiento matrimonial o las misiones o cómo compartir su fe. Quizás ha tomado un curso corto para aprender como usar un programa de computador, arreglar motores de camión o bucear. Quizás leíste un libro acerca del VIH-SIDA. Muchas personas deben recibir entrenamiento mientras sirven. Los cursos de extensión de la educación teológica ofrecen entrenamiento a medida que las personas sirven, de modo que quienes ministran lo hagan mejor. Algunas personas han sido aprendices para adquirir habilidades específicas. Quizás usted haya sido mentoreado por una persona mayor. Todas estas son maneras no formales de aprender. Los adultos aprecian el entrenamiento que les ayuda a aprender lo que quieren aprender.

Un buen plan curricular incluirá elementos específicos que las personas saben que deben aprender. Por ejemplo, un curso de ministerio pastoral debería ser en esencia una serie de seminarios que traten de las habilidades que necesitará un pastor. Algunos podrían ofrecerse como seminarios de educación continua para egresados o líderes cristianos en el área. Podrían aprovecharse las habilidades y la sabiduría de los líderes eclesiásticos existentes para el aprendizaje o en programas de mentoreo para estudiantes individuales.

Las personas aprenden de manera formal

Cuando las personas piensan en el "aprendizaje", generalmente piensan en instituciones y planteles. La mayoría de las personas han pasado años en ambientes de aprendizaje. En el estudio formal, el currículo es un paquete explícito de contenidos y habilidades que deben enseñarse en una secuencia predefinida. Existen requisitos de ingreso y normas que cumplir para que un estudiante pueda recibir un diploma o un título. Los estudiantes podrán estudiar tiempo completo durante el día o la noche, o medio tiempo mediante estudios modulares en distintas ubicaciones o en el plantel en los fines de semana o tiempos de vacaciones. El estudio formal podrá incluir programas para educación a distancia o estudios por correspondencia o por Internet.

Los programas de educación teológica son ejemplos del aprendizaje formal. Un buen plan curricular usará sabiamente el tiempo que tiene disponible para el estudio formal. Puede incluirse un número limitado de cursos en un programa de tres a cuatro años. Usted no necesita enseñar todo lo que alguna vez se ha enseñado. Además, cada instructor debe acordarse de que los estudiantes aprenderán más del entrenamiento informal o no-formal que de lo que sucede en un ambiente formal de clase. Eso no minimiza la importancia de las clases formales, pero debería ayudarnos a enseñar con realismo y humildad.

Lo que debe ser un plan curricular

Aun el mejor seminario no puede convertir a las personas en pastores o evangelistas. Pero puede tomar personas con dones pastorales o de enseñanza y ayudarles a pastorear o a enseñar mejor. Es una labor complicada equipar a los estudiantes para el ministerio, pues trabajamos con estudiantes que vienen con distintos dones, habilidades, experiencias y entrenamiento. Tienen intereses, motivaciones y actitudes diferentes y aprenden de maneras distintas, especialmente en edades distintas. Esto se hace aun más complicado debido al tiempo relativamente reducido que tenemos para trabajar, en conjunto con lo inadecuado de nuestros recursos y las limitaciones de nuestro equipo de enseñanza. Sin embargo, nuestra labor no consiste en hacerlo todo, sino en participar bien de lo que Dios ya está haciendo en nuestros estudiantes. Un plan curricular es la manera en la cual estructuramos nuestra parte de este proceso educativo.

Un plan curricular debe construirse con base en cuatro preguntas básicas:

1. ¿Cuál es la tarea que debemos realizar?

La meta educativa principal de un currículo de educación teológica debería ser equipar a personas reales para un ministerio real. Pero hay muchas clases de ministerio, y las personas tienen necesidades a lo largo de toda su vida. Su institución de entrenamiento no tiene ni la capacidad ni el llamado de hacerlo todo para todos. Tal como lo discutimos en el capítulo 3, necesitamos conocer *nuestra* misión y propósito. Hay que reflexionar cuidadosamente y orar mucho antes de apartarnos de lo que hacemos bien para convertirnos en algo distinto. Una escuela bíblica con muchos estudiantes y una historia de servir exitosamente a la iglesia no debería transferir su energía y sus recursos a convertirse en un programa de posgrados para un pequeño número de estudiantes en potencia, especialmente si existen otras opciones para estudios avanzados en la región. De manera similar, a no ser que existan razones contundentes para cambiar, una escuela bíblica no debería abandonar a sus propios estudiantes a medida que hace el cambio hacia el entrenamiento en trabajos seculares para la comunidad en general. Nuestro plan curricular será la implementación de *nuestros* valores y propósitos dentro de *nuestro* contexto particular.

2. ¿A quiénes intentamos capacitar?

Necesitamos desarrollar un perfil de los estudiantes que ingresan para descubrir su llamado, sus dones, su experiencia y su entrenamiento previo. Para

equiparlos bien para el ministerio debemos aprender acerca de ellos en tres áreas relacionadas – el saber, el hacer y el ser:
- ¿Qué saben (no sólo en cuanto a Biblia y teología)?
- ¿Qué saben hacer? ¿Qué destrezas y habilidades poseen?
- ¿Qué clase de personas son? ¿Qué sabemos acerca de su madurez y carácter?

Las respuestas a estas tres preguntas nos dan un punto de partida desde el cual desarrollar un plan curricular. Sin embargo, antes de comenzar a escribir nuestro currículo, es importante recordar que tenemos control sobre quiénes pueden ingresar a nuestros programas de entrenamiento. Es apropiado pedirles a los estudiantes que cumplan ciertos requisitos antes de admitirlos. Si no tienen cierto nivel de entrenamiento educativo o cierta cantidad de experiencia ministerial, posiblemente no posean las herramientas de aprendizaje y el conocimiento básico y las destrezas para poder aprender al lado de otros estudiantes. Si un estudiante es un creyente nuevo (o si no es claro si realmente es o no un creyente), no tiene sentido comenzar a entrenarlo para posiciones de liderazgo en la iglesia. Igualmente, si hay poca convicción de un llamado al ministerio, o casi ninguna experiencia en el ministerio en la iglesia, puede ser sabio no admitirlo (al menos, no en este momento) como estudiante. No tenemos que empezar en el nivel que traen los estudiantes.

3. ¿Para qué los estamos entrenando?

Nuestro propósito consiste en preparar a nuestros estudiantes para la vida y el ministerio. Para que podamos desarrollarles un plan curricular, necesitaremos entender qué conocimientos específicos y cuáles competencias necesitarán para ser efectivos en los roles ministeriales que asumirán. Si van a ser pastores, ¿cuáles son las muchas cosas que necesitan saber hacer los pastores? Si nuestros estudiantes serán misioneros interculturales, ¿qué necesitarán saber o saber hacer para ser efectivos? ¿Qué actitudes y qué carácter se requiere en un misionero intercultural?

4. ¿Cómo debemos llegar desde aquí hasta allá?

Este es el corazón de lo que es un plan curricular: llevando a estudiantes reales de donde se encuentran a donde necesitan estar para poder ministrar con efectividad. Sea que les ofrezcamos información nueva, los entrenemos en nuevas habilidades o discipulemos en formas correctas de vida, todo lo que incluimos en nuestro currículo debe contribuir a llevar a nuestros estudiantes de donde se encuentran hasta donde necesitan estar. No enseñamos cursos por la sencilla razón de que siempre se han enseñado. Cada curso complementa a todos los demás cursos con el fin de equipar a nuestros estudiantes para lo que estarán haciendo.

Al final de los años 1990, tres instituciones teológicas relativamente pequeñas en el Líbano comenzaron a discutir cómo podrían compartir mejor su facultad y sus instalaciones para entrenar mejor a sus estudiantes. Para poder hacer esto necesitaban un currículo en común para las tres instituciones. Su primera tarea consistió en determinar un perfil narrativo de cómo querían que se vieran sus estudiantes en las áreas del ser, saber y hacer. Entonces analizaron cada materia existente en sus catálogos de cursos para ver cómo cada curso contribuía a producir los resultados que querían. No todas las materias encajaban, entonces después de dos años enteros de discusiones, el resultado fue un nuevo currículo de cuatro años de Licenciatura en Teología para las tres instituciones.

El primer año era un programa de discipulado enfocado en el "ser". El currículo estaba diseñado para dar una visión general de la Biblia, una comprensión firme de la fe y para infundir hábitos regulares de estudio bíblico, oración y evangelismo en cualquier cristiano. A los estudiantes también se les introducía en el ministerio laico en la iglesia local (el "hacer"), el enfoque del segundo año de estudios. Los estudiantes de segundo año aprendían habilidades básicas de predicación, enseñanza, misiones y administración y se les daba una introducción a la historia de la iglesia y la denominación. Ambos años terminaban con una celebración de los logros y ninguna insinuación de fracaso para quienes no pasaran al siguiente nivel. Sólo aquellos que dieran muestras claras de tener dones pastorales y un llamado al ministerio, y que dominaran las materias de los primeros dos años eran invitados a los años tercero y cuarto del currículo de licenciatura. Aunque los últimos dos años tenían el "saber" como su objetivo principal y estaban diseñados para proveer bases para quienes se convertirían en líderes dentro del contexto del Medio Oriente, cada curso aún incluía componentes del ser y del hacer.

Tres tipos básicos de currículo

1. *El currículo oculto o invisible*

El currículo oculto o invisible, es lo que enseñamos con o sin intención. Una de las reglas de la educación es que tendemos a enseñar de la manera en que se nos enseñó. De la misma manera, nuestros estudiantes imitarán nuestras actitudes, comportamientos y metodologías de enseñanza, incluso si nunca decimos nada al respecto. Aprenderán a valorar el tiempo por encima de las personas – o a las personas por encima del tiempo – según el comportamiento de sus profesores. Aprenderán acerca del estatus por el tamaño de nuestras oficinas o por nuestros títulos o por la manera en que tratamos a quienes se encuentran por "debajo" de nosotros. A medida que nos hacemos conscientes de lo que estamos enseñando en realidad, la implicación curricular es que deberíamos manejar aquellas partes que podamos de nuestro currículo invisible para que podamos guiar a nuestros estudiantes intencionalmente a aprender lo correcto.

2. *El currículo nulo*

No enseñamos todo lo que podría enseñarse. El currículo nulo es lo que no enseñamos. Sin embargo, quizás algunas de las materias que no enseñamos podrían ayudarnos a equipar mejor a nuestros estudiantes para el ministerio que algunas de las que siempre hemos enseñado. Nuestros estudiantes y el ambiente en el que ministran están en constante cambio. Hace veinticinco años no había la necesidad de discutir el ministerio en un contexto de VIH-SIDA, aunque hoy día es una necesidad imperante. ¿Qué más debería incluir nuestro currículo formal para que podamos ayudarles a nuestros estudiantes a aprender acerca de asuntos importantes que encararán en sus ministerios? La implicación curricular es que cuando uno añade algo, debe eliminar otra cosa que ya no es tan importante.

3. *El currículo visible*

El currículo visible, o explícito, es la lista de cursos que se les ofrecen a los estudiantes y que aparecen en nuestro prospecto. La mayoría del currículo en las instituciones de entrenamiento teológico se construye alrededor de cinco áreas de estudio:

- Estudios bíblicos (que incluye los idiomas)
- Teología
- Historia de la Iglesia
- Estudios prácticos, como predicación, consejería o administración de la iglesia.
- Estudios generales, como español, sicología o sociología.

Todas estas cosas vale la pena estudiarlas. Sin embargo, la realidad dolorosa es que tenemos un tiempo limitado en el cual equipar a los estudiantes para sus ministerios. El desarrollo curricular puede ser un juego de llenar-los-vacíos. Para un programa de tres años, con cuatro materias por semestre durante seis semestres, deben llenarse 24 vacíos con cursos presentados por profesores, con sílabos escritos, objetivos, una secuencia de temas a enseñar, tareas, lecturas asignadas, etc. La mayoría de las personas tiende a llenar estos espacios con todos los cursos que *ellos* tomaron cuando eran estudiantes, y luego los enseñan de las maneras normales en que se enseñan esta clase de cursos. Esta no es la mejor manera de desarrollar un currículo. Debemos tomar unas decisiones difíciles a medida que reflexionamos conscientemente sobre aquello que llevará a nuestros estudiantes de donde se encuentran ahora hasta donde deben llegar. Los cursos que ofrecen conocimientos fundamentales deben balancearse con aquellos que ayudan a desarrollar habilidades específicas. Todos los profesores deben saber cómo sus materias encajan con todas las demás para equipar a los estudiantes para el ministerio.

Nuestro currículo invisible (lo que aprenden realmente los estudiantes, con o sin nuestra intención) también contribuirá en este proceso. Por ejemplo, a medida que entrenamos a nuestros estudiantes para asumir roles pastorales, ¿qué les estamos enseñando acerca del manejo del tiempo por la manera en que usamos el tiempo; acerca de la importancia de la oración en el ministerio por la forma en que oramos; o acerca de la importancia de las personas mediante las relaciones que tenemos con los demás? ¿Nos comportamos como pastores o como gobernadores? ¿Estamos enseñándoles a ser pastores humildes u obispos arrogantes?

El desarrollo del carácter

La transformación del corazón humano es obra de Dios. Entonces, ¿hasta que punto puede el programa de entrenamiento facilitar la madurez espiritual en sus alumnos? Probablemente la respuesta más importante surge cuando entendemos cómo nuestro ambiente influye en cualquier cosa que aprendemos. Nuestros estudiantes (y nuestro profesorado) crecerán en Cristo al hacer parte de una comunidad conscientemente cristiana donde tomamos en serio la presencia de Dios entre nosotros.

El profesorado y el equipo administrativo de la institución deberían trabajar juntos creativamente buscando ideas para fortalecer la madurez y el crecimiento spiritual entre los estudiantes. He aquí algunas sugerencias que otros ya han intentado:

- Contratar a un decano estudiantil que servirá como pastor y consejero para el personal y los estudiantes.
- Programar actividades espirituales periódicas, como servicios en la capilla o grupos pequeños de oración.
- La facultad puede servir como mentores uno-a-uno para los estudiantes, ayudándoles a desarrollar planes para su propio crecimiento espiritual.
- Los estudiantes pueden documentar su propio crecimiento espiritual mediante un diario.
- Desarrollar e imponer reglas de comportamiento aceptable para la comunidad académica – y luego disciplinar bíblicamente a quienes violen esas reglas.
- Programar eventos especiales, que incluyan retiros, días de oración, o una semana de énfasis espiritual.
- Incluir clases en el currículo que estén relacionadas con la formación espiritual, como por ejemplo evangelismo o familia cristiana. Un curso sobre la oración podría examinar la enseñanza de las Escrituras, o usar libros escritos por personas que oraban, o desarrollar ejercicios de oración para que los estudiantes evalúen sus propias vidas de oración y desarrollen nuevos hábitos de oración.
- Programar un día por semestre para que los profesores y el personal discutan áreas de crecimiento espiritual para cada uno de

los estudiantes matriculados en la institución. Luego tomar tiempo para orar individualmente por cada estudiante.
- Apoyar y supervisar la integración entre todas las materias enseñadas. Los profesores necesitan entender cómo sus materias contribuyen al currículo en general, incluso el crecimiento espiritual de los estudiantes. ¿Qué tan bien funciona todo en conjunto para equipar a los estudiantes en el área del carácter y para los ministerios que tendrán?

El diseño de los cursos

De acuerdo con George Posner y Alan Rudnitsky, las metas educativas generales explican por qué estamos ofreciendo nuestro programa.[3] Un plan curricular define en forma genérica lo que estaremos enseñando, y se construye alrededor de resultados de aprendizaje propuestos (RAP). Nuestro "por qué" debería ser evidente en nuestro propósito institucional, mientras que nuestro "qué" se verá en la colección de cursos que incluimos en nuestro currículo explícito. Es a medida que diseñamos un plan educativo o de instrucción que contestamos la pregunta "¿cómo?"

Para poder tener excelencia general en el currículo, cada curso individual dentro del currículo debe estar bien diseñado y se debe enseñar bien. Existen muchos buenos recursos escritos para ayudarles a los profesores a desarrollar los cursos que enseñan. He puesto algunos de estos en la bibliografía al final del capítulo.

No alcanzamos la excelencia automáticamente al importar paquetes curriculares o materiales programados diseñados por otros. Estos pueden ser brillantes y quizás incluso pueden servir como recursos que enriquezcan nuestro programa. Pero si nuestro objetivo es equipar a *nuestros* estudiantes para el ministerio, necesitamos cuidarnos de sencillamente adoptar el contenido y la metodología de otro sin adaptarlos para el mundo y las necesidades específicas de nuestros estudiantes.

Como lo veremos en el próximo capítulo, el recurso más grande que tiene cualquier programa de entrenamiento lo constituyen sus profesores. Los

---

3. George Posner y Alan Rudnitsky, *Course Design: A Guide to Curriculum Development for Teachers* (New York: Longman, 2001).

programas de entrenamiento excelentes tienen grandes profesores que saben utilizar buenos materiales para entrenar a sus estudiantes. Esto es mucho más que ser monitores que sencillamente se aseguran de que los estudiantes llenan correctamente los espacios en blanco de sus materiales de enseñanza programados. Los profesores construyen relaciones con sus estudiantes y aplican las verdades a las vidas de personas que han llegado a conocer. Necesitan tener la libertad de usar sus propios dones y experiencias a medida que desarrollan cursos que responden de manera apropiada a las necesidades de sus estudiantes.

La dificultad potencial de permitirles a los profesores la libertad que desean es que cada materia debe contribuir con el proceso acordado del currículo en general, es decir, de llevar a los estudiantes del lugar donde están al lugar donde necesitan llegar. El plan curricular de un programa definirá el contenido y los resultados de aprendizaje propuestos para el programa en general. Cada materia que ha de enseñarse debería entonces tener su propio sílabo en el archivo. Éste tendrá objetivos de aprendizaje acordados, un resumen narrativo de lo que debe cubrir el curso y cómo encaja el material en el currículo del programa en general. La persona que enseña la materia desarrollará su plan de instrucción con base en este sílabo estandarizado y luego se lo presentará por escrito a los estudiantes (y al archivo) como un plan de la manera en que se enseñará realmente el curso.

Por ejemplo, a un individuo que se le asigna enseñar el libro de Romanos se le pueden dar tres objetivos de aprendizaje propuestos para el estudio de este libro bíblico: (a) que los estudiantes lleguen a entender y a afirmar su propia justificación por la gracia; (b) que los estudiantes puedan explicar en sus propias palabras la teología y las enseñanzas de Pablo; y (c) que los estudiantes desarrollen habilidades en el estudio bíblico inductivo. Un buen profesor cumplirá los objetivos del curso a la vez que desarrolla una metodología creativa para la clase, de acuerdo con sus propias habilidades. Lo que no tiene es la libertad de sólo cubrir los capítulos 1-3, o de no tratar adecuadamente todos los tres objetivos.

Un sílabo debe incluir:

- La descripción del curso. La descripción narrativa breve de lo que debe cubrir el curso y la manera en la que el curso encaja en el currículo en general.
- Los objetivos o metas del curso. Los objetivos propuestos de aprendizaje para esta materia.
- Un cronograma de los temas que se enseñarán, y cuándo se enseñarán. Éste debería incluir alguna indicación de las metodologías que se usarán al mirar los diferentes aspectos de la materia. El cronograma también debería indicar las fechas de los eventos especiales o exámenes, además de las fechas de entrega de los trabajos escritos.
- Los requisitos del curso. ¿Qué lecturas o proyectos tendrán que hacer los estudiantes? ¿Habrán estudios de caso, trabajos en grupo, o salidas de campo? ¿Habrán exámenes? El sílabo debería indicar cómo se evaluarán los trabajos y el peso de cada trabajo o evaluación en la calificación general (además de cosas como la asistencia y la participación en clase). Nótese que deben diseñarse las evaluaciones de tal manera que tanto el estudiante como el profesor puedan saber que se han cumplido las metas del curso.
- Una lista de los textos o las lecturas requeridas para el curso, en conjunto con una bibliografía de libros, artículos o recursos electrónicos que le permitirán al estudiante explorar la material con mayor detalle.

Debería mantenerse en el archivo una copia del sílabo para cada curso que incluye el currículo explícito de la institución de entrenamiento teológico, es decir, todo lo que se encuentra en el catálogo de cursos de la institución. También es de beneficio mantener un archivo confidencial en la oficina de la administración académica que incluye notas de enseñanza, copias de exámenes, y quizás hasta ejemplos de trabajos excepcionalmente buenos realizados por los estudiantes. Con el tiempo, esta es la mejor manera de documentar la calidad de lo que están haciendo los profesores para implementar el currículo. Un archivo completo de cada materia también les ayuda a los profesores nuevos a hacer uso de la sabiduría de quienes han enseñado esta material con anterioridad.

En el próximo capítulo veremos cómo ayudarles a los profesores a enseñar mejor. Y en el capítulo 12 veremos cómo la evaluación puede usarse para mejorar el currículo.

El uso del material curricular

Puede ser mucho trabajo innecesario escribir todos los materiales de enseñanza cuando otros ya han escrito tanto. Sin embargo, como la mayoría de los autores estaban escribiendo para un público distinto al nuestro, debemos evaluar el material curricular antes de usarlo. Un profesor debe hacer seis preguntas claves antes de tomar la decisión de usar los materiales de otro:

1. ¿Cuál es el propósito de este material? ¿Hay suficiente similitud con mi propósito en esta clase como para que me sea de ayuda?
2. ¿Cuáles son las suposiciones que tiene el autor acerca de los lectores? ¿Podría describir a mis estudiantes, o son demasiado distintos para que este texto les sea de ayuda?
3. ¿Qué metodología se usa, y resulta apropiada para los usuarios que tiene en mente el autor? ¿También es apropiada para mis estudiantes?
4. ¿Hay un flujo o una secuencia lógica en lo que se presenta? ¿Esta secuencia se ha organizado de tal manera que podremos trabajar los temas que necesitamos estudiar?
5. ¿Cuál sería la mejor manera de usar los materiales? ¿Nuestra clase se ha estructurado de una manera tal que estos materiales serían una contribución significativa al aprendizaje de mis estudiantes?
6. ¿Cuáles reservas tengo en cuanto al material? ¿Están sesgados de alguna manera? ¿Es limitado lo que podrá hacer por mis estudiantes?

Al escribir su propio material curricular:

Cuando un profesor ha enseñado una material en particular durante más o menos cinco años, podrá sentirse listo o lista para escribir lo que ha funcionado en el salón de clase para que otros se beneficien de su experiencia y sabiduría. Sin embargo, antes de embarcarse en la tarea difícil de escribir material curricular, asegúrese de conocer lo que ya han hecho otros y de la razón por la cual este material existente resulta inadecuado. Necesita tener claridad acerca de quién necesita su "currículo" y por qué.

El material curricular debe tener un fluir y una secuencia lógicas e incluir sugerencias de metodologías apropiadas para quienes probablemente usen el material. A diferencia de lo que usted presentó como profesor en una clase, las palabras escritas se leerán sin el beneficio de alguien que pueda explicar lo que no resulta claro. Un manual o una explicación de cómo usted usa su material podrá ser de ayuda, aunque incluso esto se leerá sin que usted esté presente para explicarlo.

Encuentre maneras de recibir una retroalimentación crítica de sus colegas y amigos acerca de lo que ha escrito. Es mejor si usted hace la primera enseñanza de prueba usando su material, aunque antes de publicarlo, otros deberían usarlo para enseñar para que puedan dar retroalimentación acerca de lo que resultó confuso o difícil de usar.

Conclusiones

Sus estudiantes vienen de y van a un ambiente que constantemente está cambiando. Así, el perfil de sus estudiantes cambiará con el tiempo, como también el perfil de lo que necesitarán saber, saber hacer, y ser. Estos cambios le requerirán revisar periódicamente (y no sencillamente perfeccionar) su currículo, para poder ayudarles a sus estudiantes a ir de donde están ahora a donde necesitarán estar en tres a cinco años. Así, es bueno revisar (o al menos revisitar) el currículo entero cada cinco años, más o menos.

Se necesita valentía y creatividad para convertirse en una institución excelente de educación teológica. Su currículo no debería reflejar las tradiciones de su pasado glorioso, sino que debería ser una forma deliberada e integrada de equipar a las personas reales que están estudiando para los ministerios reales que tendrán. ¡Sus egresados se levantarán y dirán que su institución es bendecida!

Preguntas de discusión acerca de su currículo

1. A medida que reflexiona acerca del impacto de su programa de entrenamiento, ¿cuál ha sido su papel particular dentro del plan curricular que Dios tiene para sus estudiantes?
2. Si nunca ha hecho esto antes (o si no lo ha hecho recientemente), desarrolle un perfil compuesto de los estudiantes que vienen a estudiar con usted. ¿Qué saben? ¿Qué saben hacer? ¿Qué clase de personas son?
3. ¿Tienen estudiantes que probablemente no deberían haber admitido pues no encajan con este perfil?
4. ¿Qué hacen sus egresados cuando terminan su entrenamiento con usted? Si nunca ha hecho esto antes (o si no lo ha hecho recientemente), desarrolle un perfil compuesto de lo que necesitan saber, saber hacer, o ser los egresados para ser efectivos en los ministerios que Dios les tiene.
5. ¿Su plan curricular hasta qué punto les está ayudando a sus estudiantes a llegar desde aquí hasta allá para que estén equipados adecuadamente para el ministerio real? ¿O hasta que punto yace el problema "en el currículo" como se describió al principio del capítulo?

Sugerencias de lectura

Alstete, Jeffrey W. *Accreditation Matters: Achieving Academic Recognition and Renewal.* Jossey-Bass: ASHE-ERIC Higher Education Report, Vol. 30, #4, 2004.

Bates, A.W. y Gary Poole. *Effective Teaching with Technology in Higher Education.* San Francisco: Jossey-Bass, 2003.

Cole, Victor B. *Training of the Ministry.* Bangalore: Theological Book Trust, 2001.

Downs, P. G. *Teaching for Spiritual Growth: An Introduction to Christian Education.* Grand Rapids, MI: Zondervan, 1994.

Fisher, L. A. y C. Levene. *Planning a Professional Curriculum.* Calgary: University of Calgary Press. 1989.

Ford, L. *A Curriculum Design Manual for Theological Education: A Learning Outcomes Focus.* Nashville, TN: Broadman, 1991.

Gangel, Kenneth y Wilhoit, James. *The Christian Educator's Handbook on Teaching.* Victor Press., 1993.

Habermas, R. y K. Issler. *Teaching for Reconciliation: Foundations and Practice of Christian Educational Ministry*. Grand Rapids, MI: Baker Books, 1992.

Harris, M. *Fashion Me a People: Curriculum in the Church*. Louisville, KY: Westminster, 1989.

Hart, D. G. y R. Albert Mohler, Jr. *Theological Education in the Evangelical Tradition*. Grand Rapids: Baker, 1996.

Langford, David P y Barbara A. Cleary. *Orchestrating Learning with Quality*. Milwaukee: ASQC Quality Press, 1995.

Lewy, Arieh. *Handbook of Curriculum Evaluation*. New York: UNESCO and the International Institute of Educational Planning, 1977.

Leypoldt, Martha M. *Learning is Change: Adult Education in the Church*. Valley Forge, PA: Judson Press, 1971.

Posner, George J. y Alan H. Rudnitsky. *Course Design: A Guide to Curriculum Development for Teachers*. New York: Longman, 2001.

Theological and Christian Education Commission (TCEC). *Training God's Servants: A Compendium of the Papers and Findings of a Workshop on "Training for Missions in Africa."* Nairobi: Association of Evangelicals in Africa, 1997.

Toohey, S. *Designing Courses for Higher Education*. Buckingham (Great Britain): Open University Press, 1999.

Vella, Jane. *How Do They Know That They Know*. San Francisco, Jossey-Bass, 1998.

Vella, Jane. *Learning to Listen, Learning to Teach*. San Francisco, Jossey-Bass, 1994.

Wiggins, Grant y Jay Mctighe. *Understanding by Design*. s.l., ASCD, 1998.

7

La excelencia en el profesorado

El recurso individual más importante que tiene un programa es su equipo de educadores. Las instituciones excelentes saben cómo encontrar, entrenar y animar a sus maestros.

De acuerdo con Efesios 4:1, los maestros son un don de Dios para la iglesia para ayudarle a Su pueblo a poner en práctica la verdad en sus vidas diarias. Si es cierto que el enfoque de nuestros esfuerzos educativos debería centrarse en el desarrollo del carácter y la preparación para el ministerio, necesitaremos maestros que sepan hacer esto bien. No necesitamos maestros que simplemente les lean a los estudiantes las notas de sus propias clases en el seminario. ¿Cómo podemos descubrir la clase de educadores que necesitamos? El mejor punto de partida puede ser el personal académico que ya tenemos, aunque en muchos programas esta puede ser una colección dispareja de misioneros "libres" en conjunto con algunos maestros locales de tiempo completo y de medio tiempo. Ayudar a que este grupo sea más efectivo en lo que intentan hacer no se puede lograr únicamente enviándolos a todos a que reciban títulos avanzados de posgrado.

Yo prefiero el término *maestro* por encima de los términos *profesor, conferenciante* o *tutor*. Existe algún atractivo en la atención especializada e individualizada de un tutor, aunque para muchas personas el término denota principalmente a los que escuchan pasivamente mientras los estudiantes recitan sus lecciones. Un "profesor" tiende a ser un término de estatus otorgado a alguien con mucha educación formal después de largos años de ejercicio.

Puede o no indicar lo que la persona realmente puede hacer. El término "conferenciante", sin embargo, describe exactamente lo que esta persona hace: dar conferencias. No necesitamos que alguien les lea a los estudiantes lo que deberían poder leer en sus propios hogares o en la biblioteca. Por otro lado, el término "maestro" en teoría describe a alguien que les ayuda a los estudiantes a aprender.

Los buenos maestros son el mayor recurso que tiene cualquier institución o programa de entrenamiento. Somos bendecidos si tenemos maestros que saben cuidar pastoralmente de los estudiantes y capacitarlos para que estén listos para asumir los ministerios a los cuáles Dios los ha llamado. Necesitamos maestros que conocen bien su materia y que son modelos de lo que saben. También queremos que conozcan buenas técnicas de enseñanza para que puedan ayudarles a sus estudiantes de manera creativa a explorar el mundo real, además del mundo de las ideas y los libros. Los programas de entrenamiento excelentes saben cómo desarrollar a su personal académico hasta convertirlo en esta clase de persona.

Factores que hay que tener en cuenta para desarrollar el profesorado que necesitamos

Una institución puede tener un número adecuado de personas para los cursos que ofrece sin tener un profesorado realmente bueno. Puede que todos nuestros maestros tengan títulos avanzados. Incluso podemos tener el porcentaje correcto de personal nacional, pero nuestro profesorado puede seguir siendo inadecuado. Hay cinco preguntas que nos ayudan a determinar si nuestros maestros contribuyen a que tengamos una facultad excelente.

1. ¿Tienen entrenamiento formal en las áreas correctas?

Los títulos de nivel avanzado son importantes, aunque es aun más importante la relevancia del entrenamiento avanzado. ¿Qué tiene que ver lo estudiado con el área en el cual estará enseñando la persona? Necesitamos maestros que tengan una profundidad de conocimiento en *su* área de instrucción, y no sencillamente a personas que han demostrado su capacidad de terminar obstáculos académicos. Un PhD en matemáticas o medicina no califica a una persona para la enseñanza de estudios bíblicos o historia de la iglesia.

Sin embargo, resulta ser de mucho valor cuando los maestros han aprendido a pensar y a investigar en sus áreas bajo la dirección de un mentor competente y cuando sus títulos provienen de instituciones confiables. Los estudios avanzados ayudan a las personas a adquirir un conocimiento amplio de asuntos que les serán de relevancia a los estudiantes, mientras que los modelos de aprendizaje que observan mientras estudian mejoran su propio programa cuando enseñan.

2. ¿Tienen habilidades prácticas en las áreas correctas?

¿Qué sabe hacer un maestro en el área en que estará enseñando? Es razonable esperar que un maestro de homilética sabrá predicar, que pastores enseñen la pragmática pastoral, que los cursos de consejería los ofrezcan personas con entrenamiento y experiencia en el arte de escuchar, que el evangelismo lo estén enseñando personas que comparten su fe periódicamente, y que la misiología esté siendo enseñada por personas con experiencia en el ministerio transcultural.

También debemos requerir habilidades de comunicación en nuestros maestros. No nos resulta de beneficio si tenemos personas con títulos avanzados y mucho conocimiento si no pueden comunicar lo que saben de manera coherente y al nivel de los estudiantes. Esto incluye competencias lingüísticas. He conocido a maestros misioneros que tenían conocimientos brillantes, pero que tenían tan poca capacidad de hablar en el idioma de instrucción por fuera del aula de clase que casi ni podían hablarlo dentro del aula de clase. Pueden hacerse excepciones para los profesores invitados que son expertos en un área específica, pero una facultad no es adecuada si la componen principalmente personas que no pueden comunicarles a los estudiantes lo que saben en cualesquier idioma.

3. ¿Son buenos modelos?

El catálogo o el prospecto de todo seminario o escuela bíblica describe el crecimiento espiritual que esperan ver en sus estudiantes durante su tiempo de estudio. El factor principal que contribuye al crecimiento espiritual parece ser lo que ven los estudiantes en las vidas y los ministerios de sus profesores. ¿Qué tan buenos modelos son los integrantes de su facultad?

Timoteo debía ser un ejemplo en el hablar, la vida, el amor, la fe y la pureza. Su crecimiento debía ser público para que todos pudieran supervisar su progreso (1 Timoteo 4:12-16). ¿Nuestra facultad hasta qué punto está comprometida con conocer y servirle a Dios? ¿Nuestros estudiantes pueden ver que sus maestros crecen espiritualmente? ¿Nuestros maestros hasta qué punto se parecen a los ancianos descritos por Pablo en 1 Timoteo 3 – sin reproche y respetados por todos? ¿Cómo son sus familias y sus matrimonios? ¿Nuestros maestros participan con regularidad en las iglesias locales? ¿Se respetan mutuamente, o dicen cosas negativas el uno del otro tanto dentro como fuera del aula de clase? ¿Respetan a sus estudiantes, o sólo aparecen para las clases, y luego están "demasiado ocupados" para sus estudiantes en cualquier otro momento?

Estas cosas importan, pues lo que somos habla más duro que cualquier cosa que decimos. Cuando Jesús dio su advertencia acerca de los malos maestros en Mateo 7, no dijo nada acerca del contenido de las charlas que daban. Las Escrituras mencionan la importancia de la verdad y la doctrina correcta en otras partes. Pero también se reconoce a un falso maestro por el fruto que todos pueden ver en su vida. Aprenderemos acerca de la excelencia de nuestro personal de enseñanza a medida que nosotros lo observamos, y a medida que escuchamos las evaluaciones apropiadas de parte de sus estudiantes y colegas.

4. ¿Tienen dones para la enseñanza?

Ya hemos notado que los maestros son personas especiales, dadas por Dios para preparar a Su pueblo para el ministerio (Efesios 4:11-16). Estos maestros que son pastores – o pastores que son maestros – se basan en sus propias experiencias y en las Escrituras para ayudarles a sus estudiantes a ser maduros, equipados para toda buena obra (2 Timoteo 3:17).

¿Las personas que han contratado para enseñar tienen dones verdaderos para la enseñanza que provienen de Dios? Aunque es posible distinguir entre los dones de enseñanza de una persona y las habilidades que se pueden aprender para enseñar con más efectividad, ambas cosas están relacionadas. Todos (incluso quienes han recibido dones de enseñanza de Dios) podemos aprender más acerca de las reglas básicas de la pedagogía para facilitar de una manera más creativa el proceso de aprendizaje de los demás. Sin embargo, parece razonable que los programas de entrenamiento tengan un profesorado integrado por aquellos pastores/maestros que Dios la ha dado como un don a Su iglesia. Deberíamos poder discernir cuáles son estas personas pues evidencian ser usados por Dios para equipar a los demás para el ministerio.

5. ¿Están dispuestos a crecer?

Todo maestro debe tener una curiosidad de saber más, una sed para madurar en obediencia, y un deseo de mejorar su metodología de enseñanza. El orgullo, la sensación de que ya sabemos lo suficiente, es un gran obstáculo para esto. Conozco un médico en América Latina que no había leído nada nuevo acerca de la medicina desde que completó sus estudios hacía ya varios años. Él no es el único que tiene este problema, ¿pero en serio uno quiere dejarse tratar por una persona así?

¿Nuestros profesores son tan distintos? Algunos instructores le temen a las discusiones pues un estudiante puede preguntarles algo que no saben. Es posible que las clases las esté enseñando alguien que no ha cambiado nada desde que comenzó a enseñar hace 35 años. Una facultad adecuada está compuesta de personas que constantemente están observando y aprendiendo cosas nuevas, con un compromiso interno de seguir creciendo y de hacer las cosas mejor. Cuando era un misionero nuevo, visité a un colega que había vivido en Brasil durante algunos años y que había enseñado en diferentes lugares. Le pregunté si podría asistir a sus clases para aprender más acerca de cómo enseñar en un contexto brasilero. Cuando hablamos después, me comentó con lágrimas en los ojos, "Sabes, eres la primera persona que ha observado una de mis clases".

Todos los profesores de primaria y bachillerato deben pasar por un entrenamiento práctico, riguroso y contextualizado que los prepara para sus responsabilidades de enseñanza. La mayoría también debe participar en entrenamientos periódicos cuando ya comienzan a enseñar. Esto pocas veces pasa con los maestros que trabajan en escuelas bíblicas o enseñan en universidades. De alguna manera, un doctorado, de por sí califica teóricamente a una persona como profesor de nivel terciario en casi cualquier lugar, a pesar de que muchas personas con doctorados no tienen ni idea de cómo enseñar efectivamente. Para alcanzar y mantener la excelencia, nuestro personal académico calificado debe estar comprometido con el crecimiento continuo.

Un buen equipo de enseñanza es el producto de un plan estratégico bien construido. A medida que aprendemos quiénes son nuestros nuevos estudiantes, descubrimos lo que saben y lo que saben hacer, y a medida que discernimos quiénes deberán ser cuando se gradúen con conocimientos y habilidades específicas – el llevarlos desde aquí hasta allá requiere la clase correcta de maestros y mentores.

Deberíamos comenzar nuestra evaluación de la excelencia de nuestros maestros observando detenidamente a los maestros que ya tenemos. Para la mayoría, podremos afirmar con gozo la manera en que Dios los está usando a medida que buscamos formas en que podemos ayudarles a ser aun más efectivos. Sin embargo, no toda persona que posee un título resulta ser de beneficio como maestro. Si concluimos que algunos de los miembros de nuestro equipo académico no son las personas correctas para ayudarnos a llevar a nuestros estudiantes desde donde se encuentran hasta donde deben estar, necesitamos el valor y el tacto de removerlos. No es fácil dejar ir a las personas sea cual sea nuestra cultura. Incluso puede ser ilegal despedir a un miembro del personal. Sin embargo, con oración y sabiduría, es posible encontrar maneras de animar a los que no encajan a que se vayan. Hay demasiadas cosas en juego si no se tiene el equipo correcto.

El cuidado de los maestros que tenemos

Si los maestros están satisfechos y contentos, no nos abandonarán en búsqueda de otros pastos con tanta celeridad. Es más probable que se sientan satisfechos si hacen parte de un ambiente saludable de vida y de trabajo. ¿Cómo se puede lograr que una institución sea el tipo de lugar donde los maestros excelentes quieren trabajar y donde podrán seguir creciendo y desarrollándose? Hay siete áreas que les ayudarán a nuestros maestros a sentirse cómodos y a estar satisfechos de que hacen parte de un excelente equipo académico.

1. ¿Tenemos claros nuestra identidad, nuestro propósito y nuestras expectativas?

Los programas excelentes de entrenamiento conocen la razón de su existencia. Sus programas se han construido de manera coherente para responderle a las necesidades reales de la comunidad a la cual sirven. Su currículo está diseñado y se actualiza periódicamente con el fin de ayudarles a los estudiantes a ir desde donde se encuentran hasta donde necesitan llegar. Las personas nuevas reciben orientación en cuanto a la historia, la ética y las prácticas del programa. Hay descripciones laborales y cada persona sabe qué es lo que hace y cómo esto contribuye al propósito general del programa de entrenamiento. La participación conjunta en una tarea que sabemos que vale la pena hacer es una manera importante de hacer que un programa de entrenamiento sea atractivo para aquellos maestros que queremos que vengan para quedarse.

2. ¿Proveemos de manera adecuada para las necesidades de la vida?

Discutiremos esto más a fondo en el capítulo 10, pero los asuntos salariales y de vivienda son importantes en el momento de buscar y mantener el profesorado que queremos. Debemos considerar la educación de sus hijos además del cuidado de la salud y las prestaciones sociales. Si hemos sido consideraos y sabios al desarrollar paquetes apropiados de apoyo para nuestro personal, les seremos atractivos y tendremos éxito al hallar y mantener el personal apropiado.

3. ¿Funcionamos bien como una comunidad que se cuida?

Lo que somos como comunidad no sólo les habla con mucha fuerza a nuestros estudiantes, también tiene importancia para nuestros maestros y nuestro personal. Para mantener y animar equipos excelentes de enseñanza, debemos ser comunidades saludables que saben cómo animarse y ministrarse mutuamente. Debe haber modelos visibles de comunicación abierta a lo largo y ancho de la comunidad académica. Los conflictos deben resolverse mediante esfuerzos individuales, con intermediación suave donde resulte necesario. Tanto los estudiantes como el personal deberán recibir cuidado pastoral, con tiempos estructurados para orar y compartir. Las descripciones laborales deberán incluir tiempo para actividades que desarrollarán y fortalecerán la comunidad. Nuestras comunidades deben ser lugares placenteros para vivir y trabajar.

4. ¿Somos una comunidad que aprende?

Discutiremos la excelencia en la renovación en el capítulo 12, pero vale la pena recordar que los buenos maestros son aquellos que siguen aprendiendo.

Los programas excelentes planean y apoyan la participación de los maestros en una variedad de actividades en y por fuera del plantel para ayudarles a los profesores a mantenerse vigentes y a enseñar mejor. Pueden ofrecer seminarios con especialistas externos, tener discusiones dirigidas alrededor de asuntos claves, o compartir las investigaciones que están realizando diferentes miembros del personal. Debería apartarse tiempo para investigar y escribir si estas actividades hacen parte de la tarea académica. Los estudios formales también pueden hacer parte del aprendizaje continuo además de ser una oportunidad de renovación, pues le permiten a la persona recibir algo, en lugar de estar siempre entregando. Discutiremos el entrenamiento formal avanzado más adelante en este mismo capítulo.

5. ¿Animamos a los maestros a tener tiempos de descanso y renovación?

Ser un buen maestro requiere de mucho trabajo. Esto implica dos cosas. La primera es que al maestro se le debe dar tiempo para que pueda mantenerse al tanto de lo que mejor equipará a cada generación nueva de estudiantes para los ministerios que ocuparán. No queremos que nuestros maestros, año tras año, hagan las mismas cosas de las mismas formas. Los profesores y el personal necesitan tiempo para la reflexión, además de tiempo para investigar y leer con el fin de entender y comunicar mejor lo que enseñan.

Pero las muchas actividades del profesorado también pueden ser agotadoras. Un cúmulo de agotamiento espiritual y emocional da como resultado personas inefectivas e infelices. Algunos pueden decidir abandonar enteramente el mundo de la educación, al menos durante algún tiempo. No deberíamos animar a las personas a trabajar veinticuatro horas al día, todos los días de la semana. Debemos animarlos a que tomen días de descanso y días de vacaciones periódicas. Los períodos más largos de descanso también ayudarán. A los misioneros por lo general se les permite un tiempo periódico de licencia larga, aunque no todos usan este tiempo sabiamente en renovación y descanso. Sin embargo, esto pocas veces se organiza para el personal nacional. La estructuración y el financiamiento de descansos periódicos tanto para el descanso como para la renovación, también conocidos como sabáticos, nos ayudarían a mantener un personal que será más saludable y productivo.

6. ¿Animamos a los maestros a crear redes?

La participación en conferencias regionales y consultas de entrenamiento es una manera excelente en la cual las personas aprenden nuevas ideas y habilidades. La moral y la calidad de la enseñanza son mejores cuando el personal puede construir relaciones con sus colegas en otros programas de entrenamiento en la región. La participación en consultas también honra a su personal a medida que obtienen estatus y reconocimiento cuando hacen presentaciones relacionadas con lo que ellos (y ustedes) han aprendido y hecho. El permitirles a nuestros maestros que ofrezcan de vez en cuando sus cursos en otras instituciones de entrenamiento también los honra, y los anima a la renovación mediante un cambio periódico de ambiente. Además, los intercambios de profesorado también tienen sentido económicamente pues compartimos nuestra experiencia mientras prestamos la experiencia de otros. Esta construcción de redes es una buena forma de aprender cosas nuevas pues vemos cómo otros hacen lo que nosotros también intentamos hacer.

Para que todo esto pueda suceder, debemos darle tiempo al profesorado, además de ayudarles de vez en cuando con el financiamiento. Esta clase de inversión les ayudará a mantener a sus mejores maestros.

7. ¿Nuestra biblioteca tiene buenos recursos?

Las personas que regresan de estudios en el extranjero se quejan muchas veces de que ya no tienen acceso a los recursos maravillosos que tenían allá. No necesitamos duplicar las bibliotecas extranjeras, pero la provisión de textos de referencia y publicaciones periódicas apropiadas, además de la posibilidad de hacer investigaciones electrónicas, le permitirá a nuestra facultad seguir estudiando y creciendo. Discutiremos la excelencia en las bibliotecas en el capítulo 9.

Cómo encontrar maestros nuevos

Suponiendo que ya haya determinado la clase de personas que quiere y que ya tiene claridad acerca de lo que quiere que ellos hagan, hay varias maneras en las que pueden encontrar los maestros apropiados para su programa de entrenamiento.

1. Cultive sus propios maestros

Uno de los mejores programas de maestría en el África observa intencionalmente a sus estudiantes para ver si alguno de ellos demuestra los dones y las habilidades para convertirse en maestros. A medida que se acerca el grado, la institución invita a uno o dos de estos estudiantes a quedarse un año más como asistentes de enseñanza. Durante ese año dan algunas clases supervisadas, además de estar expuestos a las actividades y responsabilidades que implica ser un miembro del profesorado. Si una persona demuestra interés y aptitudes excepcionales, la institución busca fondos para becarla para que continúe sus estudios formales. Cuando termine estos estudios, el estudiante regresa para convertirse en un miembro de tiempo completo del profesorado. Encajan bien porque ya conocen la institución y sus necesidades. Este sistema ha funcionado bien, y hasta el momento no ha habido una fuga de cerebros. Incluso los asistentes que no son invitados a continuar han aprendido cosas valiosas de lo que significa ser un miembro del profesorado.

2. Use maestros modulares

No todas las instituciones necesitan sus propios especialistas para cada área de estudio. El intercambio de maestros que puedan enseñar cursos modulares intensivos en la otra institución es una manera de compartir la sabiduría de quienes se han especializado en áreas específicas. También podemos hacer uso de especialistas regionales o internacionales dispuestos a enseñar cursos modulares, especialmente si proveemos (o al menos ofrecemos) fondos para viajes, hospitalidad y honorarios razonables. Por una necesidad de internacionalización, algunas instituciones extranjeras de entrenamiento han animado a sus profesores a adquirir experiencia internacional. Los fondos para cubrir la mayor parte de los costos pueden estar disponibles por medio de la institución del profesor visitante o por medio de su iglesia local.

Sin embargo, recuerde que no todo profesor libre o disponible es un experto, y que incluso los "expertos" pueden presentar grandes variaciones en sus habilidades de enseñanza, especialmente en ambientes transculturales. Un programa de entrenamiento tampoco se mejora cuando gran parte de la enseñanza se realiza por medio de un traductor. Si no está satisfecho con lo realizado, no olvide que tiene la opción de no repetir la invitación.

3. Haga uso de los practicantes locales

Para la mayoría de los maestros en el mundo no-occidental, la enseñanza es apenas una de las muchas cosas que hacen. Una parte importante de nuestro personal académico puede estar integrado por personas locales que trabajan medio tiempo. Esto puede serle de mucho beneficio al programa pues estos individuos normalmente están inmersos en ministerios de tiempo completo, exponiendo así a nuestros estudiantes a las realidades diarias del ministerio. Debemos descubrir quiénes tienen la experiencia que podemos prestar para enriquecer nuestro programa de entrenamiento. También puede haber ventajas financieras al prestar maestros de otras organizaciones, iglesias y misiones, pues no necesitamos proveerles vivienda ni los paquetes de prestaciones que se requieren para empleados de tiempo completo.

Sin embargo, incluso los buenos maestros pueden no tener suficiente tiempo para preparar sus clases si su ocupación principal los mantiene demasiado ocupados. He escuchado a estudiantes quejarse de líderes importantes denominacionales u organizacionales que, o bien no aparecen para dar la clase, o llegan mal preparados. También es difícil que los maestros de medio tiempo y el profesorado invitado se convierta en parte de la comunidad institucional o desarrollen relaciones profundas de mentoreo con los estudiantes.

4. Reclute y contrate los mejores maestros que pueda encontrar

Al menos en África, pero posiblemente a lo largo y ancho del mundo no occidental, el liderazgo de la iglesia y de la institución saben muy bien quiénes tienen dones de enseñanza. Podemos descubrir que algunos de nuestros maestros de medio tiempo, o aquellos que enseñan maravillosamente en los cursos modulares ocasionales, tienen interés en enseñar tiempo completo. Muchas veces nuestro problema no es una falta de personal disponible y calificado, sino una forma de contratarlos. Como lo discutiremos en el capítulo 10, necesitamos fortalecer nuestras finanzas y nuestras instalaciones para que podamos adquirir y mantener una facultad adecuada. Es mejor cuando una institución puede contratar (y despedir) a sus propios profesores en lugar de depender de personal que ha levantado sus propios fondos. Las personas tienden a trabajar para quienes les pagan, y si no somos los que les estamos pagando, entonces en realidad no trabajan para nosotros. Es incómodo desarrollar y manejar un equipo académico compuesto de personas "gratuitas" que nos han ofrecido. Al menos, los maestros "gratuitos" (incluyendo a los misioneros) deberían tener un contrato firmado con el programa de entrenamiento que indica su disposición (y la de sus agencias patrocinadoras) de cumplir con todas las obligaciones de la descripción laboral.

Una manera de evitar la contratación de malos maestros consiste en observarlos profesional y personalmente antes de invitarlos a ocupar un puesto permanente. Obviamente debemos examinar sus calificaciones y escuchar recomendaciones antes de considerar añadir a esa persona a nuestro equipo académico. Pero también es bueno observar y conocer a alguien antes de contratarlo. Se puede invitar a un miembro en potencia del profesorado para dictar una serie de conferencias especiales u ofrecer un curso modular intensivo. Los estudiantes y colegas pueden comentar acerca de su carácter, sus relaciones, la comunicación, su pedagogía o su conocimiento del asunto enseñado. También se puede incluir a un miembro en potencia del profesorado en una variedad de actividades sociales en el plantel para ver cómo encaja la persona en la comunidad y con su ética.

Esto también es aplicable a los misioneros. Incluso si la enseñanza debe hacerse por medio de un traductor, donde fuera posible, el profesor misionero en potencia debería visitar de esta manera. Incluso cuando no sea posible, todos los nuevos miembros del profesorado, incluso los misioneros, deberían cumplir un período de prueba para que se pueda observar su vida y su práctica. Es mucho más fácil no contratar a la persona errada que intentar deshacerse de alguien que no debería estar.

5. *Haga convenios con organizaciones de misiones*

La mayoría de los programas de entrenamiento no occidentales tienen vínculos cercanos con organizaciones misioneras y con las denominaciones de sus iglesias respectivas. Nuestros programas de entrenamiento pueden proveer buena parte del liderazgo superior para estas organizaciones e iglesias, pero pocas organizaciones proveen profesores para las instituciones. Debemos desafiarlos o bien a proveer fondos para poder contratar a algunas de las personas de calidad que estén disponibles o a prestar una persona de calidad que podríamos considerar de la misma manera en que consideraríamos cualquier otro miembro en potencia del profesorado.

El desarrollo formal del profesorado – los estudios avanzados

Todo el mundo es consciente de los costos financieros de los estudios en el exterior, de los peligros de un entrenamiento no contextualizado y de la fuga de cerebros. Es bueno ver que muchos de los mejores estudiantes parecen estar tomando la decisión de estudiar en programas de entrenamiento superior más cerca de casa. ¿Entonces cuál debería ser el papel de la institución de entrenamiento en animar el desarrollo formal de su propio profesorado? Las siguientes preguntas son importantes al considerar las posibilidades de estudio avanzado para los maestros.

1. ¿Quién decide si una persona en particular debería realizar estudios avanzados?

En Norteamérica, Europa Occidental y Buena parte de América Latina, un estudiante simplemente envía una solicitud al lugar donde quiere estudiar. En el otro extremo, nuestra iglesia en Mozambique seleccionaba todos nuestros estudiantes. Nadie más (ni la institución ni los estudiantes) tenían poder para decidir quiénes iban a ser nuestros estudiantes. Así, terminamos con varios familiares de los pastores como estudiantes, de los cuales algunos tenían poco deseo de estar allí. Ninguno de estos extremos es el ideal.

El seminario o la comunidad de la institución bíblica donde el individuo ya enseña debería responsabilizarse por propiciar el desarrollo de su profesorado. Necesitamos un plan maestro general que tiene como prioridad la educación continua de todo nuestro personal. Un individuo podrá expresar su deseo de recibir entrenamiento adicional, pero es nuestra responsabilidad como institución evaluar esa solicitud a la luz de las necesidades de nuestra facultad y a la luz de nuestra percepción de la capacidad del individuo como maestro. Aunque las personas tienen libertad de negociar sus propios estudios avanzados cuando lo deseen, es la institución de entrenamiento la que debería manejar el plan maestro y decidir quién realiza estudios avanzados con la bendición y el apoyo financiero de la institución. También abrimos las puertas a los malos entendidos y la fuga de cerebros si permitimos que los donantes o las organizaciones elijan sus propios candidatos para estudiar en contextos que podrán estar muy alejados de la cultura propia.

2. ¿Qué opciones existen además de los programas de entrenamiento a largo plazo en Occidente?

Si todo lo que necesita su facultad es un pedazo de papel, quizás la opción más sencilla es comprar un doctorado (con requisitos mínimos o no existentes) que valen más o menos US$100 en efectivo de un sinnúmero de programas cuestionables en ciertas partes del mundo no occidental. Pero si también es importante aprender algo, siéntase animado de que cada vez más se pueden encontrar programas superiores de calidad en diferentes ubicaciones alrededor del mundo. También puede ser posible tomar cursos por extensión en el contexto propio con muchos programas internacionales de entrenamiento. Investigue a profundidad antes de decidir enviar a alguien al extranjero para realizar sus estudios avanzados. En ningún caso recomendaría enviar a alguien al extranjero para estudiar su licenciatura o incluso su maestría, a pesar de lo atractivas que pueden ser las becas generosas de los programas extranjeros. Aunque su deseo es el de tener un ambiente culturalmente rico que sus estudiantes puedan disfrutar, la realidad es que pocos estudiantes extranjeros reciben la clase de atención que necesitarán para equiparlos en forma práctica para los ministerios que realizarán cuando regresen a su origen.

Se justifica más el estudio en el extranjero en los niveles superiores, como una Maestría en Teología o un Doctorado en Filosofía, o en áreas especializadas. Puede ser un beneficio ampliar los horizontes, desarrollar relaciones de toda una vida con colegas internacionales, trabajar bajo mentores de reconocimiento internacional, o tener un acceso fácil a la investigación. Todo esto puede pesar más que las desventajas del contexto y el costo. Algunas personas encuentran que los estudios en Occidente son una buena oportunidad para desarrollar relaciones con posibles donantes a largo plazo para sus proyectos en casa. Usted podrá decidir que estas razones son lo suficientemente apremiantes para enviar a su facultad para que estudie en el extranjero. Sin embargo, ya que muchos eruditos y mentores excelentes han regresado a su país de origen para trabajar, y puesto que cambia rápidamente la naturaleza de la investigación por medio de Internet (y hay vuelos de bajo costo), hay muchas opciones que ofrecen un entrenamiento excelente dentro del contexto. ¡No se apresure a buscar lo que podría no ser lo mejor, antes de mirar cuidadosamente las demás opciones disponibles!

3. ¿Si salen, cómo se puede minimizar la dislocación contextual?

Muchas veces es difícil y solitario ser un estudiante extranjero. Una de las formas más importantes de ayudar a quienes salen a estudiar al extranjero es seguir en contacto periódico con ellos. Esto incluye enviarles correos electrónicos periódicamente, y tener tiempos especiales de oración por sus necesidades. Cuando los líderes viajan en el área, deberían hacer el esfuerzo de visitarlos. Si es posible incluir los gastos de viaje en sus becas, deberían regresar a casa periódicamente para mantenerse en contacto con la realidad en la cual enseñarán, además de permitirles a los demás mantener un alto nivel de confianza en ellos.

Los mejores programas de entrenamiento tienen a alguien que sirve como consejero o asesor de estudiantes extranjeros. Todos los mentores académicos deben estar entrenados para saber cómo ayudarles a sus asesorados a aplicar su investigación y su aprendizaje a sus propias necesidades específicas. Cada uno de los seleccionados para ser estudiantes Langham tiene la bendición de contar con equipos de oración y apoyo en los lugares donde estudia. Los miembros del equipo invitan periódicamente a los estudiantes a sus hogares e iglesias y están pendientes para ver si necesitan ayuda con los detalles de la vida en un lugar extranjero. Langham también busca maneras de apoyar la interacción entre estudiantes extranjeros, e incluyen discusiones para ayudarles a pensar en las formas en que su aprendizaje encaja con las necesidades y la realidad de su lugar de origen.

4. ¿Cómo puede financiarse el entrenamiento avanzado del profesorado?

Quien le paga al músico decide la melodía que se va a tocar. Es importante saber quién está pagando la beca, y cómo lo está haciendo, pues esto puede influir en quién considera el maestro que es su verdadero jefe después de su grado. Como es difícil que los donantes no tengan una agenda propia, esfuércese en usar esas agendas en beneficio de su institución bíblica. El desarrollo del profesorado debería hacer parte de su plan estratégico y financiero. Es apropiado que usted siga proveyéndole la residencia y el salario para la familia de la persona que está realizando estudios avanzados. Es el programa de entrenamiento (y no principalmente el individuo) el que debería acercarse a amigos, iglesias, fundaciones y el mismo programa de entrenamiento en busca de ayuda para el entrenamiento de su profesorado. Los fondos para becas debería manejarlos la institución, no el miembro del profesorado. Esto no quiere decir que quienes van a estudiar (o sus iglesias o familias) no deberían hacer parte de los esfuerzos de financiación. Valoramos aquello que nos cuesta algo. Sin embargo, puede ser mejor animarlos a conseguir fondos para cosas como libros que querrán comprar o para sus propios gastos de vivienda, dejándole a la institución de entrenamiento del profesor la responsabilidad de conseguir los fondos para el estudio y los viajes.

Usted afirmará a sus maestros cuando invierta en ellos para ayudarles a realizar estudios avanzados. Ellos regresarán con gratitud si usted se asegura de que sus necesidades se han suplido durante su tiempo de estudio formal.

Una ventaja de invertir en sus maestros

El Institut Superieur Theologique de Bunia (ISTB), ubicado al noreste de la República Democrática del Congo, es una institución de entrenamiento atrapada por el caos político y económico de la década pasada. El ISTB ha sido un programa de calidad que sirve a una variedad de denominaciones evangélicas desde 1961, y ofrece un programa de licenciatura en teología y una maestría de dos años. La institución logró mantener las puertas abiertas, incluso cuando la guerra entró a la misma ciudad de Bunia.

La inestabilidad política del país hizo que fuera casi imposible que misioneros o visitantes extranjeros enseñaran en la institución. Entonces, el ISTB se comprometió estratégicamente a desarrollar a sus propios profesores, pues estos no tendrían que irse si la situación se tornara difícil nuevamente. Entre 1996 y 2005, enviaron al menos ocho de sus profesores a realizar estudios avanzados. En el nivel de doctorado, enviaron tres maestros a Suráfrica, uno a Francia, y uno a EEUU. En el nivel de maestría, enviaron tres a Kenia mientras que uno fue a un seminario hermano en la República Central Africana. En el momento de escribir esto, todos habían regresado a su lugar de origen a enseñar.

Conclusiones

Es imperativo que los programas excelentes de educación teológica tengan una facultad adecuada, maestros comprometidos con el aprendizaje y el crecimiento continuo a lo largo de sus carreras. El entrenamiento formal de nivel avanzado del profesorado es apenas una parte de este proceso. Una institución de entrenamiento debe desarrollar y nutrir un ambiente donde los profesores puedan trabajar cómoda y efectivamente. Debe tener la valentía de identificar y sacar a quienes no encajan y el cuidado para hallar y desarrollar a quienes sí lo hacen. También debe ser proactivo al estructurar y financiar oportunidades continuas de entrenamiento, tanto formales como informales, para todo su profesorado. El desarrollo y el cuidado de una facultad excelente es probablemente lo más importante que pueden hacer para fortalecer su programa y su institución de entrenamiento.

Preguntas de discusión acerca de sus maestros

1. ¿Su facultad está compuesta de maestros, profesores o conferenciantes? ¿Porqué dicen esto?
2. ¿Hasta qué punto tienen una facultad adecuada? ¿Cuáles son los mayores obstáculos que les impiden tener un equipo académico más adecuado? ¿Qué podrían hacer para fortalecer el profesorado que tienen?
3. ¿Qué tan bien cuidan de sus maestros para que quieran servir gozosamente como parte de su comunidad de aprendizaje?
4. ¿Qué podrían hacer para ayudarles a sus profesores a crecer mejor, además de ser saludables emocional y espiritualmente?
5. ¿Tienen un plan para el entrenamiento avanzado de su facultad? ¿Qué tan bien funciona?

Sugerencias de lectura

Boice, Robert. *The New Faculty Member: Supporting and Fostering Faculty Development*. San Francisco: Jossey-Bass, 1992.

Bright, David F. y Mary P. Richards. "Faculty Development." En *The Academic Deanship*, editado por David F. Bright and Mary P. Richards, pp. 148-177. San Francisco: Jossey-Bass, 2001.

Collins, Jim. *Good to Great*. New York: Harper Collins Publishers, 2001.

Gangel, Kenneth O. y Howard G. Hendricks. *The Christian Educators Handbook on Teaching*. Grand Rapids: Baker, 1988.

Hendricks, Howard G. *The 7 Laws of the Teacher*. Atlanta: Walk Thru the Bible Ministries, Inc., 1987.

Lucas, Ann F. y Asociados. *Leading Academic Change: Essential Roles for Department Chairs*. San Francsico: Jossey-Bass, 2000.

Maslach, Christina y Michale P. Leiter. *The Truth About Burnout*. San Francisco: Jossey-Bass, 1997.

Middaugh, Michael F. *Understanding Faculty Productivity: Standards and Benchmarks for Colleges and Universities*. San Francisco: Jossey-Bass, 2001.

Wilkinson, Bruce H. *The 7 Laws of the Learner*. Oregon: Multnomah Press, 1992

8

La excelencia en las Instalaciones

Las instituciones de entrenamiento excelentes tienen instalaciones académicas, administrativas y de investigación adecuadas que se mantienen en forma apropiada.

No todo programa de entrenamiento necesita un plantel. Pero sí necesita existir en algún lugar. Incluso si la mayoría de las clases se ofrecen en ubicaciones de entrenamiento remotas usando tecnologías educativas o profesores de cátedra, la institución debe tener una base. Aunque muchos programas de entrenamiento creativos comienzan en instalaciones prestadas, tarde que temprano necesitan un lugar que sea su "hogar". Lo más mínimo requiere espacio de oficinas para el personal administrativo, los archivos y registros, además de una biblioteca adecuada para servir a los programas educativos que ofrece. Probablemente necesitan al menos un salón de seminarios de tamaño razonable para poder pensar juntos, entrenar al personal y al profesorado, o quizás para una que otra clase modular. Estas instalaciones básicas podrían expandirse para incluir residencias para el personal o para profesores visitantes. ¡Pero si no son un campus residencial, no se conviertan en un plantel residencial!

Lo más grande no es lo mejor. Tal como lo veremos en el capítulo 11, la naturaleza cambiante de la educación para adultos, en conjunto con las herramientas de la tecnología educativa, significa que el entrenamiento ocurre cada vez más en ubicaciones múltiples. Es probable que los programas de entrenamiento del futuro funcionen como centros de recursos teológicos que atienden una variedad de programas de extensión, en vez de ser un lugar único donde pueden encontrarse todos los profesores, las clases, los libros y los estudiantes. Podremos descubrir que en el futuro necesitaremos menos espacio del que necesitamos ahora, aunque debamos reorganizar significativamente el espacio que ya poseemos.

No debería requerírsele al rector poseer todas las habilidades de un contratista de construcción. Sin embargo, como las instalaciones tienden a constituir los proyectos y los gastos más grandes que tienen los programas de entrenamiento, la dirección de dichos programas necesita entender lo que implica tener y mantener instalaciones excelentes. En este capítulo queremos pensar acerca de qué tan bien usamos y cuidamos de lo que tenemos. Como lo notamos en el capítulo 3, un plano del sitio hace parte de un plan estratégico. ¿Pero qué imagen proyectamos por medio de nuestras instalaciones? ¿Cómo podemos desarrollar, administrar y financiar los proyectos correctos con el fin de tener lo que necesitamos?

Use su espacio de manera efectiva

El plan estratégico para su institución de entrenamiento debería identificar la cantidad y la clase de espacio que necesitan para hacer lo que se proponen. Si el dinero no fuera una preocupación, la mayoría de las instituciones se sentirían tentadas a sencillamente volver a empezar en una ubicación nueva. Nadie diseñó la mayoría de nuestros planteles, grandes y pequeños. Son simplemente una colección aleatoria de edificios construidos en diferentes momentos de la historia institucional con los fondos disponibles en el momento. Sin embargo, antes de decidir comenzar de nuevo, vale la pena analizar qué tan adecuado es lo que ya tienen. ¿Hasta qué punto están haciendo un buen uso de su espacio? Tenga en mente que un administrador de oficinas puede ser de ayuda a la hora de organizar quién recibe qué oficina, etc. Sin embargo, ¿lo que ya tienen podría servir mejor si fuera remodelado o reconfigurado?

Su plan estratégico debería estimar también cuánto espacio, y qué tipo de espacio, necesitarán en cinco o diez años. Su plan de implementación debería incluir sugerencias específicas con relación a qué debería modificarse y qué necesitarán construir. Este plan no sólo estimará los costos que implica, sino que sugerirá quién debería ser el responsable de esto y cómo podría encontrarse la financiación. ¡Bendito el programa de entrenamiento que ha construido un buen plan estratégico!

Los planos del sitio

Un plano del sitio define los detalles de cómo debería verse su plantel en el futuro. Es bueno cuando los estudiantes, el profesorado y el personal sueñan acerca del futuro de su plantel, aunque unos planos del sitio por lo general requieren la ayuda de un experto. Quizás tengan amigos locales o extranjeros competentes que puedan ayudarlos con esto de manera voluntaria, pero esto es algo lo suficientemente importante como para contratar a alguien con el conocimiento y las habilidades que se requieren para hacerlo bien. ¿Cuánta capacidad se necesitará para la electricidad, los teléfonos, el agua o los desagües, y dónde deberían ubicarse (o no)? ¿El suelo en todas las áreas permite poner cimientos apropiados para los edificios? ¿Qué tipos de caminos o calles se necesitarán para el flujo normal de los estudiantes y demás? ¿Hay requisitos legales para calles o parqueaderos? ¿Hay un tamaño máximo para los edificios que se pueden construir en una propiedad específica? ¿Hay asuntos de planeación municipal que permiten ciertas clases de construcciones, pero otras no? ¿Qué resulta más o menos económico en la apariencia que se quiere tener en los edificios públicos como la capilla o el auditorio? ¿Qué tan cerca deberían estar las residencias estudiantiles o del profesorado entre sí o con relación a los demás edificios? ¿Habrá ruido que distraerá a los estudiantes de su estudio, o una contaminación no saludable de fábricas? etc. La mayoría de nosotros no tendría ni idea de cómo contestar esta clase de preguntas. Es necio comenzar un proyecto si no se tiene un plan a largo plazo para el sitio y un sentido claro de lo que se puede y no se puede hacer.

Planes de mantenimiento y presupuestos

Un amigo mío se quedó en una casa de invitados en una institución bíblica que comenzó a deshacerse durante la noche en que se hospedó allí. (¡He visto fotos de la pared derrumbada y el techo caído!) Eso no demuestra excelencia en las instalaciones. No deberíamos manejar nuestros recursos basados en las crisis, apresurándonos para hacer hoy el mantenimiento que deberíamos haber hecho ayer. Es imperativo tener una persona con habilidades prácticas y organizacionales que pueda supervisar nuestras instalaciones y propiedades. También debería existir un plan con un presupuesto para asegurarnos de que se tendrá el cuidado apropiado de lo que tenemos. Los programas de entrenamiento pueden conseguir fondos impresionantes para construir un edificio nuevo, pero no tener ni idea de cómo mantendrán a ese edificio después de construirlo. Tristemente, muchas veces es más fácil conseguir fondos para construir algo nuevo que encontrar donantes para la manutención de los edificios. Conozco al menos dos planteles que se construyeron de acuerdo con los sueños de los donantes. La institución no necesitaba tanto espacio, y ahora no puede costear el mantenimiento de lo que tiene. No deberíamos construir lo que no podremos cuidar.

¿Qué imagen intentan proyectar?

Es posible construir oficinas para el profesorado, capillas o una biblioteca que no sean apropiadas para nuestro propósito. Un líder eclesiástico una vez me expresó su consternación con relación a las residencias estudiantiles que teníamos en una de nuestras instituciones bíblicas. Los cuartos no eran ostentosos, pero él sentía que estábamos creando expectativas que contribuirían a que los egresados ya no estuvieran dispuestos a servir en las iglesias de la denominación, a no ser que pudieran tener residencias como estas (o mejores). Esto no significa que deberíamos sacrificar la seguridad o la belleza para poder hacer las cosas con la mayor economía posible. Pero es fácil sobre-construir. Las instituciones bíblicas no deberían convertirse en monumentos a sí mismos o a aquellos donantes a quienes les encanta invertir en proyectos masivos donde podrán plasmar su nombre.

Es importante balancear el desarrollo del plantel con el desarrollo del programa. Las oficinas, capillas o bibliotecas grandes o de apariencia costosa puede desanimar a las iglesias y a los donantes menores de ayudar con los costos operativos pues sentirán que la institución ya tiene suficientes fondos, los cuales se hacen evidentes en los edificios y las oficinas hermosas que tienen. Las instalaciones no apropiadas también pueden contribuir al resentimiento interno, pues el personal o los estudiantes podrán sentir que la dirección de la institución está más interesada en encontrar fondos para la construcción que para pagar salarios o comprar textos para los estudiantes. Ciertos tipos de edificios incluso pueden estar sujetos a impuestos que las instituciones normalmente no deberían pagar.

Proyectos apropiados de construcción

Los proyectos necesitan tener sentido en cuanto a función y tamaño, dado el número de estudiantes, facultad o personal al que servirán. Resulta más económico pagar los gastos de un viaje en avión para cada uno de sus estudiantes de doctorado una vez por año a una biblioteca extranjera que invertir grandes sumas en materiales de investigación que podría usarlos un estudiante de posgrado cada diez años. Usted no necesita dormitorios o salones que acomoden a 500 personas si en este momento sólo tiene 50 estudiantes matriculados.

También es importante asegurarse que el proyecto sea apropiado para su contexto cultural además de ser un reflejo de sus metas y valores. Las autoridades estaban obligando a un programa de entrenamiento en Kenia a que construyera oficinas de distintos tamaños para cada una de las categorías de trabajadores que tenía la institución. De acuerdo con las normas culturales que le daban mayor honor a personas de mayor importancia, se le dijo a la institución que la oficina del rector debía ser un poco más grande que la del vicerrector, la cual a su vez debía ser más grande que las oficinas del profesorado, las cuales debían ser más grandes que las de las secretarias, etc. Además de ser una manera costosa de construir un edificio administrativo, esto socavaba el compromiso de la institución con la igualdad. La institución defendió sus valores, y pudo negociar exitosamente una solución mucho más sencilla.

Obviamente, las construcciones apropiadas deberían tener en mente las condiciones climáticas locales. Es posible que los "expertos" extranjeros no sepan como construir sin incluir aparatos costosos de calefacción o aire acondicionado. En lugares de calor intenso, los edificios probablemente tengan patios centrales, techos altos y ventanas bien puestas para aprovechar la ventilación natural. Los contratistas locales también sabrán cómo diseñar estructuras que evitarán el calor del sol directo en el verano mientras que sacan todo el provecho del mismo en el invierno. También entenderán cosas como vientos prevalecientes, y cómo evitar tanto el ruido como la penetración de las lluvias fuertes.

Proyectos de construcción bien diseñados

Antes de que pueda iniciarse un proyecto de construcción, nuestras ideas y bosquejos deben convertirse en planos y planes maestros que deberán pasar por múltiples niveles de burocracia. Usted necesitará ayuda experta para hacer esto bien; posiblemente su administrador del sitio de construcción tendrá que ayudarlo durante el proceso. Tendrán que obtener los reglamentos y permisos del Gobierno. Necesitarán verificaciones para demostrar que no existen condiciones inusuales en el sitio o que no existen complicaciones potenciales con calles, paisajismo, drenaje o acceso a servicios públicos, como la electricidad, el agua y el desagüe. Es posible que los edificios necesiten certificaciones especiales para que se pueda instalar el cableados para manejar comunicaciones internas o Internet. Los asuntos de seguridad pueden ser complejos pues afectan diferentes aspectos de un proyecto. Puede ser necesaria la ayuda de un abogado para organizar todos los contratos legales.

Se necesitará un proceso de licitación para encontrar un contratista competente y favorable (quien probablemente no debería ser un familiar cercano de uno de los directores de la institución). Podrán descubrir que no sólo es más económico contratar contratistas locales y usar trabajadores locales, sino que también puede ser una buena manera de desarrollar sentimientos positivos de la comunidad hacia su institución y su programa.

Además de un plan para el mantenimiento continuo, un buen diseño también implica pensar en el mobiliario que necesitarán las nuevas instalaciones – mesas y sillas, tableros, computadores, etc. ¡No sirve de mucho tener un flamante edificio nuevo si no se puede usar!

La financiación de los proyectos de construcción

Los proyectos de construcción por lo general requieren esfuerzos grandes de consecución de fondos. La clave para la efectividad yace en demostrar cómo este proyecto en particular ayudará a mejorar su programa. Esta es otra manera de decir que todos los proyectos de construcción deben surgir directamente de su plan estratégico.

No es sabio empezar a construir hasta no tener la financiación adecuada, o promesas seguras de financiación, en la mano. Esto puede ser un asunto complejo pues uno no puede desarrollar planes específicos sin promesas claras de financiación, y la mayoría de los donantes no prometerán nada hasta no saber que existen planes específicos. Uno también necesita tener fondos para conseguir fondos, pues muchas veces los donantes no prometerán su parte hasta no conocer las promesas o los aportes que otros ya han dado.

Discutiremos la financiación más a fondo en el siguiente capítulo. Sin embargo, nótese que es bueno comenzar cualquier proyecto de consecución de fondos involucrando a muchas personas locales de manera visible. Con una base de donaciones locales y de entusiasmo local, hay una mayor probabilidad de que los donantes internacionales también se interesen en su proyecto. Es bueno llevar a cabo los proyectos grandes por etapas cuya construcción pueda continuarse en un momento futuro, mientras siguen siendo útiles incluso si nunca hay más fondos para el proyecto. Las siguientes fases del proyecto pueden emprenderse a medida que surgen los fondos, y mientras su necesidad siga siendo evidente.

Los costos estimados de los proyectos de construcción los deberán definir cuidadosamente los expertos. Obviamente, se necesitarán algunos fondos por adelantado para pagar honorarios de arquitectos, documentos legales, y la compra de materias primas. Sin embargo, para los pagos progresivos deberá existir un plan acordado. Los contratistas confiables proveerán diagramas de flujo de la construcción que permitirán observar el progreso frente a un cronograma. Sólo se necesitarán fondos específicos a medida que se completen exitosamente ciertas etapas. Puede ser sabio designar a alguien "propio" para monitorear cuidadosamente cada aspecto del proyecto de construcción.

Aunque hay muchas razones por las cuales los proyectos pueden valer más que los estimados originales, los contratistas legítimos sabrán como controlar lo que gastan. Es normal incluir un 10% extra en el presupuesto de la construcción para imprevistos, aunque los cambios que aparecen durante el proceso de la construcción deberían manejarse de acuerdo con el acuerdo trazado antes de iniciar la construcción. Uno no debería comenzar hasta que estas cosas no estén claras. También es normal retener más o menos un 5% del pago final hasta no estar satisfecho que todo se ha hecho según lo acordado.

Es importante que cuando el proyecto ya esté en marcha todos los donantes reciban fotos y reportes periódicos del progreso que ha habido. Esto incluye una explicación de todos los ingresos y los gastos del proyecto (y no sólo sus contribuciones). Si los donantes deciden visitar su proyecto, no querrá que se encuentren con sorpresas. Y cuando completen un proyecto, ¡inviten a toda la comunidad a celebrar públicamente lo que han terminado!

Conclusiones

Si hemos desarrollado cuidadosamente un plan estratégico, resulta más fácil evaluar el uso y el desarrollo de nuestras instalaciones. Encontraremos maneras de usar al máximo lo que tenemos, y sólo construiremos o reconstruiremos aquello que mejorará tangiblemente la calidad y la efectividad de nuestro programa. Aunque deberíamos cuidar con amor de lo que tenemos, algo anda mal si nos enorgullecemos más de nuestras instalaciones que de nuestros egresados. Nuestras instalaciones son apenas uno de los recursos que tenemos para llevar a cabo nuestra tarea de equipar a los estudiantes para el ministerio.

Preguntas de discusión acerca de sus instalaciones

1. ¿Su plan estratégico le da una comprensión adecuada de la cantidad de espacio que necesitan ahora? ¿En realidad sabe cuánto espacio necesitarán en cinco años, y cuánto necesitarán en 10 años o más?
2. ¿Hasta qué punto se resolverían las necesidades actuales con la reestructuración o remodelación de los edificios existentes?
3. ¿Tienen un plan para el sitio? ¿Un plan y un presupuesto de mantenimiento?
4. ¿Cómo los perciben las otras personas cuando miran las instalaciones que tienen?

9

La excelencia en las bibliotecas

La colección de una biblioteca excelente se construye de manera sistemática de acuerdo con una política de selección fundamentada en la misión de la biblioteca y de la institución. Un personal entrenado la organiza para que sea de utilidad máxima tanto para estudiantes como para el profesorado. Las buenas bibliotecas del futuro no se construirán únicamente sobre materiales impresos, sino que aprovecharán a cabalidad la información disponible globalmente por medio de la informática.

Una biblioteca debería ser uno de los recursos más importantes de una institución teológica. También puede ser su instalación más costosa. Los programas de educación teológica requieren bibliotecas que sean útiles y que se usen. La biblioteca pone a disposición los materiales que necesitan estudiantes y maestros para los cursos que se ofrecen. La biblioteca es un lugar de investigación que les permite a los estudiantes obtener perspectivas de lo que otros han pensado, en conjunto con ilustraciones, muestras y modelos de lo que han hecho los demás. Las bibliotecas nos ayudan a recordar nuestra historia mediante la preservación de archivos y demás registros históricos. Debería contener herramientas vigentes de referencia y recursos, como diccionarios, enciclopedias, atlas, comentarios y herramientas de idiomas. Debe recibir y guardar revistas, periódicos y publicaciones profesionales.

Pero para buena parte del mundo no-occidental, las bibliotecas no se aprecian como un elemento importante del proceso educativo. Es posible que los estudiantes (y muchos maestros) no sepan como usar una biblioteca. La biblioteca tiene un presupuesto pequeño y su colección se compone de libros donados, diccionarios antiguos y comentarios. Nadie lo usa excepto durante las horas prescritas cuando se convierte en un salón de estudio para que los estudiantes lean las múltiples copias de los textos que allí se guardan.

Una de nuestras mayores necesidades, incluso antes de intentar fortalecer la colección de la biblioteca, es la de ayudarles a los estudiantes y al personal a entender lo que es una biblioteca y cómo puede usarse para traerles excelencia a los programas de entrenamiento. Nuestro personal bibliotecario también necesita aprender cómo servirles mejor a nuestros maestros, estudiantes y a nuestro personal. Y los maestros y estudiantes necesitan alguna orientación periódica acerca de cómo hacer uso de nuestra biblioteca para apoyar la excelencia de nuestro programa de entrenamiento.

En este capítulo veremos lo que es una biblioteca y como podemos fortalecer su colección y su personal. También queremos considerar cómo podríamos ayudar a desarrollar otras bibliotecas, incluyendo las de nuestros propios estudiantes.

¿Qué es una biblioteca?

Una biblioteca es una colección de libros y otros materiales organizados de manera que se puedan usar. Esta definición tiene varias palabras clave:

1. Una biblioteca es una colección, no una acumulación. No deberíamos dejarnos impresionar por el número de libros en los estantes de una biblioteca. Lo que importa es que cada elemento esté allí por lo que le contribuye a la totalidad. Una copia de la biografía de campaña de Richard Nixon en las elecciones presidenciales de 1972 no le contribuye absolutamente nada a su colección teológica. Para poder coleccionar, en lugar de acumular, necesitamos saber la clase de materiales que necesitamos para apoyar los cursos que reciben nuestros estudiantes. También debemos estar conscientes de los materiales que existen y la clase de presupuesto que tenemos para poder establecer prioridades cuidadosamente para decidir qué materiales podemos adquirir para fortalecer nuestra colección.

2. Una biblioteca incluye materiales, y no sólo libros. También debería tener revistas y publicaciones con relación a las realidades sociales o políticas de la región además de publicaciones profesionales en áreas que cubre el currículo, como estudios bíblicos, misiones, teología práctica o educación. Una biblioteca probablemente tendrá videos o materiales audiovisuales, como sermones o documentales, que proveen un trasfondo o ilustraciones para los cursos ofrecidos. Cada vez más, las bibliotecas deberían tener herramientas electrónicas y CDs escudriñables que les darán a los estudiantes y a el profesorado acceso a una cantidad casi incomprensible de materiales de investigación por medio del Internet. Una biblioteca también podría tener material de archivo para ayudarnos a recordar la historia de la institución, de las denominaciones eclesiales o de las organizaciones cristianas de la región.

3. Una biblioteca está organizada. Sus materiales no están simplemente amontonados sobre los estantes. Podría organizarse de acuerdo con categorías generales como Biblia, misiones o consejería pastoral, o usando sistemas detallados como la Clasificación Decimal Dewey, la Biblioteca del Congreso, o el Sistema Universal Decimal. Como la meta consiste en organizar los materiales para que puedan encontrarse, ¡no complique su sistema!

4. Una biblioteca es para usarse. En la Edad Media los manuscritos eran encadenados a escritorios o encerrados en cajones para preservarlos. Aunque usted puede poseer documentos históricos preciosos que necesitan protección, para la mayor parte de su colección la meta es que se usen los materiales en vez de protegerlos. La ubicación de la biblioteca, sus horarios de uso y el sistema diseñado para el préstamo de libros deberían basarse en cómo los materiales pueden ponerse a disposición de los estudiantes y el profesorado – y no en lo más conveniente para el personal de la biblioteca.

Cómo construir la colección de la biblioteca

Una biblioteca con 20,000 libros irrelevantes o anticuados es mucho menos útil que una biblioteca con 2,000 títulos seleccionados cuidadosamente. Una biblioteca debería tener una política de selección con prioridades para lo que ingresará o no a la colección. También debería tener una política de de-selección para ayudar a eliminar lo que no debería estar allí. No todas las donaciones deben ocupar espacio en nuestros estantes. Tampoco podremos comprar todos los libros o las publicaciones que queramos. Deben hacerse elecciones de acuerdo con prioridades que hemos considerado a fondo.

Una política de selección debería tomar en cuenta la opinión de muchas personas, y cuando se formule, debería tener la aprobación oficial de la administración y el profesorado. Debe considerar las siguientes preguntas:

- ¿Quién se beneficiará de la biblioteca? ¿Sólo los estudiantes? ¿El profesorado que se prepara para sus clases? ¿Los estudiantes de posgrado que necesitan hacer investigaciones avanzadas especializadas? ¿Pastores y líderes laicos de la región? ¿El público en general?
- ¿Quién tiene la autoridad para decidir si se debe aceptar una donación o comprar un libro?
- ¿Qué proceso se seguirá para que el personal de la biblioteca pueda conocer los materiales necesarios para apoyar los cursos que se ofrecen?

The Librarians' Manual es una herramienta excelente desarrollada por la Comisión para la Asistencia Internacional Bibliotecaria de la Asociación de Bibliotecarios Cristianos (CILA, http://www.acl.org/cila.cfm). Este manual contiene las siguientes sugerencias para una política de selección:

"Debería dársele la prioridad más alta a aquellos materiales que son más necesarios para el uso regular en el currículo actual y para el desarrollo futuro planeado de cursos nuevos.

a. Los estudiantes necesitan libros escritos en un lenguaje no técnico y apropiado para su edad, para suplementar los textos básicos estándar o sus notas de clase.

b. Los maestros necesitan materiales que cubren las cosas con mayor profundidad. Al mantener un balance entre la compra de clásicos comprobados, literatura primaria, además de información actualizada o secundaria, su colección debería en primer lugar suplementar el currículo.

c. Debería mantenerse un balance razonable entre el número de materiales comprados para cada materia.

d. Por lo general, no debería considerarse la compra de textos estándar [para la biblioteca], pues los textos tienden a ser costosos y se vuelven obsoletos con rapidez."[1]

---

1. LeAnne Hardy, Linda Lambert, and Ferne Weimer, *The Librarian's Manual, Revised and Expanded Edition* (Cedarville, OH: ACL, 2008), adaptado del capítulo 3.

Lo ideal no es que la biblioteca sea el lugar primordial donde los estudiantes pueden acceder a sus textos. Es mejor que los estudiantes puedan adquirir sus propias copias de los libros que estudian. Esto les ayuda a comenzar a construir sus propias bibliotecas, que para muchos será la única biblioteca a la que tendrán acceso durante el resto de sus vidas ministeriales.

Sus maestros son la mejor fuente de sugerencias para los libros y materiales que necesita tener la biblioteca, aunque la realidad del presupuesto y la necesidad de una colección balanceada implican que posiblemente no se podrá comprar todo lo que piden. Parte del presupuesto de la biblioteca debe usarse para mantener una colección actualizada de publicaciones profesionales y revistas que apoyarán las clases y los profesores que las enseñan. También se necesitarán fondos para la compra de materiales costosos de referencia, especialmente las versiones electrónicas. La buena noticia es que algunas publicaciones o materiales de referencia no tendrán que comprarse, pues hay muchos materiales buenos que ahora están disponibles sin costo por Internet. El asunto clave de todas estas cosas es el tamaño del presupuesto de su biblioteca, ¡y no debería rendirse calladamente si éste es demasiado bajo! Por lo general las agencias de acreditación requieren un número fijo de libros para otorgar la acreditación. También quieren ver que se ha designado una parte razonable del presupuesto operativo del programa (al menos 3% en la mayoría de los casos) para compras para la biblioteca.

Muy pocos de los libros no solicitados que le envíen del extranjero le servirán para su biblioteca. Pueden incluso ser más costoso recibir estas donaciones que lo que sería su valor real si no pueden procesarse como ítems libres de impuesto o con impuesto reducido. Es mucho mejor si alguien le envía una lista de libros de la cual podrá escoger aquellos que de verdad serán de beneficio. Los libros en malas condiciones no deberían ni siquiera ofrecerse. También debe quedar claro que todas las donaciones o bien se integrarán con la colección existente, se compartirán con otra biblioteca, o se venderán.

Hay una variedad de maneras en que podrá aprender lo que podrá ser de utilidad en la colección de su biblioteca. El punto de partida consiste en escuchar las sugerencias de los maestros cuando desarrollan bibliografías para sus cursos. También podremos antojarnos de lo que promocionan los catálogos de las editoriales, aunque la realidad de los fondos limitados para la compra de libros sugiere que sólo es sabio hacer selecciones después de conocer la calidad del libro mediante la lectura de críticas literarias. Puede ser de beneficio visitar las bibliotecas de otras personas para ver lo que tienen (especialmente con relación a publicaciones periódicas). También descubrirán libros que es necesario comprar de nuevo cuando hacen un inventario anual de su colección completa para ver lo que falta (o lo que ya esté deshecho). Si elige retirar un libro de la colección, la información de ese libro debería retirarse del catálogo.

Su personal bibliotecario necesitará mantener cuatro listas separadas:

1. Una lista de los libros que esperan conseguir cuando haya fondos disponibles;
2. Una lista de libros que están listos para pedir;
3. Una lista de los libros que ya han pedido (para no pedirlos de nuevo mientras esperan el tiempo necesario que tardan en llegar);
4. Una lista de los libros que ya han recibido, y que se están procesando, pero que todavía no se encuentran en los estantes (para que los maestros impacientes sepan que lo que necesitan está casi listo).

También puede ser de beneficioso hacer parte de un convenio con una institución católica o una universidad secular. Su biblioteca tendrá una buena colección de títulos evangélicos que podrán compartir con ellos. La esperanza es que ellos tendrán todo lo demás y que estarán dispuestos a compartirlo con ustedes. Pueden permitir que otros estudiantes o profesores usen sus instalaciones, mientras que los estudiantes propios tienen el derecho de usar la otra biblioteca. Otra alternativa es desarrollar un sistema de préstamos entre bibliotecas.

La colección de una biblioteca puede crecer exponencialmente a medida que adquiere los equipos (y la experiencia) para poder aprovechar la gran cantidad de información de investigaciones y artículos disponibles a través de la informática. Los estudiantes necesitarán ayuda para escoger la calidad de lo que encuentran. Las investigaciones bibliográficas pueden hacerse en línea, y algunos libros y publicaciones están disponibles sin costo. El acceso completo a las colecciones de otras instituciones aún no es una realidad, aunque existe una variedad de proyectos para digitalizarlo casi todo.[2]

Entonces quizás tenemos esperanzas de multiplicar nuestras colecciones en el futuro relativamente cercano. Los servicios de suscripción electrónica a

---

2. Véanse p. ej.: https://books.google.com/ or http://scholar.google.com/.

las publicaciones pueden ser costosos, pero su precio vale la pena si permiten el acceso a una variedad de publicaciones periódicas que podrán serles de utilidad a los estudiantes y maestros.

Las instalaciones de la biblioteca

De la misma manera en que los hombres que no cocinan no deberían diseñar cocinas, la decisión de cómo construir y diseñar una biblioteca no es una tarea que debería dejarse en manos de maestros, administradores o arquitectos. Necesitarán la ayuda de un bibliotecario entrenado para crear una biblioteca funcional. Solicite ayuda si está considerando la construcción de una biblioteca o el rediseño del que ya posee, ¡especialmente si aún no tienen un bibliotecario entrenado!

Una biblioteca excelente necesita espacio cómodo y adecuado para todas las actividades que se realizarán en conexión con la biblioteca. Por asuntos de seguridad sólo debería existir una entrada principal a la colección de la biblioteca (con salidas de emergencia, por supuesto). El puesto de circulación debería ubicarse en esa entrada para que los materiales puedan retornarse con facilidad y para que nada pueda removerse de la biblioteca sin un registro apropiado de préstamo.

Como el catálogo de la biblioteca es el lugar donde comienzan la mayoría de las investigaciones, también debería ubicarse cerca de la entrada principal, lo que significa que también estará cerca de alguien que podrá contestar cualquier pregunta que surja. Si tienen un catálogo electrónico, asegúrense de que es fácil de usar y que tengan acceso a un buen apoyo técnico local. El material de reserva también debería ubicarse cerca del puesto principal, aunque las publicaciones y los periódicos populares pueden ubicarse donde la gente pueda sentarse y hablar sin molestar a los demás. La biblioteca necesita un cuarto separado como taller, con muchos estantes para insumos y para libros que se están procesando o reparando.

Los libros deben estar en los estantes y disponibles para los estudiantes. Para que su colección pueda crecer, los libros probablemente no deberían ocupar más del 70% de un estante dado. Al contrario de lo que piensan muchas personas, la mayoría de los libros no desaparecen, aunque puede parecerlo si se han ubicado en el estante errado. Es mejor permitirle regresar los libros a los estantes a alguien que sabe lo que está haciendo.

Si una biblioteca contiene computadores, y especialmente si los computadores están conectados a Internet, necesitarán un lugar seguro para mantenerlos en conjunto con un sistema de claves de ingreso para controlar quién tiene acceso a Internet. (Probablemente también necesitarán un sistema fuerte de control para bloquear el acceso a los sitios web inapropiados). El calor y la humedad pueden reducir la vida útil de un computador en una tercera parte, entonces los costos de instalar y poner en marcha un aire acondicionado pueden ser menores a los costos de reemplazar computadores cuya vida útil termina antes de lo necesario.

Todas las bibliotecas necesitan una iluminación adecuada y mecanismos para minimizar los ecos y el ruido. De ser posible, una biblioteca debería tener un sistema de flujo de aire para controlar el polvo y la humedad. Estas dos cosas tienen un efecto muy nocivo sobre sus libros, entonces el costo de instalar, poner en marcha y mantener un sistema de control climático se balancea con el costo reducido de tener que reemplazar materiales.

La cantidad de espacio para estudio que necesita una biblioteca depende de muchos factores. Es de beneficio que los estudiantes de niveles superiores tengan su propio espacio semiprivado para sus investigaciones. Para todos los demás, la cantidad de espacio para estudiar dependerá del uso. Si se requiere que todos los estudiantes hagan sus tareas en la biblioteca a la misma hora, obviamente necesitarán espacio para mesas y sillas para acomodarlos a todos. Sin embargo, si no tienen esta clase de tiempo de estudio, tendrán que hacer una encuesta para estimar el uso de la biblioteca y hacer planes de acuerdo con los resultados que obtengan. Algunos estudiantes no tienen espacio para estudiar en la casa y podrán estudiar en la biblioteca incluso si esto no se requiere. Tengan suficiente espacio para que su biblioteca no se sienta congestionada.

El personal de la biblioteca

Las bibliotecas deben ser operadas y manejadas por personas que saben lo que hacen. Las personas que trabajan en las bibliotecas tienden a ser o bien aquellos que aman los libros y saben mucho de teología, pero que necesitan ayuda en las habilidades para organizar una biblioteca – o bien los que han recibido un entrenamiento técnico en la administración de bibliotecas, pero que no saben mucho acerca de la clase de libros que se encuentran en un programa de entrenamiento teológico. El bibliotecario ideal tiene entrenamiento y habilidades en ambas áreas. Si su bibliotecario tiene un título en ciencias bibliotecarias, puede ser beneficioso permitirle asistir a clases o incluso estudiar con miras a un título en Teología. Si su bibliotecario es un graduado de un seminario, será ventajoso animarle a que se entrene en la administración de bibliotecas. El entrenamiento bibliotecario formal puede obtenerse mediante muchas universidades locales en el mundo no occidental, o mediante opciones de educación a distancia. También puede animar a su bibliotecario a participar de talleres o a obtener supervisión de bibliotecarios entrenados que trabajan en instituciones regionales o en bibliotecas de universidades locales.

No todas las bibliotecas podrán costearse un bibliotecario tiempo completo con un título en administración de bibliotecas, aunque posiblemente hayan llegado a la conclusión de que su biblioteca es lo suficientemente importante como para intentar costeárselo. Es razonable reservar hasta un 10% de su presupuesto operativo para tener una buena colección, contratar personal adecuado y tener facilidades con control climático y buenos equipos para la biblioteca.

Varias instituciones podrían decidir compartir un bibliotecario profesional que entrenaría y monitorearía al personal que realiza el mantenimiento diario de cada biblioteca. Aunque hay muchos sistemas en línea que pueden ayudar con la clasificación de los libros, de todos modos querrán a alguien que tenga experiencia que procese o compre sus libros. Los libros pueden comprarse con "catálogo en publicación" (CIP), pero debe verificarse que lo que se ha hecho con CIP sea un sistema de catálogo que encaje con lo que tienen en su biblioteca. Es posible que existan voluntarios entrenados que puedan ayudarles con esta clase de proyectos a corto plazo.

Cómo ayudarles a quienes no tienen (o no tendrán) acceso fácil a una biblioteca

Aunque nuestras bibliotecas son importantes para el crecimiento y el aprendizaje de nuestros estudiantes, es posible que nuestro currículo invisible les ha "enseñado" que sólo es posible aprender escuchando a los expertos en clase y yendo a una biblioteca para leer el material asignado. Un maestro también puede comunicarles que si algo no lo dijo un experto, o si no puede referenciarse de un libro impreso, probablemente no sea cierto. Entonces, como muchos de nuestros estudiantes posiblemente no vuelvan a atender una clase formal y como probablemente no tendrán acceso a una biblioteca después de graduarse, el currículo invisible les ha enseñado que sus días de aprendizaje pronto llegarán a su fin.

Necesitamos una metodología de enseñanza que le ayude a los estudiantes a entender que hay muchas formas de aprender e investigar. Aunque queremos que desarrollen un amor por el aprendizaje de los libros, también necesitan aprender del discernimiento de los demás además de valorar su propia investigación de campo pues esta les ayudará a saber qué predicar cada semana.

Puede haber varias maneras en que podemos ayudar con el desarrollo de una variedad de "bibliotecas".

1. Bibliotecas personales para los estudiantes. Cada estudiante debería empezar a adquirir su propia biblioteca, construida alrededor de los textos claves y los materiales básicos de referencia. Esta le ayudará a un estudiante a revisar y enseñar a otros lo que aprendió en la institución.

2. Mini-bibliotecas en iglesias. Como institución, podríamos desarrollar proyectos especiales de colaboración como parte de nuestro compromiso continuo con nuestros egresados, para que puedan desarrollar bibliotecas en las iglesias donde sirven. A medida que le enseñan y entrenan a su propia gente, podrán ayudarles a aprender usando materiales escritos.

3. Bibliotecas básicas para los centros de estudio. Los programas de educación por extensión (que discutiremos en el capítulo 11) necesitarán bibliotecas básicas para los estudiantes que estudian en o a través de estos centros de estudio. Podría ser posible prestarle libros al centro de extensión para un curso en particular, o desarrollar CDs o materiales electrónicos que apoyen el entrenamiento de extensión que ofrecemos.

4. Materiales electrónicos. Si desarrollamos materiales de entrenamiento a distancia por Internet, necesitamos descubrir cómo podemos poner a disposición las lecturas requeridas de nuestros cursos en un sitio web o en CDs.

Conclusiones

Lo que más extrañan muchos miembros del profesorado que regresan de realizar estudios en el extranjero son las bibliotecas que usaban. Qué bueno sería poder desarrollar la clase de biblioteca que no sólo le servirá a su programa de manera excelente, ¡sino que también haga que sus egresados extrañen su institución!

Preguntas de discusión acerca de su biblioteca

1. ¿Hasta qué punto saben su profesorado y sus estudiantes cómo usar su biblioteca de manera efectiva?
2. ¿La colección de su biblioteca es adecuada? ¿Tienen políticas de selección y eliminación de material que funcionan? ¿Por qué o por qué no?
3. ¿Qué tan adecuados son las instalaciones y el personal de su biblioteca? ¿Poseen, o tienen acceso a, la experiencia necesaria para desarrollar una biblioteca excelente?
4. ¿Existen maneras de desarrollar un consorcio de bibliotecas con otros para mejor compartir los recursos que todos poseen?
5. ¿Cómo podrían encontrar más recursos financieros para mejorar su biblioteca?
6. ¿Hasta qué punto están listos para el efecto de la tecnología sobre la configuración y el uso de las bibliotecas?
7. ¿Cómo podrían ayudarles a sus estudiantes y egresados – y sus ministerios respectivos – a desarrollar sus propias bibliotecas?

Sugerencia de sitios web

Formulario para pedir The Librarian's Manual: http://www.acl.org/librariansmanualorder form.cfm

Formulario para pedir el Sistema de Clasificación Decimal Dewey: http://www.oclc.org/dewey/

Catálogo de la Biblioteca del Congreso: http://www.loc.gov/index.html <library catalogs> Muestra la clasificación LC para cualquier libro publicado en América.

Formulario de pedido para tablas de clasificación y títulos de temas de la Biblioteca del Congreso: http://www.loc.gov/cds/

Pedidos Lista Sears de Títulos de Temas: http://www.hwwilson.com/print/searslst18th.cfm para hacer pedidos

Sugerencias de lectura

Moreau, A. Scott y Mike O'Rear. "Browsing Virtual Libraries and Book Collections." *Evangelical Mission Quarterly* 42, no. 2 (2006), pp. 254-259.

10

La excelencia en la financiación

Una institución exceletne de entrenamiento para el liderazgo tiene los fondos adecuados para llevar a cabo el contenido del plan estratégico. Se responsabiliza por su salud financiera y construye la auto-dependencia. Un programa excelente mantiene buenas relaciones con sus amigos, iglesias y ministerios, y especialmente con sus estudiantes cuando estos se gradúan. Se beneficia de convenios saludables, especialmente con quienes lo reclaman como su programa de entrenamiento.

El entrenamiento para el liderazgo es un trabajo estratégico para el Reino, equipando al pueblo de Dios para el ministerio, para el crecimiento y el fortalecimiento de la iglesia. Hudson Taylor dijo que "A la obra de Dios, hecha a la manera de Dios, nunca le faltará provisión". Pero a la mayoría de las instituciones de entrenamiento parecen faltarles muchas cosas. ¿Por qué? ¿Cómo podemos fortalecernos financieramente?

En este capítulo queremos reflexionar sobre la financiación de las instituciones de educación teológica. Dada la importancia del entrenamiento para el liderazgo para la salud de la iglesia, necesitamos examinar las razones por las cuales tantas instituciones luchan en el área de las finanzas. ¿Qué anima a la gente a dar, y qué se convierte en un obstáculo para que lo hagan? La salud financiera no es fruto exclusivamente de un incremento en el número de donantes extranjeros. Probablemente tampoco lo resolveremos todo por medio de donantes locales, incrementos en la matrícula o la administración de proyectos que generen ingresos. El desarrollo de fondos requiere trabajo, usando una variedad de esfuerzos creativos, construyendo sobre las relaciones que tenemos o podríamos tener.

¿Por qué es una lucha tener lo suficiente?

La gran mayoría de los programas de entrenamiento teológico no gozan de buena financiación. Hay muchas razones buenas y malas para esto. No todas reflejarán su situación, pero consideremos por qué algunos programas de entrenamiento podrían sufrir en el aspecto financiero.

Necesitamos aprender la dependencia espiritual

El depender de Dios puede ser difícil para quienes lo tienen todo. Si todas nuestras bases financieras están cubiertas, tendemos a olvidarnos de quién es el verdadero propietario de todo lo que tenemos. Es importante desarrollar presupuestos y manejar bien nuestros recursos. Pero también es bueno orar diariamente por nuestro pan de cada día, además de nuestra salud, seguridad, salarios y cuentas de servicios. Esto es lo que significa buscar primero el Reino de Dios (Mateo 6:33). A medida que los estudiantes se unen para orar por nuestra supervivencia diaria, presentándole nuestras necesidades a Dios y dando gracias por toda su provisión, les estamos enseñando lecciones de vida acerca de lo que significa estar en Cristo, en quien "vivimos, nos movemos y existimos" (Hechos 17:28). Dios sabe qué es lo que necesitamos. Al igual que los israelitas que vagaron cuarenta años en el desierto, necesitamos aprender a quejarnos menos y orar más.

Algunas personas posiblemente han hecho demasiado

Dudo que los líderes de escuelas bíblicas construyen conscientemente monumentos para su propia gloria (o para reconocer los egos de sus donantes), pero a otros puede parecerles así. Los fondos que podrían haberse usado para comprar textos o pagar mejores salarios se usaron en proyectos que no se necesitaban, o al menos no en la escala en que se construyeron. Incluso si se dieron fondos designados específicamente para el proyecto inicial, la institución ahora se encuentra luchando mientras usa su presupuesto operativo limitado para mantener o amoblar lo que se construyó, con el fin de que se pueda usar. Las iglesias locales y los amigos podrán mirar los edificios magníficos y concluir que la institución ya no necesita de su ayuda financiera, pues obviamente tiene una abundancia de fuentes externas.

Pueden haber malos entendidos o luchas de poder por las finanzas

Los salarios de los profesores y el personal de una escuela bíblica pueden ser inferiores a los que reciben los profesores de las universidades o los bachilleratos locales, pero superiores a lo que reciben los líderes denominacionales o los pastores locales. Las residencias del personal y los dormitorios estudiantiles pueden ser mejores de lo que tienen muchos pastores locales. Los edificios del plantel o la capilla de la institución pueden ser más grandes y mejor amoblados que las oficinas de la denominación o las iglesias locales. Surgen envidias, en conjunto con luchas acerca de quién controla las finanzas que vienen del extranjero. El acceso a los fondos extranjeros para las operaciones también pueden desincentivar las contribuciones de las fuentes locales, especialmente cuando la gente se imagina que está entrando más de lo que realmente entra.

Es posible que los recursos no se estén manejando adecuadamente

Existen muchas maneras de contribuir con la pobreza propia. Estas incluyen la desorganización administrativa y el mal manejo de fondos. Los programas teológicos no están libres de empleados que se apropian de dineros o insumos. Necesitamos auditorías periódicas y controles institucionales acerca de quién puede gastar nuestros fondos y cómo. Todos los pagos deben hacerse a partir de un presupuesto aprobado, con las autorizaciones y los recibos del caso, en vez de trabajar a partir de la caja menor para cubrir lo más urgente del día de hoy. Cuando resulta fácil "prestar" los fondos designados para pagar cuentas que parecen más urgentes, surgen problemas serios de credibilidad con quienes donaron aquellos fondos designados. Los donantes puede desilusionarse y decidir nunca más confiarle nada a la institución.

Muchas veces las instituciones de entrenamiento tienen sistemas financieros demasiado complicados. No hay formas simples de tomar decisiones financieras. Los salarios o los registros financieros pueden estar en mora durante meses. Si se guardan los recibos, se tiran en cajones de escritorio y alguien los organiza esporádicamente. Los vehículos, equipos e insumos se utilizan con demasiada libertad para fines personales. Las reuniones se hacen en restaurantes o se toman viajes sin considerar si la institución puede costearlas. Nadie negocia con las empresas en competencia ni hace comparaciones para buscar los mejores precios o las mejores tasas bancarias. Aunque estas cosas pueden parecer triviales, el resultado final de la ineficiencia administrativa es un cúmulo de gastos para los cuáles no existirán fondos. La administración no es un don que se encuentra automáticamente en los pastores o maestros, entonces valdrá la pena pedirle a alguien que tenga habilidades para la administración organizacional que les ayude a encontrar formas más sencillas de manejar los recursos que tienen.

El programa tiene demasiado personal para su número de estudiantes

Si hay pocos estudiantes, por lo general hay pocos fondos operativos. Quizás deban tomarse decisiones dolorosas acerca de despedir trabajadores que el programa ya no puede costear. Sin embargo, puede haber otros problemas. Quizás el número bajo de matrículas es un reflejo de que el programa no está cumpliendo las necesidades que sienten las iglesias y la comunidad. ¿Las iglesias y los estudiantes saben que existe el programa? Pueden existir muchos estudiantes en potencia a los cuales les encantaría estudiar en su programa si lo conocieran. ¿O están compitiendo en un mercado saturado de programas de entrenamiento? No vale la pena operar un programa que nadie necesita.

A los empleados se les paga demasiado

Esto no es muy probable, aunque es posible que en algunas instituciones que no tienen juntas directivas ni sistemas de control financiero, unos pocos líderes puedan establecerse paquetes salariales que no son realistas.

Los costos de matrícula son demasiado bajos

Quizás sintamos que si subimos nuestras matrículas, perderemos a la mayoría de nuestros estudiantes a programas más "baratos". La verdad es que el ofrecer educación gratuita o barata no es la forma de atraer a los mejores estudiantes, pues las personas por lo general no valoran algo que les cuesta poco o nada. Es importante comunicarle a la comunidad cuáles son los costos reales de educar a un estudiante (costos operativos totales, incluyendo la ayuda voluntaria, dividido por el número de estudiantes). En vez de rebajar las matrículas, necesitamos amigos que puedan proveer becas o ayudar a subsidiar nuestros costos operativos en general.

El programa no es viable

Muchas escuelas bíblicas fueron creadas durante tiempos coloniales por organizaciones misioneras que les contrataban el personal y las financiaban. Con el tiempo, los títulos y la propiedad se transfirieron a las iglesias nacionales o a la institución misma. Sin embargo, lo que desarrollaron las organizaciones misioneras se encuentra más allá de la capacidad de financiación y mantenimiento de la iglesia nacional si no se cuenta con misioneros ni fondos de la misión. Si su institución de entrenamiento fuera a recrearse desde cero hoy en día, probablemente existiría en un lugar distinto y con una estructura muy diferente para ser más económica y relevante culturalmente. Intentar mantener lo que se heredó de una época distinta puede ser una carga demasiado pesada para llevar.

No existe un sentido de propiedad lo suficientemente amplio del programa de entrenamiento

Es posible que las iglesias locales nunca han sentido que éste es su programa. Incluso si así lo sienten, cuando luchan para pagarles a sus propios pastores, sienten que no tienen ninguna forma de colaborar con algo para ayudarle a la institución. Quizás nunca se les enseñó a dar, pues el currículo invisible de los días coloniales los convenció de que eran demasiado pobres como para compartir sus recursos. O quizás sienten que las instituciones ya tienen recursos adecuados de otras fuentes.

No se solicitó la ayuda de suficientes personas

A muchos programas de entrenamiento teológico no les va bien comunicando las formas en que Dios los está usando ni interna ni externamente. Nadie sabe siquiera que la institución tiene necesidades. La mayoría de los maestros y administradores preferirían no hacer relaciones públicas ni conseguir fondos, aunque pueden existir muchas iglesias locales, hombres de negocios, fundaciones y egresados que les encantaría colaborar con becas, proyectos especiales o gastos operativos si alguien se tomara la molestia de preguntarles. Como lo discutimos en el capítulo 5, las estructuras administrativas saludables tienen un equipo que hace esto, en cabeza de un vicepresidente de relaciones públicas y recolección de fondos. Posiblemente no tenemos financiación porque no tenemos la estructura apropiada para pedir.

Cómo desarrollar una estrategia para conseguir fondos

Una estrategia de financiación debería surgir directamente de su plan estratégico. Debemos financiar lo que necesitamos hacer. No nos deberían impulsar los donantes, de modo que sólo realizamos aquellos proyectos que quiere financiar un donante. A partir del plan estratégico, ya sabemos lo que hay que financiar. Una estrategia de financiación implica descubrir quién podría estar interesado en formar parte de su equipo de apoyo y reflexionar acerca de cómo podríamos abordar a estas personas.

Deben comenzar en casa: con ustedes mismos. Si ustedes no contribuirán con su propia causa, ¿por qué querrán contribuir las demás personas? Nuestras mejores ideas de financiación llegarán cuando nuestra junta asesora, nuestro concejo de gobierno, los estudiantes, el profesorado y el personal, consideren, en oración y con creatividad, formas de descubrir los recursos financieros que necesitamos. La mayoría de los que se convertirán en parte de este equipo de apoyo saldrán de la red de relaciones y socios de la institución. Así, ¿a cuáles de los miembros de nuestras familias, amigos, iglesias, amigos corporativos, amigos de amigos, etc., podríamos invitar a que se unan con nosotros en apoyar nuestro ministerio educativo?

Como lo mencionamos en el capítulo 5, debería existir un líder competente de nivel directivo en el equipo administrativo para coordinar las relaciones públicas y los esfuerzos de financiación. Los maestros probablemente no son la mejor elección para escribir los boletines de la institución. Se requiere de tiempo y un esfuerzo consciente para poder construir puentes y establecer la credibilidad con negocios, fundaciones, organizaciones cristianas o individuos claves que podrían estar dispuestos a financiar su programa. Deberían tener un equipo de personas con habilidades comunicativas en relaciones públicas que serán capaces de comunicarles a otros los éxitos y las necesidades del programa y de construir sociedades saludables.

Queremos tener patrocinadores financieros fuertes que seguirán dándo para nuestros programas. ¿Pero qué podría motivar a alguien a considerar darle apoyo a un ministerio como el nuestro? ¿Qué podría impedirle a alguien el deseo de ayudar?

Motivaciones para dar

Uno esperaría que las personas se quisieran convertir en patrocinadores financieros entusiastas cuando escuchen su visión y vean lo que Dios está haciendo a través suyo. Sin embargo, algunas personas sencillamente no conocen su responsabilidad de ser mayordomos de los recursos de Dios (Mateo 25:14-30), de usar lo que tienen en beneficio de los demás, y no sólo para su propio servicio (Marcos 10:45). Dios nos bendice para que podamos ser de bendición a otros (1 Corintios 9:11-14). Aunque Cristo era "rico, por causa [nuestra] se hizo pobre, para que mediante su pobreza [pudiéramos llegar] a ser ricos" (2 Corintios 8:9). Es posible que las riquezas no incluyan mucho dinero en efectivo, pero a los creyentes se les ha hecho ricos "en todo sentido" para que su "generosidad [. . .] resulte en acciones de gracias a Dios" (2 Corintios 9:11). Jesús fue el don de Dios para nosotros (2 Corintios 9:15) y el dar debe ser una expresión de gracias a Dios por todo lo que Él ha hecho por nosotros.

A pocos cristianos en el mundo no-occidental se les ha enseñado a dar. Quizás su institución de entrenamiento podría desarrollar seminarios para las iglesias para ayudarles a los cristianos a entender algunos de los principios básicos de la mayordomía. Pablo escribió "Mándales que hagan el bien, que sean ricos en buenas obras, y generosos, dispuestos a compartir lo que tienen" (1 Timoteo 6:18).

Sin embargo no es bueno motivar las donaciones provocando la culpa o prometiendo honores o premios especiales como resultado de sus donaciones. El Dr. Manfred W. Kohl hizo una declaración fuerte en una conferencia en el Centro Oxford para Estudios Misioneros en 1995: "El dar, el compartir y el compromiso no son caminos hacia, ni una señal de, la espiritualidad. Tampoco son méritos que lo califican a uno para hacer parte del pueblo redimido de Dios". Nuestras donaciones debemos hacerlas alegre, voluntaria, animada y generosamente (2 Corintios 8:204; 9:5,7).

Obstáculos para dar

¿Por qué algunas personas deciden no ayudarlos financieramente? ¿Por qué suponen que ya tienen suficiente? ¿No conocen sus necesidades? ¿O hay asuntos serios de credibilidad que han hecho que ellos, sus iglesias y otras personas no sientan el deseo de ayudarles? Las personas deben confiar en quiénes somos y en lo que hacemos. ¿Están al tanto de sus valores centrales y conocen su historia lo suficiente como para ver que su institución practica lo que predica? Necesitan descubrir si existen problemas que han causado una falta de confianza en ustedes y en su trabajo. No es fácil construir una buena reputación y necesitamos la ayuda y la gracia de Dios para protegernos de rumores e historias que sencillamente no son verdaderas.

Algunos donantes dan una sola vez. ¿Por qué no dan una segunda vez? Se requiere de un gran esfuerzo para descubrir nuevos donantes, entonces ¿cómo podemos mantener a los donantes después de haberlos descubierto? La clave se encuentra en las relaciones personales fuertes, además de entregar buenos reportes. Los donantes necesitan saber que sus dones se han usado, como fue su intención, para proyectos estratégicos y bien planeados. Las personas no quieren sentirse presionadas o manipuladas. Pero sí aprecian que se les invite a participar en algo que vale la pena hacer, y que luego puedan ver los resultados de su donación. Les gustan las opciones, entonces puede ser de beneficio ofrecer varios proyectos que necesitan asistencia financiera. A las personas también les gusta dar para proyectos que ya han recibido donaciones de parte de otros, entonces debemos ser lo más transparentes que podamos acerca de la asistencia financiera que recibimos de los demás.

Es tarea de su equipo de desarrollo mantenerse en contacto con las personas y las organizaciones interesadas (¡o que deberían estar interesadas!) en lo que están haciendo. Debemos mantenerlos informados acerca de nosotros y luego tener el valor de solicitar su ayuda cuando la necesitemos.

¿La solución viene del extranjero?

Desde su comienzo, muchas instituciones creadas por misioneros han dependido fuertemente del personal extranjero y de la financiación extranjera. Para dichas instituciones de entrenamiento, la supervivencia financiera sólo se encuentra en la financiación periódica y significativa de las organizaciones extranjeras. Sin embargo, no todas estas mal llamadas sociedades son saludables, y esta no es la mejor manera de asegurar la estabilidad financiera. Muchas veces pueden surgir problemas serios cuando un solo donante está proveyendo la mayor parte de la financiación. No existe una sociedad real si usted, en efecto, trabaja para mí. A pesar de nuestra amistad o de todas mis palabras de seguridad, le será difícil no sentirse presionado o manipulado si siente que si no hace lo que yo quiero, podrá dejar de recibir mi bendición. Esto resulta especialmente incómodo si yo soy el que le está supliendo la mayoría de sus fondos operativos, fondos para el programa, apoyo del profesorado y asistencia con becas. Es mejor si el apoyo financiero proviene de distintas fuentes. Sin embargo, incluso cuando no existe una fuente dominante, los fondos extranjeros por lo general vienen con unas condiciones impuestas por personas que posiblemente conozcan poco acerca de las realidades locales.

¿La mayor parte de los fondos se debería conseguir localmente?

La financiación local debería ser una parte significativa de los ingresos de la institución pues esto refleja una satisfacción con el impacto que tiene el programa de entrenamiento. Las matrículas realistas permiten que cada estudiante contribuya en algo a su propio entrenamiento, y sus familias e iglesias invertirán felizmente en quienes conocen y confían. Los egresados del programa deberían ofrecer dádivas de acción de gracias por lo que recibieron durante sus estudios. Las iglesias que han recibido a estos egresados deberían ofrecer dádivas de acción de gracias que reflejen su satisfacción con la competencia de los pastores y líderes que tienen. La comunidad de negocios debería estar feliz de invertir en el desarrollo de personas con carácter y habilidades de liderazgo. Las fundaciones locales pueden ayudar con proyectos que tienen un impacto local. Nosotros mismos deberíamos invertir en nuestro propio programa.

En la mayoría de las instituciones de entrenamiento en el mundo no occidental, las matrículas cuestan muy poco. Sin embargo, la autosuficiencia no implica que *todos* los fondos operativos deban surgir de las matrículas internas. Una revisión de los estados financieros de las instituciones cristianas en Norteamérica muestra que apenas una tercera parte de sus ingresos operativos proviene de las matrículas estudiantiles. El resto viene de subvenciones de fundaciones y donaciones de ex-alumnos y amigos de la institución. La autosuficiencia tampoco implica que todos sus ingresos se generan localmente o dentro de un área geográfica en particular. Estos colegios y universidades aparentemente reciben (y buscan) fondos dondequiera que estos se encuentren.

Las instituciones de entrenamiento teológico del mundo no occidental no tienen porqué ser diferentes. El asunto fundamental no yace en el origen de los fondos. Una institución de entrenamiento se hace autosuficiente cuando se responsabiliza de la búsqueda y la administración de sus propios fondos. Muchos deben ser los invitados a participar de la labor que Dios les ha encomendado. Con la excepción de los programas denominacionales que operan bajo el presupuesto de la denominación, ninguna fuente individual debería proveer más del 50% de los fondos operativos de la institución. Más de esto le da a un donante un control potencial demasiado grande sobre el programa, además de poner en riesgo el programa si fuera a retirar su financiación.

Proyectos que generan ingresos

Los programas de entrenamiento teológico deben pensar creativamente en diferentes formas de generar ingresos para sus esfuerzos de entrenamiento. Un programa en la India ha desarrollado un centro de conferencias importante para recibir grupos tanto seculares como cristianos. Un programa en Suráfrica tenía algo de espacio extra de oficinas y residencias vacías para profesores y los organizaron para arrendarlos a distintas organizaciones cristianas. Un plantel en Brasil se alquila durante las vacaciones para ser sede de conferencias o talleres. Muchos programas de entrenamiento tienen proyectos de agricultura para criar gallinas o sembrar vegetales que pueden vender y obtener utilidades, o que pueden alimentar al personal o los estudiantes. Un programa en el Brasil ofrece la mayoría de las clases del programa por las noches, y usa las instalaciones como una escuela primaria o secundaria para la comunidad durante el día para generar ingresos. El personal del colegio podría ofrecer talleres o seminarios pagos como parte del desarrollo de liderazgo profesional comunitario en áreas como liderazgo, planeación estratégica, capellanía, consejería o resolución de conflictos. Un programa en el Medio Oriente genera algunos ingresos al usar la Biblia para entrenar a guías turísticos no cristianos. Un programa brasilero genera ingresos utilizando una esquina de su plantel y algunos miembros de su personal extranjero y sus familias para ofrecerles clases de inglés a los jóvenes de la comunidad. Y así hay muchos programas más.

Sin embargo, hay por lo menos cuatro peligros relacionados con los proyectos que buscan generar ingresos.

1. Los proyectos se pueden convertir en una distracción de la parte de entrenamiento del programa, pues podrían requerir energía, personas y finanzas que podrían usarse mejor en otras cosas.
2. Muchas veces los proyectos los dirigen de una manera torpe personas sin habilidades administrativas o de negocios.
3. Muchos proyectos fueron una buena idea espontánea de alguna persona que luego fueron lanzados sin una verdadera investigación de mercado para asegurar la necesidad del proyecto.
4. Un proyecto puede convertirse en un "elefante blanco", algo que consume más recursos de los que genera.

La única justificación que tiene un proyecto que genera ingresos es la de generarle ingresos a la institución. Nuestro negocio central no consiste en manejar diversas empresas. Tal como lo discutimos en el capítulo 5, no deberíamos asumir una administración innecesaria. Cada proyecto que genera ingresos debe tener su propio conjunto de libros financieros, su propio personal y equipo administrativo. La operación del proyecto no debería requerir tiempo del liderazgo de la institución, aparte de verificar con el cuerpo de gobierno del proyecto que lo que se está haciendo de verdad vale la pena.

El apoyo financiero mediante las relaciones

Nuestros principales patrocinadores financieros son las personas que consideran que somos "su" institución. Esto hace parte de la propiedad a medida que trabajan con nosotros para alcanzar la viabilidad y la estabilidad financiera. ¿Quiénes deberían ser estos socios y cómo podemos fortalecer nuestra sociedad con ellos?

Los egresados

Debería exisitr una sociedad muy importante con nuestros egresados. Esperamos que estos ex-alumnos estén satisfechos con el entrenamiento que recibieron. Todos los estudiantes deberían poder ver algo de los muchos socios que están ayudando a subscribir los costos reales de su entrenamiento. Desde sus primeros días como estudiantes, deberían ser desafiados a comprometerse durante toda su vida a hacer que este entrenamiento esté disponible para otros. A cada egresado se le debería animar a que ofrezca donativos anuales de gratitud al Señor por lo que han recibido de la institución. A medida que Dios los bendice de formas especiales, pueden dar para proyectos especiales, como libros para la biblioteca, o proyectos de remodelación o construcción.

Todo programa de entrenamiento debe mantenerse en contacto periódico con sus egresados. El equipo de desarrollo debe mantener una lista actualizada de correos y correos electrónicos. Sin embargo, nuestros egresados necesitan sentir que son más que posibles fuentes de financiación. Serán ellos, principalmente, quienes reclutarán nuevos estudiantes. Y como lo veremos en el capítulo 12, nuestros egresados constituyen una de las mejores fuentes de retroalimentación para que podamos mejorar lo que hacemos.

Podemos ofrecerles a nuestros egresados seminarios y talleres sobre temas que mejorarán sus habilidades ministeriales. Podemos fortalecer sus relaciones con otros egresados cuando los invitamos a todos de nuevo al plantel al menos una vez al año para celebrar eventos especiales, como los grados o una semana de énfasis espiritual. Compartamos historias con ellos acerca de los que Dios sigue haciendo en su institución. Démosles noticias acerca de sus colegas y maneras específicas en que pueden orar los unos por los otros y por el programa de entrenamiento. Si nuestros egresados siguen animados con lo que hacemos, estarán dispuestos a contribuir financieramente. (De todos modos tendremos que pedírselo).

Las organizaciones misioneras

Otra sociedad importante será con la organización misionera que fundó la institución. Las misiones fundadoras generalmente siguen contribuyendo mucho a los programas educativos que ayudaron a iniciar. Conocen su historia y pueden dar buenos consejos. Pueden usar su red de contactos para conseguir fondos para proyectos especiales de construcción o equipos. Las organizaciones misioneras pueden ofrecer becas para los estudiantes que sirven a las iglesias con las cuales trabajan, o ayudar con el salario de un profesor nacional o un miembro del personal. Muchas veces proveen misioneros para que sirvan en el profesorado y con el personal.

Todo esto puede ser de mucha ayuda, aunque debemos tomar algunos pasos sensatos para que esta sea una sociedad saludable. Como lo mencionamos antes, debemos evaluar a todos los profesores, incluyendo a los misioneros, antes de aceptarlos (con contrato) como parte de nuestro equipo académico o administrativo. No todos los misioneros poseen necesariamente las habilidades transculturales o de comunicación que necesitamos. Tal vez veamos que existen problemas con el estilo de vida o las actitudes que serán un obstáculo para la adaptación de una persona.

Como todos los demás, las organizaciones misioneras tienen la libertad de soñar con el futuro. Sin embargo, las misiones fundadoras necesitan acordarse de que ya no están encargadas de todos los proyectos. Como lo discutimos en el capítulo 5, debería existir una historia de excelencia en la administración para que las organizaciones misioneras puedan tener confianza de que la institución usará los fondos en los proyectos para los cuales fueron dados. Así, sus esfuerzos para recaudar fondos deben limitarse a los proyectos aprobados por la institución. La misión no debería pagarles directamente a los individuos los salarios o beneficios para el personal nacional, pues esto puede crear envidias (otros suponen que están recibiendo mucho más de lo reciben en realidad) y confusión (¿el individuo trabaja para la misión o para la institución?).

No es fácil hacer una transición del control. Resulta incómodo cuando un padre se jubila del negocio que comenzó, pero luego aparece todos los días para ver trabajar a su hijo, o cuando un pastor se jubila después de muchos años de trabajo en la iglesia, pero continúa como miembro de la iglesia. La diferencia es que la misión no se ha jubilado, sencillamente ha entregado la presidencia voluntariamente. Es difícil cambiar el hábito de estar al mando. Entonces, mientras uno quiere honrar y seguir escuchando lo que la misión tiene para decir, nosotros (y ellos) debemos acordarnos que ya es nuestra institución y que nosotros debemos administrarla.

Una institución de entrenamiento se ayuda en esta área si tiene múltiples fuentes de donaciones. Esto también le facilita a la misión fundadora decir sí – o no – sin sentir que están dominando o manipulando. Hay un lugar apropiado para compartir sus opiniones si se encuentran completamente integrados en la asamblea general, en conjunto con las demás organizaciones que proveen profesores, estudiantes o fondos. Ninguna persona u organización debería tener una mayor influencia sobre nosotros que todos los demás. El foro apropiado para la discusión de ideas y las recomendaciones es la asamblea general o como miembro de la junta directiva, y no con chequera en mano en la oficina del rector.

Las organizaciones cristianas

Una institución de entrenamiento puede tener también sociedades con varias organizaciones cristianas. Nuestros egresados no sólo trabajarán con ellos, sino que también podemos hallar maneras de servirles. Al preguntarles "¿Cómo podríamos ayudarles?" debemos evaluar si nuestra misión básica y nuestro propósito, y los recursos que tenemos, nos permiten responder a sus necesidades.

El lado de la sociedad de la organización de seguro incluirá el pago de las matrículas de sus estudiantes, aunque también pueden existir otras maneras creativas de asociarse. Por ejemplo, SIL/Wycliffe designaron varias instituciones de nivel superior de la región para que entrenaran a sus asesores de traducciones. Además de reunir los fondos para la matrícula y el hospedaje de los estudiantes que envían, también han provisto varios maestros con habilidades especializadas en la traducción de la Biblia además de los libros técnicos para la biblioteca para apoyar su parte del currículo de la institución. Trans-World Radio ha hecho sociedad con varias instituciones de entrenamiento para construir instalaciones de radio en sus planteles. El personal de TWR ayuda con la enseñanza y ofrece seminarios ocasionales para entrenar a los estudiantes (y al profesorado) en cómo desarrollar programas de radio y cómo la radio puede mejorar sus ministerios. Visión Mundial hizo sociedad con varios programas de entrenamiento para desarrollar un currículo de entrenamiento de liderazgo para su personal alrededor del mundo. Ayudaron con la financiación y proveyeron profesores para un programa que les sirvió tanto a sus propios empleados como a otros también.

Las iglesias locales

Tal como lo discutimos en el capítulo 4, nuestros propietarios son las iglesias y las denominaciones que nos consideran como su institución de entrenamiento. Nuestra misión consiste en preparar a sus estudiantes para que se conviertan en líderes y pastores efectivos. Esperamos que estas iglesias sean una parte activa de nuestra asamblea general. Como parte de nuestra sociedad con ellos debemos enviarles nuestra facultad, nuestro personal y nuestros estudiantes para que las visiten y las escuchen, además de ministrar en sus iglesias. Deberían recibir información periódica nuestra que incluya historias de lo que Dios está haciendo en y a través de nosotros. También necesitan saber en qué formas pueden orar por nosotros, además de entender nuestras necesidades financieras.

La responsabilidad primaria de las iglesias consiste en apoyar a los estudiantes que han enviado. Pueden quejarse de que no tienen fondos para esto, pero alguien hubiera provisto de vivienda y alimentación a estos estudiantes si no hubieran venido a estudiar. Entonces no es cierto que no tienen nada disponible para sus estudiantes. Quizás podrían enviar comida en lugar de dinero. Pero si una iglesia no está dispuesta a invertir nada en sus propios estudiantes, nosotros tampoco deberíamos estar tan abiertos para ayudarles.

Debe pedírseles a las denominaciones a las cuales sirven que incluyan el programa de entrenamiento en su presupuesto, pues ustedes son los que entrenan a sus líderes y pastores. La conferencia anual o las iglesias individuales dentro de la denominación podrían programar un tiempo especial de celebración una vez al año con una ofrenda para proveer libros o becas para los estudiantes. Deberían animar a las iglesias que han recibido egresados suyos a ofrecer donaciones anuales que reflejen su satisfacción con el pastor o el líder que han recibido de manos de la institución.

Las fundaciones

Las fundaciones se encuentran en todo el mundo, incluso localmente. Pueden crearse con dineros familiares o con las utilidades de un negocio. También existen fundaciones públicas. Lo que todas tienen en común es su propósito de donarles fondos a las causas específicas de su interés. Incluso las organizaciones misioneras pueden tratarse como fundaciones pues a ellos se les puede solicitar ayuda específica para proyectos específicos. Hay tres pasos importantes para desarrollar una sociedad saludable con una fundación.

1. Necesitan descubrir quién tiene interés en la tarea que están realizando. Pueden empezar a investigar esto usando sitios web que tienen listas de fundaciones con las diferentes causas que apoyan. He anexado algunos al

final del capítulo. La gran mayoría de las fundaciones no tienen ningún interés en la educación teológica, ni en su parte del mundo. Pero algunos podrían tenerlo, o podrían interesarse en algún aspecto de lo que están haciendo. Por ejemplo, si tienen un interés en el desarrollo del liderazgo femenino en el mundo no occidental, podrían solicitarles ayuda para becas para las mujeres estudiantes o para asistencia a las mujeres en su profesorado. Si están interesados en VIH/SIDA, podrían solicitar una donación para comprar materiales para la biblioteca, o para que puedan ofrecer un taller que trate asuntos relacionados con el SIDA para maestros y estudiantes. Comiencen por hacer sus investigaciones, lo cual incluye aprender de otras instituciones de entrenamiento acerca de las fundaciones que se han interesado en ellos.

2. Se necesita tiempo para desarrollar una relación con una fundación. Muchas veces es mejor escribirles y preguntarles si estarían dispuestos a mirar un proyecto que gastar fondos para ir a visitarlas o comenzar enviándoles una propuesta completa para un proyecto. Incluso las que sí estén dispuestas a considerar sus proyectos probablemente negarán su solicitud inicial. Hay muchas razones por las cuales las fundaciones y organizaciones dicen que no. Pueden no tener fondos adecuados este año, o pueden sentir que aún no conocen a la institución lo suficiente. Pero a medida que tienen la oportunidad de conocerles, y cuando escuchan de otros acerca de su programa (las fundaciones por lo general recomiendan proyectos a otras fundaciones), puede surgir una relación. Después de muchas peticiones, posiblemente ofrezcan una donación pequeña. Si están satisfechos con el uso que se le da a esa donación, tal vez decidan invertir de nuevo en ustedes.

3. Las relaciones con las fundaciones implican mucho papeleo. Es absolutamente necesario que seamos responsables con las donaciones que recibimos. Además, debemos escribir nuestras solicitudes con calidad y claridad y explicar cómo nuestros proyectos contribuirán con los objetivos generales de nuestro programa. He incluido un apéndice que describe lo que debe incluirse en una propuesta de proyecto para una fundación. También deberíamos entregarles a todos los donantes informes financieros y de desempeño bien escritos acerca de lo que se logró con sus donaciones.

Algunas fundaciones parecen pedir más papeleo de lo que valen sus donaciones. Está bien retirarse del proceso, pero debe hacerse con delicadeza, pues las fundaciones se hablan entre sí.

Asistencia de la comunidad empresarial/el gobierno

El mercado necesita de líderes cristianos de calidad. Este no es el enfoque principal de la mayoría de los programas de entrenamiento teológico, aunque debería ser el propósito principal de los colegios y las universidades cristianas que se están desarrollando cada vez más en el mundo no occidental. Sin embargo, las influencias principales de cambio en muchos lugares siguen siendo los pastores y líderes cristianos. Tanto los gobiernos como la comunidad de negocios saben esto. Cuando desarrollamos líderes con valores cristianos sólidos, estamos haciendo algo que beneficia a nuestra sociedad. Debemos construir relaciones con líderes empresariales claves para que entiendan lo que estamos haciendo. Deberíamos desafiar a los líderes de empresas cristianas para que oren por e inviertan en nosotros. También podemos hacer uso de su sabiduría y sus habilidades administrativas para que podamos administrar mejor nuestras instituciones.

Pocas instituciones querrán construir sociedades con sus gobiernos. Sin embargo, si nos está yendo bien preparando a quienes sirven a los demás, estamos realizando una función pública de utilidad. Nuestros egresados pueden convertirse en líderes de iglesias y organizaciones que responden efectivamente ante los problemas sociales. Puede existir entonces disposición de becas o fondos públicos. Debemos investigar nuestras opciones, mientras consideramos con cuidado las condiciones que pueden incluir.

Amigos de la institución

Todas las personas que visiten su plantel o vengan a un evento patrocinado por su programa de entrenamiento deberán ser invitados a asociarse con ustedes. Anoten sus nombres y sus direcciones, y envíenles información periódica acerca de lo que Dios está haciendo en y a través de ustedes. Pueden invitar a estas personas a asistir a actividades del plantel (como los grados u otros eventos especiales). Pídanles tanto apoyo en oración como ayuda financiera. Algunos "amigos de la institución" incluso han formado sociedades legales para promover la institución en sus propias localidades.

También pueden ser proactivos al encontrar personas e invitarlos a hacer una visita. Inviten a estudiantes norteamericanos, europeos o australianos o a sus iglesias para que se matriculen en un módulo de entrenamiento diseñado para que entiendan las prácticas de adoración, oración, historia de la iglesia o teología contextualizada. La mayoría de los visitantes no tendrán problemas para cubrir los costos de este tipo de cursos.

Los equipos laborales a corto plazo también ofrecen sociedades nuevas en potencia. Busquen pequeños proyectos de mantenimiento del plantel o de procesamiento de libros de la biblioteca. Quizás puedan acompañar a algunos de sus estudiantes en proyectos de evangelización o ministerio. Sus vidas serán cambiadas por su relación con ustedes. También se convertirán en embajadores en nombre de la institución. A medida que su equipo de desarrollo mantiene el contacto con ellos, podrá haber proyectos con los cuales ellos, o sus iglesias o instituciones, podrán ayudar, como por ejemplo la compra de libros para su biblioteca, o permitir que su facultad o su equipo ministerial enseñen algunos cursos modulares. Las visitas repetidas y la continuación de los equipos a corto plazo probablemente se convertirán en una sociedad maravillosa.

Conclusiones

Las instituciones excelentes de entrenamiento teológico se responsabilizan de sus propias necesidades financieras. Es bueno cuando nos acordamos que dependemos de Dios para todo. Pero también es bueno recordar que Dios les da a los demás para que puedan cuidar con gracia y buena voluntad de los proyectos de Dios. Partan de ustedes mismos y de sus egresados y construyan relaciones donde las puedan hallar. Si su programa de entrenamiento es excelente, y tienen un plan estratégico claro que muestra la dirección hacia donde van y lo que necesitan para llegar hasta allá, otros se sentirán encantados de invertir en lo que Dios está haciendo a través de ustedes. Que Dios les provea "todo lo que necesiten, conforme a las gloriosas riquezas que tiene en Cristo Jesús" (Filipenses 4:19).

Preguntas de discusión acerca de su financiación

1. ¿Por qué están luchando financieramente? ¿Hay áreas que necesitan cambiar? De ser así, ¿cuáles son y cómo se pueden cambiar?
2. ¿Quiénes son sus socios? ¿En qué sentido son sociedades saludables? ¿Cómo podrían construir más relaciones y fortalecer las sociedades existentes?

3. ¿Hasta qué punto se sienten controlados por los recursos administrados por su misión fundadora o por un número reducido de patrocinadores financieros?
4. ¿Qué tan bien estructurado y competente es su equipo de desarrollo? ¿Tienen una estrategia para conseguir fondos? ¿Qué tan adecuada o efectiva es esta estrategia?
5. ¿Qué ideas creativas podría tener usted (o sus estudiantes, su facultad, su asamblea general, etc.) para generarle recursos adicionales a su programa de entrenamiento?

Sitios web para subvenciones, consecución de fondos y fundaciones

Associated Grantmakers of Massachusetts. www.agmconnect.org/

Charities Aid Foundation: Directory of Grantmaking Trusts (con los nombres de más de 2500 fundaciones). http://www.grant-tracker.org/

The Foundation Center. http://fdncenter.org/ (También tienen una lista extensa de publicaciones periódicas que tratan el tema de la consecución de fondos en http://fdncenter.org/washington/dc_ periodicals.html.)

The Grantsmanship Center. www.tgci.com/.

TearFund. "Roots 6 – Fundraising" disponible en www.tearfund.org/tilz. 100 Church Road, Teddington, TW11 8QE, UK

Sugerencias de lectura

Jossey-Bass Publications (www.josseybass.com/) tiene una colección extensa de recursos excelentes para el desarrollo de fondos. También editan una publicación trimestral que trata asuntos filantrópicos llamada *New Directions for Philanthropic Fundraising*. Puede encontrarse una larga lista de libros que tratan la consecución o el manejo de fondos en www.amazon.com/. Existe una cantidad increíble que puede encontrarse mediante el uso creativo de Google o cualquier otro motor de búsqueda. A continuación, algunos libros específicos que podrán ser de utilidad:

Burkett, Larry. *Business by the Book: Complete Guide of Biblical Principals for the Workplace*. Nashville: Thomas Nelson, 1998, 2006.

Burnett, Ken. *Relationship Fundraising: A Donor-based Approach to the Business of Raising Money*, 2nd ed. San Francisco: Jossey-Bass, 2002.

Carlson, Mim. *Winning Grants: Step by Step*. 2nd ed. San Francisco: Jossey-Bass, 2002.

Gottlieb, Hildy. *Friendraising: Community Engagement Strategies for Boards Who Hate Fundraising But Love Making Friends*. Resolve, IN: D/B/A Renaissance Press, 2000.

Jeavons, Thomas H y Rebekah Burch Basinger. *Growing Givers Hearts: Teaching Fundraising as Ministry*. San Francisco: Jossey-Bass, 2000.

Klein, Ken. *Ask and You Shall Receive: A Fundraising Training Program for Religious Organizations*. San Francisco, Jossey-Bass, 2000.

Kohl, Manfred Waldemar. "Responsible Stewardship in Theological Education: Guidelines for Resource Development in Post-Communist Countries." *Christian Education Journal* 2 NS, no.1 (Primavera, 1998), pp. 57-74.

Kutz, John y Katherine Murray. *Fundraising for Dummies*. Foster City, CA: IDG Books Worldwide, 2000. (www.odgbooks.com. 919 E. Hillsdale Blvd, Suite 400, Foster City, CA, 94404)

New, Cheryl Carter y James Aarm Quick. *How to Write a Grant Proposal*. San Francisco: Jossey-Bass, 2003.

Weinstein, Stanley. *The Complete Guide to Fundraising Management*. San Francisco: Jossey-Bass, 2000.

Apéndice del Capítulo 10

Cómo escribir propuestas para proyectos

Ya sea que estén escribiéndole a una fundación, un empresario, una organización misionera o una fuente de financiación secular, toda propuesta de proyecto debe incluir la siguiente información:

1. ¿Quiénes son?

Esto debería indicar el nombre de su programa, su ubicación, su estado legal, y su propósito, sus valores centrales y sus metas. Las personas necesitan saber si ustedes son legítimos y confiables, entonces querrán demostrar su competencia para hacer lo que están haciendo, el estado de su acreditación y algunos de sus logros. Quizás puedan agregar un folleto básico acerca del programa, una lista de los nombres y las direcciones de los miembros de la junta, su última publicación de noticias, el reporte presidencial de las actividades del año, y unos estatutos financieros revisados en una auditoría.

2. ¿Qué necesidad ayudará a resolver este proyecto?

Esta no es una descripción del proyecto, sino una explicación, con datos y hechos, del problema al que responden. ¿Qué beneficios tendrán personas distintas a ustedes mismos? La respuesta a esta necesidad deberá ser una extensión obvia de su misión y sus metas.

3. ¿Cuáles son los objetivos o las metas de su proyecto?

Esta no es una descripción de lo que harán sino de las cosas medibles que logrará el proyecto dentro de un término específico.

4. ¿Cómo se alcanzarán estas metas?

¿Qué debe hacerse para alcanzar sus objetivos y en qué orden? ¿Por qué es apropiada la metodología que han escogido para responder ante esta necesidad? ¿Qué personal se necesitará y que calificaciones deberán poseer?

5. ¿Cuánta financiación se necesitará?

Presente detalles realistas tanto de los ingresos que esperan recibir para el proyecto, de las sumas que se invertiran y cuándo se realizarán las inversiones. Estos números deberían incluir las contribuciones de ayuda voluntaria, además de las donaciones en especie.

6. ¿Cómo se evaluará el proyecto?

¿Cómo sabrán que se han alcanzado los objetivos? ¿Quién evaluará el proyecto, y cómo lo hará? ¿Quiénes recibirán copias del reporte final?

Una propuesta del proyecto necesita un "Resumen Ejecutivo" de una sola página. Esta invita al lector a leer la documentación anexa que explica todo con más detalle, e incluye párrafos separados para responder de forma clara y sencilla:

- Quiénes son,
- El propósito específico del proyecto para el cual solicitan ayuda,
- Por qué están calificados para realizar este proyecto,
- Cuáles resultados esperan obtener al completar el proyecto, y
- Cuántos fondos (de la totalidad necesaria para el proyecto) les están solicitando.

También necesitarán una carta en una sola hoja con el membrete de la institución, dirigida a la persona de contacto apropiada. Esta debería explicar brevemente la razón por la cual les está escribiendo, e invitarlos a leer el resumen ejecutivo y los documentos anexos. Diga que se pondrá en contacto con ellos en el transcurso de las próximas dos semanas, y prométales cualquier otra información que consideren necesaria.[1]

---

1. Adaptado de un taller presentado por el Dr. Manfred W. Kohl en un Instituto para la Excelencia de OCI en Budapest en abril de 2000.

11

La excelencia en el entrenamiento por extensión

Las instituciones excelentes de entrenamiento extienden su influencia y su entrenamiento más allá de su plantel. Les sirven a los egresados y a los ministerios y las comunidades de los egresados de diferentes maneras formales y no formales. Hacen buen uso de la informática, tanto en el plantel como en sus esfuerzos de extensión.

La mayoría de las personas piensa que la "educación" es algo que se hace en un **lugar** específico (con instalaciones, biblioteca, facultad y aulas de clase) durante un **tiempo** específico (como un paquete de cursos acreditados ofrecido en un nivel específico). La metodología y las infraestructuras de los programas tradicionales de entrenamiento reflejan mayormente lo que hacen las universidades, las cuales se diseñaron como paquetes educativos para jóvenes que van a empezar una carrera. Gracias al legado colonial, la educación residencial tiende a ser el estándar contra el cual se miden todos los programas, incluso la educación teológica.

Esta realidad está cambiando, tanto en el mundo secular como en los programas de educación teológica.

Las empresas educativas han descubierto un mercado masivo de adultos que tal vez quieran aprovechar sus servicios, pero que no vendrán (por distintas razones) a sus instituciones como estudiantes de tiempo completo. Los educadores han descubierto que es a la vez efectivo y satisfactorio enseñarles a las personas dentro del contexto donde viven y trabajan. Los adultos tienen preguntas para las cuales necesitan respuestas. Están listos para poner las lecciones en práctica de inmediato.

En este capítulo queremos considerar cómo los programas de entrenamiento teológico pueden extender sus programas más allá de sus planteles. Veremos que tenemos una oportunidad única de servirles no sólo a nuestros egresados, sino también a los ministerios, los colegas y las comunidades de nuestros egresados. Miraremos una variedad de modelos que se han usado para ofrecer entrenamiento tanto informal como formal, incluso el que puede ofrecerse por Internet.

La educación por extensión no implica simplemente reproducir los cursos del seminario en ubicaciones por fuera del plantel del seminario. El desarrollo de un programa de extensión o de educación a distancia requiere el mismo proceso de planeación estratégica que cualquier otro programa nuevo que usted quisiera iniciar (capítulo 3). ¿El programa potencial de extensión es un reflejo de sus valores y una extensión lógica de su misión? ¿Están respondiendo a necesidades reales? ¿Tienen los recursos humanos y financieros para poder hacer esto sin perjudicar su programa de entrenamiento actual? Además, los programas de extensión deben construirse sobre los mismos fundamentos que el resto de su currículo (capítulo 6). Necesitan conocer qué es lo que saben las personas y qué es lo que necesitan saber, para luego desarrollar un plan creativo y factible para llevarlos desde donde se encuentra hasta donde deben estar.

La educación a distancia o por extensión

La educación a distancia no es un concepto nuevo. Las instituciones agrícolas desarrollaron los cursos por correspondencia hace más de 100 años. Muchas universidades tienen un plantel principal y planteles de extensión donde se enseña el mismo currículo. La Educación Teológica por Extensión se ha usado ampliamente desde que surgió en Centroamérica durante los años 1960. En los últimos 20 años ha habido una explosión de programas de grado, seminarios profesionales y talleres prácticos. Por ejemplo, los programas de Maestría en Artes ofrecidos por varias universidades británicas o americanas abundan en lugares como la India, Suráfrica o Europa Oriental.

Las universidades virtuales ofrecen entrenamiento basado en la web en casi cualquier tema y a una escala global.

El término "educación a distancia" indica la separación física entre el instructor y los estudiantes. Es así que los cursos por correspondencia o en línea se consideran educación a distancia. Cuando los maestros ofrecen sus clases normales por fuera del plantel como módulos, y cuando el maestro y los estudiantes se encuentran en el mismo lugar y a la misma hora, se conoce como educación "por extensión".

Sin embargo, la forma en que realmente llevamos a cabo la educación tiende a ser una mezcla más o menos complicada. Los estudiantes de medio tiempo toman cursos en el plantel y también como parte del programa de "extensión" que se ofrecen los fines de semana. Los estudiantes de tiempo completo pueden tomar cursos a distancia en línea mientras viven en el plantel y toman cursos tradicionales. Pareciera que la distancia que más importa es la distancia relacional que involucra el aprendizaje. Por ejemplo, si cuarenta estudiantes se matriculan en un curso universitario, la mayoría no interactuará socialmente con sus compañeros o con el profesor antes o después de la clase. Quizás tendrán 15-30 minutos con el profesor en su oficina una vez en el semestre. Apenas unos cuantos estudiantes extrovertidos (muchas veces sin mucho uso de razón) harán alguna clase de comentario durante la clase.

La interacción basada en Internet, sea en el plantel o fuera de él, puede realzar el aprendizaje. A todos se les pide contestar cuando un profesor asigna lecturas y preguntas para la reflexión. A medida que los estudiantes interactúan con las respuestas de los demás, llegan a conocerse bien. Por lo general es más fácil para los estudiantes interactuar con los profesores por e-mail que en persona. Los maestros muchas veces están disponibles más tiempo cuando dirigen módulos intensivos o cuando ofrecen cursos de fin de semana. Como están juntos con los estudiantes durante un tiempo específico, se construyen relaciones. Es posible que se pierda algo al estar lejos de la biblioteca, las actividades del plantel, o de los demás estudiantes y profesores. Pero se gana algo cuando les enseñamos a los estudiantes en su propio contexto y cuando usamos metodologías creativas y menos formales para reducir la distancia relacional que implica el aprendizaje.

Hay cuatro formas básicas de extender nuestros programas de entrenamiento. Comenzamos sirviéndoles a nuestros egresados y a sus colegas para animarlos en el ministerio. También nos extendemos cuando les servimos a las escuelas bíblicas y a los programas de entrenamiento donde trabajan nuestros egresados y de donde recibimos estudiantes; cuando respondemos a las necesidades de la comunidad evangélica a nuestro alrededor; y cuando ofrecemos nuestro currículo de diferentes maneras y en diferentes lugares.

Cómo extendernos en el servicio a nuestros egresados

El impacto más grande que puede tener cualquier institución de entrenamiento viene de las relaciones que ha desarrollado con sus estudiantes. La mayoría de nosotros no puede recordar muchas de las palabras que se dijeron durante nuestros años en la universidad. Pero todos podemos recordar a quienes tuvieron un impacto sobre nuestra vida. Esas personas nos formaron como personas y en la manera en que ministramos. Nos sentimos honrados cuando nuestros profesores nos siguen escribiendo, siguen preguntando por nosotros o siguen orando por nosotros.

Una de las personas que hizo esto para mí fue el Dr. Herbert Kane, quien enseñó durante muchos años en Trinity Evangelical Divinity School en Chicago. El Dr. Kane sabía mucho acerca de la iglesia en China y en otras partes del mundo. Como tenía interés en las iglesias dentro de ambientes comunista, tomé un curso de lectura individual con el Dr. Kane. Encontré que era una persona con recursos maravillosos. Después de que se jubiló de la enseñanza, descubrí que él oraba por mí todos los martes. Pocas veces me escribió, pero este devoto erudito internacional de hecho leía y releía mis cartas de oración antes de ponerme ante el trono de Dios cada martes por la mañana. Esto hace parte de ser un mentor de toda una vida. He tenido a muchos individuos parecidos a él que tomaron la iniciativa de mantenerse en contacto conmigo y con lo que hago. Atesoro estas relaciones porque me encantan sus consejos, su ánimo y sus oraciones.

Tenemos la misma oportunidad con los que vienen a estudiar con nosotros. Algunas de las relaciones que construiremos con nuestros estudiantes continuarán mucho más allá del tiempo que pasan en nuestras aulas. No necesariamente recordarán nuestras palabras así como nosotros no recordamos las palabras de nuestros maestros, pero nos recordarán a nosotros. Extendemos la influencia de nuestros programas de entrenamiento cuando construimos conscientemente relaciones de toda una vida con nuestros egresados.

El saber dónde y cómo están nuestros egresados, es algo más que alimento para las buenas relaciones públicas, aunque el éxito de nuestros egresados es probablemente la mejor ilustración de por qué vale la pena invertir en lo que estamos haciendo. Un estudiante en el Seminario Bíblico de la Alianza en las Filipinas alguna vez me comentó, "Estoy trabajando en un área de chabolas, y hasta el momento hemos logrado plantar siete iglesias". ¡Impresionante! ¡El ministerio del seminario no consistía en plantar iglesias en chabolas, pero *sí consistía* en equipar a quienes tienen este ministerio! Deberíamos descubrir y compartir las historias de lo que Dios está haciendo a través de nuestros estudiantes.

Como una manera de aprender más acerca de un seminario que visité en Zambia, le pedí a su rector que me contara acerca de sus egresados. Él miró hacia el techo y luego me contó de memoria acerca de cada uno de sus 73 egresados, dónde estaban y cómo estaban. Él se preocupaba por ellos y trabajaba por mantener el contacto. No era sorprendente aprender que la institución había desarrollado una variedad de actividades cada año para alcanzar a estos egresados.

¿Cómo podemos animar a nuestros egresados como personas y en sus ministerios? Podemos imitar al Apóstol Pablo que se mantuvo en contacto con sus iglesias mediante visitas ocasionales, cartas y oraciones. Quizá esto parece algo que va más allá del "llamado del deber" para nuestros maestros ocupados. Está bien. Pero si quieren extender la influencia de su programa, tendrán que darles a sus maestros tiempo y un mandato de seguir en contacto con sus estudiantes. Una buena parte de esto puede hacerse por correo electrónico, aunque es bueno visitarlos de vez en cuando. Recientemente estuve con el director de una institución de entrenamiento misionero en Suráfrica. Él visita a cada uno de sus egresados en sus lugares de servicio al menos una vez cada dos años. Mientras está con ellos, también facilita reuniones de líderes en la región para cursos cortos de actualización.

También puede ser bueno encontrar ocasiones para que los egresados visiten la institución. Nuestro apoyo a nuestros egresados debería incluir ofrecerles algo para lo cual somos buenos: entrenamiento educativo. A medida que aprende acerca de sus necesidades, puede diseñar seminarios o cursos que respondan a esas necesidades. Podría invitar a todos sus ex-alumnos a "casa" una vez al año para cursos de repaso, o para actualizarlos con respecto a desarrollos en el ministerio. Quizás debería contemplar la posibilidad de desarrollar entrenamiento de nivel superior (como un programa completo por extensión o como cursos modulares individuales) al nivel de maestría o de doctorado para seguir equipándolos para los asuntos específicos que enfrentan.

La mayoría de los maestros les dicen a sus estudiantes en clase: "En este momento no entenderán esto, pero llegará el día en que esto les será de mucha importancia". Cuando ese día por fin llega, es bueno estar a su disposición. También encontrarán muchas situaciones para las cuales no recibieron ningún entrenamiento específico. Buscarán la ayuda y el consejo de quienes ya han sido sus maestros. Nuestro programa de extensión principal consiste en servirles a ellos.

Cómo extendernos en el servicio a otras instituciones de entrenamiento

Todo seminario es una institución que planta seminarios. Es probable que la mayoría de nuestros estudiantes enseñen en escuelas bíblicas ya existentes o que inicien programas de entrenamiento en sus iglesias o sus áreas. Cada uno de estos esfuerzos de entrenamiento será funcionalmente una extensión de nuestro programa. Como nuestros estudiantes han recibido enseñanza en presencia de tantos testigos, ahora ellos les enseñan a quienes también tienen la capacidad de enseñarles a otros (2 Timoteo 2:2). Nuestros estudiantes inevitablemente replicarán lo que han aprendido de nosotros, incluyendo las metodologías que usamos para enseñarles.

Durante los difíciles años 1980 en Etiopía, el Colegio Evangélico Teológico de Addis Ababa funcionó esencialmente como una Escuela Bíblica clandestina. Después de más o menos diez años, pudieron mudarse a una nueva ubicación bajo el auspicio de la Iglesia Evangélica Internacional. En la inauguración de nuevos edificios para la iglesia y el seminario, ofrecieron un taller para las diferentes escuelas bíblicas en Etiopía. Descubrieron que habían sido la institución madre para casi treinta escuelas bíblicas más. A medida que sus estudiantes se graduaban y comenzaban a trabajar en áreas donde no había entrenamiento, muchos comenzaron nuevos programas de entrenamiento.

Esto tiene dos implicaciones importantes. La primera es un asunto curricular. Si la mayoría de nuestros egresados se están convirtiendo en profesores, o están dirigiendo instituciones de entrenamiento, debemos prepararlos para estos roles. A medida que entendemos lo que necesitan saber y saber hacer nuestros egresados, debemos incluir un entrenamiento práctico para profesores y asuntos de administración educativa en el currículo. La segunda implicación se relaciona con la educación por extensión. Necesitamos entender que estamos en una posición única para influir en un número fenomenal de programas de entrenamiento para el liderazgo, incluyendo muchos programas en comunidades rurales. La forma en que respondemos a esta oportunidad es un aspecto importante de la extensión de nuestro propio entrenamiento.

Puede ser culpa nuestra que no se hayan construido puentes entre los distintos niveles de entrenamiento, especialmente cuando los pastores a los que les hemos otorgado títulos formales comienzan a mirar con desprecio los programas de entrenamiento de más bajo nivel o de educación-por-extensión. El único entrenamiento "real" que conocen es el que ellos mismos han experimentado. Los líderes de los programas de "bajo nivel" sienten esto. Presenté un taller en un país africano y me llevé la impresión de que recibir la asignación de enseñar en uno de sus programas de menor nivel se percibe como una clase de castigo eclesiástico. Ellos sentían fuertemente que sólo se honraba a quienes enseñaban en sus institutos de nivel superior.

Esto está mal. Para equipar a todo el pueblo de Dios para las obras de servicio se requiere una variedad de opciones de entrenamiento de calidad en varios niveles distintos. Extendemos nuestro programa de entrenamiento y nuestra influencia con otros programas de entrenamiento al presentarles a nuestros estudiantes actuales la teoría del equipamiento y la educación, para luego involucrarlos para que reciban experiencia en el entrenamiento en el mundo real. Necesitamos "maestros descalzos" como los que tuvieron los chinos durante los primeros años de la Revolución China. A los estudiantes universitarios se les enviaba a regiones rurales para alfabetizar y enseñar cuidados básicos en salud. Al exponer a nuestros estudiantes a una variedad de situaciones de enseñanza, nuestros estudiantes adquirirán una visión para la enseñanza además de las habilidades necesarias para responderles a las necesidades de entrenamiento de las personas a las que servirán después de graduarse. Deberíamos ayudarlos a saber cómo desarrollar y usar un currículo de entrenamiento en las iglesias locales y a adquirir experiencia en el entrenamiento de profesores y la administración de programas. También puede ser una buena idea requerir que su facultad enseñe ocasionalmente en diferentes niveles y en diferentes ambientes de enseñanza, no sea que pierdan su propio entendimiento de lo que implica equipar a todo el pueblo de Dios para el ministerio.

No debería ser su meta adquirir un imperio educativo, donde funcionalmente operan una serie de escuelas de "extensión" de más bajo nivel. Nuestro deseo es buscar la calidad en el entrenamiento, y no controlar las muchas maneras distintas en las que se lleva a cabo el entrenamiento. Podemos ayudar a otros proveyéndoles maestros a corto plazo, o mediante seminarios acerca del entrenamiento de maestros, el desarrollo de currículos o la administración. Pero por el sólo hecho de entrar en sociedad con ellos no deberíamos convertirnos en sus propietarios.

Vale la pena recordar que muchos de nuestros estudiantes pueden haber surgido de estos programas de entrenamiento de menor nivel. Estamos invirtiendo en la calidad de nuestros propios estudiantes futuros a medida que trabajamos para mejorar la calidad de las instituciones de entrenamiento de las cuales provienen.

Nuestra influencia debería extenderse también a los programas de educación teológica por extensión. Lo mejor de la educación adulta puede encontrarse en buenos programas de ETE, donde las personas activamente involucradas en el ministerio se reúnen periódicamente con un facilitador integrado para discutir la integración y la aplicación de lo que han aprendido mediante el estudio de sus textos bien escritos para el programa. Esta puede ser una forma maravillosa de aprender. Sin embargo, los pocos buenos materiales programados que existen han sido desarrollados mayormente por especialistas en estudios educativos y la mayoría de los buenos grupos de estudio son dirigidos por expertos entrenados en el extranjero. Después de algunos años la mayoría de los maestros de ETE tienden a convertirse en conferenciantes y no facilitadores. Además, hay pocos recursos bibliotecarios disponibles para que los estudiantes puedan enriquecer su entendimiento de lo que aprenden. Ninguno de los que se gradúan de un programa ETE sabe cómo escribir materiales de ETE, y el currículo de ETE por lo general no está integrado con ninguna otra clase de entrenamiento.

La educación teológica por extensión es una idea educativa en la cual vale la pena invertir. Sus estudiantes (y su profesorado) necesitan adquirir la habilidad de aprender mediante la formulación de preguntas para ayudarles a aplicar los materiales que estudian por sí solos. Quizás querrán estructurar algunas de sus clases en el plantel con metodologías de aprendizaje para adultos usadas por ETE para que sus estudiantes puedan apreciar esto como una forma excelente de aprendizaje y para que puedan enseñarles a otros así como ellos aprendieron. También podemos ayudarles a nuestros estudiantes a entender la filosofía educativa y las técnicas que se requieren para la escritura de este tipo de textos. Otro seminario de extensión que se podría ofrecer se relacionaría con el dominio de las habilidades como facilitador que permiten el buen funcionamiento de la ETE. También podremos servirles a varios programas de entrenamiento de más bajo nivel, incluyendo a la ETE, ayudando a desarrollar centros de estudios regionales en las iglesias con bibliotecas funcionales básicas que incluyan, de ser posible, libros en CD-ROM y acceso a Internet.

A medida que se conviertan en madre de varios buenos programas de entrenamiento en una variedad de niveles, de vez en cuando querrán traerlos a todos "a casa". Si han usado buenos modelos de entrenamiento, y continúan teniendo un impacto y una influencia regional sobre la realización del entrenamiento teológico, sus egresados y todos los que se han beneficiado de su ayuda querrán participar de sus consultas y talleres que tratan de los asuntos prácticos e importantes del entrenamiento.

Cómo extendernos mediante el servicio a las iglesias y a la comunidad

El ministerio de las instituciones de entrenamiento teológico debería ser una extensión de la iglesia local. Sin embargo, no satisfaremos muchas necesidades al simplemente ofrecer cursos de nuestro currículo en el contexto de la iglesia local. La buena enseñanza siempre se relaciona con el contexto específico. Como todos los demás aspectos del diseño curricular, a medida que obtenemos un mejor entendimiento o perfil de aquellos a quienes intentamos servir en nuestros esfuerzos de extensión, les ofreceremos algo que les será de utilidad real. ¿Quiénes son nuestros estudiantes? ¿Qué saben o saben hacer, y qué necesitan saber o saber hacer?

No es sabio decidir lo que los demás necesitan. Uno necesita escuchar a las iglesias locales y a los líderes cristianos para entender qué es lo que quieren y para ver qué es lo que ya están haciendo. Sólo cuando sabemos algo acerca de sus necesidades y realidades podemos dialogar con ellos de una manera inteligente acerca de cómo nuestros recursos, nuestra experiencia y nuestro programa podría servirles a sus iglesias u organizaciones.

En el capítulo 6 mencionamos a tres instituciones en el Líbano que escribieron de nuevo su currículo con base en el perfil de ingreso de sus estudiantes y el perfil de salida que deseaban ver en sus egresados. Como el entrenamiento en discipulado que se ofrecía en el primer año del currículo podía serle de utilidad a cualquier cristiano, los cursos no sólo se enseñaban en el plantel, sino también en las iglesias locales. Estaban diseñadas para que pudieran ofrecerse en casi cualquier lugar del mundo árabe, usando materiales por correspondencia o facilitadores de grupos pequeños. También podían ser enseñados por profesores visitantes en seminarios modulares o cursos nocturnos en las iglesias además de las clases de todo el semestre en cualquiera de las tres instituciones bíblicas.

Algunos de los cursos del segundo año para el desarrollo del liderazgo laico también se ofrecían en iglesias, y los maestros eran los líderes de la iglesia local. Sólo los últimos dos años de la licenciatura en Teología, diseñados para equipar a los pastores y al liderazgo denominacional, no se enseñaban en centros de extensión, sino en las tres instituciones colaboradoras, que usaban sus propios maestros o personas calificadas para enseñar estos temas en ese nivel.

Hay muchas formas de extender los programas de entrenamiento a las iglesias y a la comunidad. Esto puede ser tan simple como permitirles a los pastores locales usar la biblioteca, o usar a los maestros de la institución para ofrecer seminarios o talleres que responden a las necesidades sentidas específicas. Podrían ofrecerse conferencias o consultas a las que se invitan a las iglesias locales y a los líderes cristianos. Un seminario que ha hecho esto bien es SETECA (El Seminario Teológico Centroamericano) en la Ciudad de Guatemala, Guatemala. Además de los programas para títulos que se ofrecen de muchas maneras creativas, cada lunes, hasta 600 pastores vienen al plantel para recibir conferencias prácticas de parte del profesorado o de invitados especiales que tratan temas de relevancia para los ministerios locales. Los sábados se enfocan en los distintos ministerios de la iglesia. Un sábado por mes, los profesores de escuela dominical de diferentes denominaciones se reúnen para recibir clases maestras acerca de la metodología o el trasfondo de los materiales usados para enseñar a niños y adultos. Otros sábados están diseñados para los líderes de ministerios juveniles, ministerios para mujeres o para quienes sirven en la adoración y la música. SETECA también ofrece conferencias y semanas especiales de énfasis espiritual cada año, y siempre invita a la comunidad.

Estas cosas no sólo llenan una necesidad, también son buenas relaciones públicas. Las formas creativas de extensión de su programa fortalecen sus relaciones con aquellos que los consideran como su institución. Su confianza se incrementa cuando escuchan predicar y enseñar al profesorado y a los estudiantes. Usted retiene su credibilidad y su apoyo continuo cuando ellos escuchan su teología, sienten su pasión y observan sus vidas. También podrán entender mejor el mundo de sus estudiantes y las necesidades de las iglesias cuando ustedes mismos ministran dentro de ese mundo.

Cómo extendernos de manera formal

Esto es lo que la mayoría de las instituciones entienden como estudios por extensión, aunque es importante tener consciencia de cómo se extiende una institución de entrenamiento para el liderazgo cuando alcanza conscientemente a sus egresados, a otras instituciones de entrenamiento y a las iglesias y comunidades. En los estudios por extensión formales, hay muchas formas en las cuales las instituciones bíblicas y los seminarios ofrecen sus programas de pre- y posgrado más allá de lo que se hace en un ambiente tradicional de plantel educativo. Examinaremos siete modelos para hacer esto.

1. Centros de estudio por extensión

Algunas instituciones ofrecen cursos por extensión en las iglesias locales. Trinity Evangelical Divinity School en Chicago ofrece cursos para obtener crédito académico en iglesias en Wisconsin e Indiana. Otros programas de entrenamiento han creado planteles completamente nuevos, como Gordon-Conwell Theological Seminary en Massachusetts con planteles de extensión en Charlotte, Carolina del Norte y Orlando, Florida. El Seminario Teológico Evangélico en Osijek, Croacia, que durante muchos años era el único programa de entrenamiento residencial en Europa Oriental, ofreció sus cursos en iglesias claves ubicadas en países en toda la región. Algunos programas de entrenamiento ofrecen sus títulos en los planteles de otros programas de entrenamiento. Dallas Theological Seminary opera una extensión en español de su programa de Doctorado en el Ministerio por medio de SETECA en

Guatemala. Algunos programas de extensión se han creado para suplir necesidades específicas. Durante muchos años la Escuela Superior Evangélica de Teología de Nairobi (NEGST) en Kenya, coordinó una extensión a distancia de su programa de diplomado para refugiados de Ruanda en Goma, Zaire. El Seminario Bíblico de Colombia en Medellín ofrece clases para prisioneros en una institución de alta seguridad. Todos estos son programas de extensión formal, cursos ofrecidos que se ofrecen para recibir crédito académico desde una base administrativa.

2. El estudio por horas y por créditos

La mayoría de las instituciones de entrenamiento teológico permiten que los estudiantes estudien por horas, y trabajen lentamente con miras a obtener un título. Los estudiantes por horas a veces estudian al lado de los estudiantes de tiempo completo en el programa normal de estudios. Otras veces, las escuelas bíblicas o los seminarios ofrecen una semana de clases en un sólo día, como por ejemplo un lunes o un sábado. Algunos programas diurnos ofrecen algunas de sus clases en modalidad nocturna y las abren a la comunidad. En Brasil, donde la mayoría del entrenamiento superior se hace de noche, algunos seminarios también ofrecen clases diurnas. Todos estos cursos de extensión pueden enseñarse en el plantel o fuera de él.

3. Los cursos modulares intensivos

Estos por lo general están diseñados para personas que ya están involucradas en el ministerio de tiempo completo, aunque también pueden usarse para aprovechar conferencistas visitantes de calidad. Sólo se tratará un tema, y los módulos muchas veces se enseñarán durante las vacaciones. La mayoría de las lecturas para el curso deberían hacerse antes del módulo para que, como la buena instrucción ETE, no sea necesario usar el tiempo de clases fundamentalmente en presentaciones magistrales, sino en interacción con un experto que puede ayudar con la integración y la aplicación de lo aprendido. Estos módulos pueden ofrecerse en cualquier parte, incluso en el mismo plantel.

4. La educación de pre- y posgrado por extensión

La red TAFTEE, basada en Bangalore, India, tiene alrededor de 7,000 estudiantes enrolados en centros a lo largo y ancho de la India. TAFTEE ofrece títulos acreditados desde el nivel de certificado hasta el de doctorado. Han desarrollado y probado con excelencia más de cuarenta textos teológicos en varios de los idiomas principales de la India. Los estudiantes estudian solos, y luego se reúnen en grupos con una de las casi 900 personas que sirven como mentores. El Programa Árabe de Educación Teológica por Extensión (PTEE), basado en Amán, Jordán, usa tutores entrenados con materiales bien probados para ofrecer entrenamiento de pre- y posgrado no sólo en el Medio Oriente y el Norte de África, sino también en cualquier otro lugar donde existan grupos de cristianos de habla árabe que quieran estudiar.

5. *Los centros de investigación*

Hay programas de entrenamiento de maestría y doctorado que se ofrecen mediante una combinación de entrenamiento modular e investigación individual. Hay un plantel con profesorado y biblioteca, y se requiere que los estudiantes pasen una semana o dos por año en el plantel para trabajar con sus mentores y para participar en seminarios ocasionales. Algunos estudiantes deciden pasar períodos de tiempo significativos en el plantel para su estudio personal, aunque como los títulos se basan mayormente en la investigación, la mayoría de los estudiantes trabajan en otros lugares y se mantienen en contacto con sus mentores por medio del correo electrónico.

Algunos ejemplos de centros de estudios son el Centro Akrofi-Christallar en Ghana, el Centro Oxford para Estudios Misioneros en el Reino Unido, la Facultad de Teología Evangélica en Bélgica y la Universidad Chancellor en Malawi.

6. *Estudios independientes o por correspondencia*

Pocos programas de entrenamiento teológico querrán que sus programas de pre- y posgrado están disponibles completamente por correspondencia, aunque esto es lo que hace la Universidad de Suráfrica (UNISA) en Pretoria, donde alrededor de 200,000 estudiantes reciben dirección en sus estudios por parte de mentores a larga distancia por medio de materiales impresos. Como el estudio por correspondencia tiende a enfocarse casi exclusivamente en el contenido, esta metodología puede usarse efectivamente para los cursos que requieren el dominio de verdades generales o básicas. Tradicionalmente, los estudios por correspondencia han usado textos impresos, suplementados con videos o cintas de casete. De acuerdo con una publicación en línea de Doug Valentine de la Universidad de Oklahoma, "China usa un sistema de difusión de radio y televisión para servirle a 1.5 millones de estudiantes, dos tercios de los cuales se encuentran estudiando un programa universitario."[1] El estudio por correspondencia se está haciendo cada vez más en línea haciendo uso de Internet o mediante CDs interactivos.

El estudio por correspondencia puede ser una buena manera en que algunos estudiantes podrán reducir la cantidad de tiempo que necesitan pasar en el plantel. Cada currículo tiene cursos básicos que no requieren de mayor adaptación a los asuntos culturales o a las necesidades específicas de los estudiantes individuales. Estos pueden desarrollarse como cursos de estudio independiente, aunque no tendrán efectividad si sólo son "cabezas parlantes" usando videos de presentaciones magistrales en clase. Por otro lado, los computadores tienen paciencia infinita y pueden ofrecer ejercicios prácticos repetidas veces para estar seguros que los estudiantes dominan bien los materiales. Los cursos, con sus ejercicios, exámenes y lecturas asignadas, pueden ponerse en CD para que los individuos los utilicen en cualquier lugar donde tengan acceso a un computador. Los estudiantes también pueden bajar cursos dondequiera que tengan acceso a una conexión de Internet de banda ancha. Aunque sea necesario encontrar apoyo tecnológico localmente, los maestros están disponibles por medio del correo electrónico.

Un grupo de estudiantes podría trabajar sobre los materiales de estudio independiente en conjunto y bajo la dirección de un facilitador entrenado, como sucede con los programas ETE. Quizás se podría construir un centro de entrenamiento para grupos de estudiantes en los laboratorios de informática que estén disponibles. Pueden realizarse seminarios basados en la investigación bajo la dirección de un profesor con conocimientos de Internet que reunirá las contribuciones "hiladas" de los estudiantes que trabajan en varias ubicaciones distintas.

Cada institución no necesita sus propios expertos que produzcan materiales independientes de estudio o cursos electrónicos, pues otros ya han desarrollado muchos cursos de calidad. La adaptación o el uso de estos cursos como parte del currículo general puede ser una manera efectiva de ofrecer

---

1. Doug Valentine, "Distance Learning: Promises, Problems and Possibilities," *Journal of Distance Learning Administration* 5, no. 3 (Otoño 2002), 2.

cursos de extensión que otorguen crédito. Sin embargo, la administración o la enseñanza de cursos de extensión basados en el Internet es una habilidad que requiere de un entrenamiento especial. He puesto una lista de recursos y ejemplos de cursos de entrenamiento basados en la red al final del capítulo.

Tristemente, la tecnología no ha llegado a la mayoría de las aulas de clase. Muchos maestros no saben cómo aprovechar los computadores, el video, el PowerPoint u otros recursos electrónicos para realizar lo que siempre han hecho. Muchos no saben cómo diseñar tareas que les ayudarán a los estudiantes a distinguir entre las cosas buenas y las cosas malas de la gran cantidad de información que hay disponible en el Internet. Es importante ayudarle a nuestro profesorado a saber cómo incorporar las herramientas de la tecnología de información a todos los niveles del entrenamiento, incluyendo nuestros programas de extensión.

7. *El Internet o los seminarios virtuales*

Algunos defensores entusiastas del aprendizaje electrónico argumentan que ya no se necesitan miles de seminarios y escuelas bíblicas costosas alrededor del mundo. Todo lo que se requiere es un currículo global amigable para el entrenamiento del liderazgo, que use tecnologías interactivas y multimedia, y donde el contenido se base en lo que enseñan algunos de los mejores maestros del mundo. Ya existen muchos paquetes de entrenamiento así. Ya hemos notado que las herramientas electrónicas pueden realzar la calidad de la instrucción tanto en las aulas de clase tradicionales como en los programas de entrenamiento por extensión. Sin embargo, un seminario virtual, como un paquete electrónico completo de entrenamiento teológico, se construye con base en cuatro suposiciones cuestionables:

1. Que los paquetes globales con tecnología y maestros de talla global son mejores que lo que se puede hacer localmente. Las soluciones genéricas no constituyen la mejor manera de entrenar a las personas. Esta no es una crítica a las herramientas electrónicas, sino una creencia acerca de la naturaleza del currículo. La excelencia en la educación comienza con personas reales que están siendo equipadas para ministerios reales. A medida que los profesores conocen a sus estudiantes, pueden adaptar los recursos disponibles para ayudarles a sus estudiantes en su crecimiento.

2. *Que el carácter o las habilidades ministeriales pueden desarrollarse haciendo uso únicamente de la tecnología.* Las preguntas genéricas pueden animar la reflexión individual acerca de las disciplinas espirituales personales, los hábitos o los asuntos éticos. Sin embargo, para poner las ideas, las convicciones y las habilidades en práctica en la vida diaria, se necesitan mentores y una comunidad ante la cual la persona es responsable. Además, la predicación bíblica no se ve igual en Singapur, Lusaka o Buenos Aires. Los cambios de vida requieren más que historias y preguntas, así como el dominio de las habilidades ministeriales requiere más que clips de video de grandes predicadores. Los estudiantes necesitan experiencias prácticas y supervisadas.

3. *Que los estudiantes (y sus profesores) están listos y dispuestos a usar la tecnología.* Se necesitan ciertas habilidades para enseñar y aprender usando el Internet. Aunque la calidad de los materiales electrónicos va mejorando, para desarrollar cursos para Internet se necesita mucho más que la simple descarga de notas de clase y tareas. Así como lo han descubierto quienes han intentado enseñar usando Internet, los maestros y los estudiantes por lo general necesitan mucha orientación y asistencia técnica para que esta clase de entrenamiento funcione.

4. *Que los equipos existen y que los costos de operación se pueden manejar.* Puede ser más económico organizar un laboratorio de computación que un plantel universitario completo, pero los seminarios virtuales no son baratos desde ningún punto de vista. La gran mayoría de los cursos en CD no son gratuitos. Los computadores también son caros y tienden a gastarse rápidamente en el calor, el polvo y la humedad. Requieren soporte técnico continuo. Las líneas eléctricas y de teléfono pueden no ser confiables. El Internet de banda ancha puede o bien ser demasiado caro o incluso inasequible para muchos estudiantes individuales.

Las personas que usan la educación virtual han escrito mucho acerca de las "mejores prácticas" para su uso. Se están resolviendo los problemas relacionados con muchos de los asuntos antes mencionados. El Dr. Rich Starcher, un consultor educativo con la Iglesia Libre Evangélica, notó que la mayoría de las instituciones que entregan cursos en línea de calidad lo hacen como parte de un programa de estudio total (correo electrónico personal, 5 de septiembre de 2006). Esta es una buena noticia. Los laboratorios de computadores no reemplazarán las aulas de clase así como la tecnología no puede reemplazar a los maestros. De igual manera, la buena educación requiere del uso de una variedad de metodologías de aprendizaje, las cuales incluyen la tecnología. El estudio electrónico realzará nuestros esfuerzos de entrenamiento de muchas maneras distintas, especialmente a medida que lo integremos en el paquete mayor de las cosas buenas que ya estamos haciendo para equipar efectivamente a personas reales para el ministerio.

Por qué puede fracasar la educación por extensión

1. Cuando no encaja localmente. Muchos programas de extensión los han desarrollado (y financiado) personas de Occidente que pueden o no haber investigado las necesidades locales. Varios esfuerzos de educación por extensión murieron pues los cursos que se ofrecían eran simplemente traducciones tomadas de otros contextos con pocas pruebas o ninguna prueba de campo.

2. Cuando ya existe demasiado. Las personas que crean nuevos programas a menudo parecen no tener conciencia de la existencia de otros programas. De manera alterna, se consideran tan únicos o superiores que deciden no cooperar con o construir sobre las estructuras o programas de entrenamiento que ya existen. Sus esfuerzos se enfocan en crear un mercado para ellos mismos como una alternativa mejor. Esto no siempre funciona.

3. Cuando hay una falta de propiedad local. Sin el apoyo de las iglesias locales u organizaciones cristianas desde el inicio, la mayoría de los programas no funcionarán bien.

4. Cuando no se contaron los costos. Se requiere de tiempo, energía y financiación para poder crear y administrar apropiadamente un programa viable, incluso uno electrónico. Un programa que funciona bien probablemente ha invertido la misma cantidad de tiempo en desarrollar mentores para los cursos y una red de facilitadores que el que invirtió en el desarrollo de los cursos.

5. Cuando faltan recursos bibliográficos, especialmente en los idiomas locales. La mayoría de los centros de extensión no poseen ni siquiera las bibliotecas más mínimas necesarias para el estudio. Esto a menudo es un problema aun más crítico para el estudio por correspondencia o individual.

Como mínimo, los estudiantes necesitan desarrollar una biblioteca personal de trabajo y aprender a utilizar los libros (y no sólo las notas de clase y los bosquejos) para su propio crecimiento continuo. La adquisición de una biblioteca de trabajo es especialmente importante en una cultura donde no existen bibliotecas comunitarias y librerías.

Conclusiones

La experiencia nos ha demostrado que las metodologías educativas pueden adaptarse para casi cualquier contexto. Debemos ser creativos y desarrollar muchas formas y opciones para extenderles nuestros programas y nuestra influencia a nuestros egresados, sus iglesias y la comunidad en general. A medida que respondemos a las diferentes necesidades, nuestros cursos pueden o no otorgar títulos. Las instituciones de entrenamiento teológico también tienen una oportunidad única de servir como centros de recursos, especialmente para animar y equipar a otros programas de entrenamiento. El entrenamiento por extensión excelente será relacional, pragmático y contextual. Sin embargo, no todos los esfuerzos de extensión tendrán éxito. Es aceptable intentar cosas que pueden no funcionar. Pero aprendamos también de la experiencia para que nuestros esfuerzos de extensión puedan servirles a muchas personas.

Preguntas de discusión en cuanto a su entrenamiento por extensión

1. ¿Qué están haciendo para extender sus programas y sus recursos con el fin de servirles a sus egresados?
2. Haga una lista de todas las escuelas bíblicas o seminarios de los cuales han recibido estudiantes o en los cuales están sirviendo sus egresados. ¿Cómo podrían ayudar a fortalecer estos programas de entrenamiento?
3. ¿Cómo podrían ayudar a animar programas de entrenamiento de más bajo nivel, como ETE o esfuerzos de entrenamiento de la iglesia local? ¿Estarían abiertos a que ustedes trabajen con ellos para escribir o revisar sus materiales curriculares? ¿Podrían ofrecer seminarios para entrenar a sus profesores o administradores?

4. ¿De qué manera podrían extender su programa y sus recursos para responder ante las necesidades prácticas de las iglesias y sus líderes en el área a su alrededor?
5. ¿Cuáles de las formas formales de extender su programa de pre- o posgrado han intentado ya? ¿Con qué grado de éxito? ¿Qué intentarían (o intentarían de nuevo), y qué les costaría en tiempo, personal y finanzas llevar esto a cabo?
6. ¿Hasta qué punto han integrado efectivamente las herramientas electrónicas de aprendizaje a la forma en que enseñan? ¿Cómo pueden equipar al personal para que hagan mejor uso de las muchas herramientas disponibles?

Sitios web que tratan de la educación electrónica a distancia

http://www.ed.psu.edu/acsde/ - Un índice de Penn State University que hace una lista de las organizaciones globales que trabajan con educación a distancia, incluyendo materiales, publicaciones, acreditación, etc.

http://accessweb.org/ - ACCESS (Asociación de Escuelas y Seminarios de Educación Cristiana Continua).

http://www.bild.org/ - BILD es una organización creativa comprometida filosóficamente con el desarrollo de materiales y programas para la educación teológica basada en iglesias (C-BTE) a nivel global.

http://www.christiancourses.com (o //cc.christiancourses.com/) Antes Christian University Global Net. Hay una lista de los cursos de educación en línea y otros recursos digitales, los cuales se encuentran disponibles en una variedad de medios, incluyendo Internet, CD-ROM y DVD.

http://www.teenet.net/ - TEENET es una red global de educación contextual, basada en la comunidad y abierta que le ayuda a la iglesia nativa mediante formatos incluyendo la educación a distancia, la educación teológica por extensión, y el aprendizaje diversificado.

Sugerencias de lectura

Bates, A. W. y Gary Poole. *Effective Teaching with Technology in Higher Education*. San Francisco: Jossey-Bass, 2003.

Cyrs, Thomas E. "Competence in Teaching at a Distance." *New Direction in Teaching and Learning* 71 (Otoño, 1997), pp. 15-18.

Derlin, Roberta L. y Edward Erazo. "Distance Learning and the Digital Library: Transforming the Library into an Information Center." *New Directions for Adult and Continuing Education* 71 (Otoño, 1997).

Dreyfus, Hubert L. "How Far is Distance Learning from Education?" En capítulo 2 de *On the Internet*, editado por Hubert L. Dreyfus. New York: Routledge, 2001.

Goodson, Carolyn. *Providing Library Services for Distance Education Students*. New York: Neal-Schuman, 2001.

Herrman, Allan, Robert Fax y Anna Boyd. "Unintended Effects in Using Learning Technologies." *New Directions for Adult and Continuing Education* 88 (Invierno, 2000), pp. 39-48.

Merriam, Sharan B. y Rosemary S. Caffarella. *Learning in Adulthood: A Comprehensive Guide*. 2nd ed. San Francisco: Jossey-Bass. 1999.

Mood, Terry Ann. *Distance Education: An Annotated Bibliography*. Englewood, CO: Libraries Unlimited, 1995.

Olgren, Christine H. "Learning Strategies for Learning Technologies." *New Directions for Teaching and Learning* 88 (Invierno, 2000), pp. 7-16.

Palloff, Rena M y Keith Pratt. *Lessons from the Cyberspace Classroom: The Realities of Online Teaching*. San Francisco: Jossey-Bass, 2001.

Snook, Stewart G. *Developing Leadership through Theological Education by Extension: Case Studies from Africa*. Wheaton: Billy Graham Center, 1992.

"Theological Education by Extension and Technology: A Report on an international consultation held at Vancouver School of Theology," Junio 2-6, 1997. *Ministerial Formation* (Abril de 1998), pp. 17-26.

Valentine, Doug. "Distance Learning: Promises, Problems and Possibilities." Publicado en línea en *Journal of Distance Learning Administration* 5, no. 3 (Otoño, 2002).

Western Cooperative for Educational Telecommunications. "Best Practice for Electronically Offered Degree and Certificate Programs." Un documento desarrollado por ocho asociaciones de acreditación regional en EEUU. El documento puede encontrarse en https://wcet.info/services/publications/accreditation/accrediting_bestPractices.pdf#search=%22wiche%20best%20practices%20.

12

La excelencia en la evaluación y la renovación

La transformación y renovación de la organización se encuentra en cada etapa de la vida de una institución excelente de entrenamiento. La evaluación se estructura como parte de la vida continua de cada aspecto del programa. Una parte importante de la renovación consiste en hacer parte de una red más amplia y aprender de los demás.

El valor total de una buena educación no es algo que se puede cuantificar con facilidad, como tampoco puede demostrarse con facilidad qué pieza del programa de entrenamiento contribuyó en realidad al éxito de alguno de nuestros egresados. ¿Cómo podemos tomarnos el crédito por lo que hizo el Espíritu de Dios en medio nuestro? Por otro lado, ¿cómo sabemos que no hemos estado malgastando nuestro tiempo y recursos en nuestros esfuerzos educativos, considerando especialmente que el impacto primordial de nuestro entrenamiento proviene de los elementos intangibles de nuestro ambiente de entrenamiento y de las relaciones?

Muchas veces resulta más sencillo mostrar dónde hemos fallado que identificar lo que hemos hecho para tener éxito, pero incluso en el fracaso no siempre resulta claro dónde estuvo el error. Un número preocupante de estudiantes logra pasar a través de los sistemas de educación pública en Norteamérica sin adquirir siquiera unos conocimientos y unas habilidades básicas, y en algunos casos, cuando se gradúan siguen siendo funcionalmente analfabetas. Las evaluaciones estandarizadas demuestran claramente que *sí existe* un problema, pero resulta complicado desarrollar soluciones pues puede haber varias razones para el fracaso, las cuales incluyen un currículo pobre, malos estudiantes, pocos profesores, profesores que no saben cómo enseñar, o instalaciones inadecuadas.

No podemos decir que tenemos éxito si nuestro programa cuidadosamente elaborado y personal bien contratado ha estado entrenando a las personas equivocadas. Tampoco podemos sentir que tenemos éxito cuando nuestros egresados fracasan en su ministerio pues no fueron entrenados en las cosas correctas. No queremos convertirnos en guarderías para adultos ni en campos de refugiados patrocinados por becas, proveyendo hospedaje, alimentación, cuidado médico y diplomas gratuitos para personas que en realidad no tenían nada mejor que hacer.

Tampoco podemos afirmar nuestra excelencia si nuestro currículo invisible triunfó sobre cualquier otra cosa que creamos haber logrado. Un currículo puede ser maravillosamente contextual, estar acreditado apropiadamente y con estudiantes que demuestran su inteligencia en todas las pruebas estandarizadas, pero no nos ha ido bien si producimos una elite arrogante en lugar de líderes cristianos piadosos que trabajan como siervos en su comunidad. Tampoco hemos tenido éxito si como resultado de nuestros esfuerzos hemos contribuido a la multiplicación innecesaria de opciones de entrenamiento pues cada uno de nuestros egresados funda su propia institución nueva en lugar de animar la calidad de los esfuerzos de entrenamiento existentes en la región.

En este capítulo queremos mirar asuntos de renovación y evaluación. ¿Cómo puede discernirse el impacto de una institución de entrenamiento para que sea más efectiva? ¿Cómo pueden renovarse los equipos académicos y administrativos? Y, ¿cómo podemos convertirnos en una comunidad de aprendizaje que se renueva a sí misma?

¿Vale la pena invertir el tiempo y el dinero?

Gran parte de lo que hacemos no es perfecto. Los estudiantes no se acordarán de la mayor parte de lo que se dijo en el salón de clase. No todos tendrán éxito en su ministerio. Las vidas del profesorado no son siempre ilustraciones consistentes de lo que enseñan. Ocurren malos entendidos dentro de la comunidad educativa. El contenido de cada materia podría estar más al día. Las clases podrían organizarse mejor y enseñarse con una mejor pedagogía.

La evaluación y la renovación han sido temas que hemos tratado a lo largo de este libro. Afirmamos de nuevo que la excelencia no implica la perfección. Pero para poder evaluar nuestra excelencia debemos revisar lo que nos proponíamos hacer. Quienes no han tenido una meta específica no tienen forma de afirmar si lograron algo o no.

La evaluación es una parte esencial de todo plan estratégico. ¿Nuestros valores y nuestro propósito han sido evidentes en lo que hemos hecho? ¿Hemos usado los recursos que tenemos para responderles de manera adecuada a las necesidades de nuestro entorno? ¿Cómo hemos visto que Dios nos usa a nosotros y a nuestros esfuerzos para equipar a los estudiantes que han pasado por nuestra institución en los ministerios para los cuales los llamó? Podemos examinar nuestras prácticas, procesos, personas y resultados a la luz de los resultados que esperamos obtener para entender hasta qué punto hemos logrado lo que nos propusimos.

La verdad es que es posible estar demasiado cansado para poder ver lo que Dios ha hecho, y sigue haciendo, a través de la institución. La renovación corporativa e individual debe hacer parte de un proceso de evaluación. Escuché a un decano académico presentar un taller acerca de las dificultades de provocar el cambio en su institución. Escuché su desánimo mientras hablaba. Siempre hay una larga lista de cosas para mejorar. Sin embargo, el punto de la evaluación no consiste en sentirse abrumado por todas las cosas que necesitan atención o todas las montañas que deben escalarse. Su institución es uno de los mejores programas que conozco. Antes de sentir frustración por lo que les faltaba por hacer, necesitaban recordar la forma en que Dios los había bendecido y usado.

Quizás todo esto se siente como un ejercicio de dar "gracias a Dios en toda situación" (1 Tesalonicenses 5:18). Pero incluso en medio de grandes problemas, debemos recordar que Dios ha estado obrando, y que Su currículo de toda una vida no fracasará. Nunca hemos sido más que una pieza de lo que Dios está haciendo a través de nosotros en las vidas de nuestros estudiantes. Somos injustos con Dios si le damos demasiada importancia a lo que "nosotros" no hemos hecho. La evaluación debe comenzar buscando la mano de Dios en nuestro medio.

Esto no anula nuestra necesidad de mirar cuidadosamente nuestra historia a la luz de nuestra misión y nuestros objetivos. No tenemos el lujo de sentarnos en nuestros laureles mientras perpetuamos el pasado. Se necesita valor y esfuerzo para construir sobre el pasado con el fin de seguir firmes en una posición donde Dios nos pueda usar en las vidas de nuestros estudiantes.

Los ciclos de vida organizacionales

Las instituciones, al igual que las personas y las organizaciones, tienen ciclos de vida. Las instituciones muchas veces nacen por medio del entusiasmo y los esfuerzos incansables de un fundador visionario. En sus primeros años, un programa de entrenamiento opera con recursos muy limitados, aunque todo el mundo colabora con alegría en las tareas de enseñanza y administración. Cuando una institución se mueve hacia la madurez, se vuelve estable y respetable. El programa académico ha sido acreditado apropiadamente y tiene un currículo bien diseñado, que lo enseñan especialistas calificados. Como programa establecido, los departamentos administrativos están bajo una dirección competente. Posee un cuerpo estudiantil saludable, un gran cuerpo de gobierno y las finanzas adecuadas para mantener a la institución para siempre.

Hasta cierto punto, la evaluación será distinta para un programa nuevo que para uno que ya tiene algunos años. La necesidad más grande de los programas jóvenes tiende a ser la consolidación que traiga orden y organización para todas las cosas nuevas que se están haciendo. Un programa más maduro tiene mayor necesidad de asegurarse que no se está adormeciendo en sus propias tradiciones. Sin embargo, todo programa necesita hacerse una pregunta incómoda. ¿La "muerte" también debería hacer parte del ciclo de vida de la organización?

Es verdad que muchos programas de entrenamiento dejan de existir, y por lo general por razones muy tristes. Quizás nunca hubo suficientes estudiantes, o quizás la institución se desvaneció lentamente hasta ya no ser viable. Quizás la destruyó un conflicto o un escándalo grande. Las instituciones de entrenamiento pueden morir. ¿Pero deberían hacerlo? ¿Es parte del ciclo de vida normal de un programa teológico?

Uno de los asuntos más importantes de una evaluación consiste en determinar si todavía tienen una tarea para hacer o si ya han terminado de hacer lo que Dios les pidió. Uno no debería perpetuar lo que ya no se necesita. Tampoco deberían continuar con algo que apenas logra ser viable. Quizás sería mejor unirse con otro que tenga un ministerio parecido. He escuchado que la escuela bíblica promedio en África sólo tiene diez estudiantes. Si esto es verdad, no es de maravillarse que muchos de los programas luchan para sobrevivir. A medida que reconsideran lo que son y lo que podrían ser, acuérdense de que las siguientes son opciones estratégicas viables: fusionarse con otros, o encontrar una manera de terminar con gracia. ¿Por qué seguir si no estamos convencidos de que lo que hacemos vale la pena?

La renovación de su entrenamiento

Este libro se ha escrito para ayudarle a evaluar la excelencia de su institución. El proceso para realizar una evaluación se bosquejó en el capítulo 3 cuando considerábamos la planeación estratégica. Deben hacerse cuatro grandes preguntas:

1. ¿Qué se debería afirmar y fortalecer?
2. ¿Qué está débil y se debería arreglar?
3. ¿Qué está débil y debería abandonarse por completo?
4. ¿Qué cosas no estamos haciendo que deberíamos comenzar a hacer?

La evaluación no es una actividad que debe hacer un comité cada cinco a diez años como preparación para la re-acreditación. Debería ser un proceso continuo de estar conscientes de lo que Dios está haciendo en medio nuestro y de descubrir cómo podemos proseguir hacia la excelencia en el entrenamiento de líderes de la mejor manera, para la gloria de Dios.

Toda evaluación debe comenzar con una fiesta. Sin intentar encubrir los problemas que todo el mundo podría conocer, encuentren formas específicas en las que Dios los ha usado y bendecido. Reciban retroalimentación de muchas partes. Es posible que no veamos mucho progreso dentro del trajinar diario del proceso educativo. El impacto real se ve en el producto, y muchas veces sólo es visible en la vida y el ministerio de un estudiante mucho después de su grado. Encuentren formas de escuchar a sus egresados individual y colectivamente para que mediten acerca del valor del entrenamiento que recibieron. Escuchen también a las iglesias y las organizaciones cristianas que han recibido a sus egresados y sus sentimientos al respecto.

Entonces regocíjense y celebren la bondad de Dios. Afirmen todo lo bueno y consideren creativamente cómo podría fortalecerse. Si no hay nada para celebrar, ha llegado la hora de cerrar la tienda. Sin embargo, resulta casi inconcebible que no puedan descubrir una larga lista de cosas maravillosas que han sucedido.

Tal como lo discutimos en el capítulo 3 ("Excelencia en la Planeación Estratégica") cada parte de una institución de entrenamiento puede y debe evaluarse. Una buena forma de hacer esto sistemáticamente es mediante la revisión de auto-estudio que hace parte de un proceso de acreditación o re-acreditación. Esta revisión presenta una serie de preguntas basadas en prácticas estándar que se reconocen internacionalmente como indicadores de calidad en el entrenamiento de líderes para el ministerio y la iglesia. Una buena forma de trabajar hacia la excelencia institucional y de revisar y afirmar la excelencia que ya existe consiste en contestar estas preguntas y documentar hasta qué punto se están cumpliendo estos estándares. Muchas instituciones dicen que la realización de la revisión de auto-evaluación ha sido una de las mejores cosas que han hecho para entender sus fortalezas y debilidades.

La ventaja adicional de trabajar con una agencia de acreditación es que alguien leerá cuidadosamente su reporte de auto-evaluación y le dará a la institución una retroalimentación por escrito. Cuando tanto la institución como la agencia de acreditación sienten que la institución está lista para una visita de acreditación, vendrá un equipo para cerciorarse de que es verdad lo que la institución siente acerca de sí misma. Esta clase de evaluación externa es una afirmación beneficiosa de su evaluación interna y además incluye un reporte escrito de encomios y recomendaciones.

La mayoría de los gobiernos también quieren cerciorarse de que los programas de entrenamiento dentro de su país cumplen satisfactoriamente los estándares mínimos que se requieren para la educación. De nuevo estarán realizando una evaluación a medida que preparan y proveen la documentación masiva que necesitan estas autoridades, y de nuevo deberían beneficiarse de la visita y del reporte de su equipo de evaluación externo.

Sin embargo, como lo notamos en el capítulo 4 ("La excelencia en el gobierno"), la evaluación y afirmación más significativa vendrá de aquellos que se benefician de lo que hacemos, especialmente de nuestros egresados y las iglesias y organizaciones cristianas a las cuales sirven. Más adelante discutiremos cómo convertirnos en una comunidad que aprende para poder obtener la clase de retroalimentación que nos ayudará a entender constantemente lo que es bueno y debe continuar, lo que es débil y debe fortalecerse, lo que debería abandonarse por completo pues ya no se necesita, y lo que debe añadirse para mejorar aun más nuestros programas de entrenamiento.

La renovación de su personal: ¿Por qué?

Una de las *Siete leyes del aprendiz* es la Ley del Avivamiento.[1] Wilikinson dice: "Reconozca que la mayoría de los cristianos necesita el avivamiento la mayor parte del tiempo."[2] Hay muchas razones por las cuales los líderes, lo profesores y todo nuestro personal administrativo y académico puede desanimarse o sencillamente agotarse.

- **Auto-sacrificio.** Todo el mundo debe llevar su cruz y negar los deseos personales para seguir al Señor. Hay muchas cosas menos estresantes que las responsabilidades y las cargas de ser líder o maestro. El discipulado tiene un costo elevado.

- **Soledad.** Elías se quejó ante el Señor, "¡Estoy harto, Señor!" (1 Reyes 19:4). Continuó, "Me consume mi amor por ti, Señor Dios Todopoderoso —respondió él—. Los israelitas han rechazado tu pacto, han derribado tus altares, y a tus profetas los han matado a filo de espada. Yo soy el único que ha quedado con vida, ¡y ahora quieren matarme a mí también!" (1 Reyes 19:10). Aunque no era cierto que era el único, así lo sentía él. Dios lo había usado para hacer cosas increíbles, pero ahora Elías estaba desanimado y huía por su vida de la Reina Jezabel. Muchos de los que trabajan en el entrenamiento han sido utilizados grandemente por Dios. Pero las personas pueden sentirse tan solas y cansadas que se desaniman y quieren tirar la toalla.

- **Críticas, rechazo y enemigos.** Al principio, el pueblo al que había sido enviado a liberar recibió a Moisés con entusiasmo, aunque pronto se pusieron en su contra cuando Faraón les hizo la vida difícil. Ninguna cantidad de milagros pudo generar un cambio real en el Faraón. El pueblo tampoco se acordaba de los actos poderosos de Dios en el diario vivir. Hicieron un becerro de oro, y se quejaban de la comida y el agua. Algunos de los líderes cuestionaron si Moisés en realidad era el único lo suficientemente santo como para hablar

---

1. Bruce Wilkinson, *Seven Laws of the Learner* (Atlanta: Walk-Thru-The Bible, 1990); publicado en español: *Las Siete leyes del aprendiz* (Miami, FL: Vida, 2006).
2. Ibídem, p. 381.

con Dios. Su hermano y hermana criticaron su liderazgo. Todos los líderes académicos viven en un ambiente donde cada acción suya (y de sus familias) es criticada. Pueden abundar las envidias con poco espacio para la gracia. Las personas no recuerdan las cosas buenas durante mucho tiempo, y el menor error de juicio puede convertirse en un punto de partida para obligar a una persona a renunciar.

- **Cansancio.** Moisés se quejó ante Dios, "¿por qué me perjudicas? ¿Por qué me niegas tu favor y me obligas a cargar con todo este pueblo? . . . Yo sólo no puedo con todo este pueblo. ¡Es una carga demasiado pesada para mí! Si éste es el trato que vas a darme, ¡me harás un favor si me quitas la vida! ¡Así me veré libre de mi desgracia!" (Números 11:11,14-15). Probablemente no era nada divertido dirigir a los israelitas en su paso por el desierto. Había mucho para hacer, y era difícil trabajar con el pueblo. Era sencillamente una "carga demasiado grande". Y esto es cierto en la mayoría de las instituciones de entrenamiento. Siempre hay demasiado para hacer. Muchas veces se debe trabajar con personas difíciles. Pueden haber pocos resultados visibles. Las personas agotan su energía física y emocional.

- **Presión y confusión.** Al igual que Moisés, la mayoría de las personas se topan con situaciones donde no saben qué hacer. Moisés en realidad le sugirió a Dios que sería mejor que muriera. Podemos sentirnos igual de desanimados cuando intentamos lograr aquello que parece ser imposible. No sólo hay pocos recursos financieros o humanos para resolver los muchos problemas que nos aquejan, es posible que estemos trabajando en un ambiente de personalidades fuertes con conflictos importantes de valores, ideas o programas.

- **Falta de desafíos.** Peter Drucker dice que "el quemarse, buena parte del tiempo, es una excusa para el aburrimiento."[3] Muchas veces el liderazgo o el ministerio es poco más que mantenimiento. Sentimos que nada ha cambiado, y que nada cambiará. Nadie quiere intentar cosas nuevas, y ni siquiera se ofrecen nuevas ideas. La rutina se convierte en aburrimiento.

- **La presión de las tentaciones y el fracaso.** Las personas encargadas a menudo desarrollan egos grandes. Las posiciones de liderazgo fomentan la

---

3. Peter Drucker, *Managing the Non-Profit Organization* [La administración de una organización sin ánimo de lucro] (New York, NY: Harper Business, 1990), p. 197.

ambición personal y alimentan un deseo de ser servido en lugar de servir a otros. Los líderes y los maestros pueden llegar a amar los privilegios y el estatus que viene con su trabajo. Las personas honestas conocen sus motivaciones mezcladas. Pero muchas veces le damos poco espacio a la gracia. Aunque las Escrituras nos recuerdan que "todos han pecado y están privados de la gloria de Dios" (Romanos 3:23), cualquier falla ministerial muchas veces se considera permanentemente fatal para el ministerio futuro. Aunque muchos de los líderes de las Escrituras tenían fallas importantes, las personas hoy en día no quieren ver fallas en sus líderes. Esto no contribuye a la transparencia ni a la posibilidad de renovación y restauración. Hay mucha presión para aparentar ser mejor de lo que puede ser la realidad. En lugar de crecer hacia la madurez saludable, la gente sencillamente se aleja para siempre.

La renovación de su personal: ¿cómo?

- **Somos renovados por medio de la visión.** La renovación comienza con una reafirmación de lo que somos en nuestra visión y nuestro propósito común. Los maestros y el equipo administrativo deberían sentirse animados cuando ven la importancia que tiene su ministerio en beneficio del Reino por lo que están haciendo juntos para equipar estudiantes. A todo el mundo se le debe recordar constantemente hacia dónde va y cuál es su papel en ayudarle a la institución a entrenar a los estudiantes para los ministerios que Dios tiene para ellos. Las personas son afirmadas y renovadas cuando ven y sienten su importancia dentro del proceso de entrenamiento.

- **Somos renovados cuando trabajamos como equipo.** Debería renovarnos el descubrir y celebrar las habilidades y la experiencia de las personas que Dios ha unido. Vale la pena escuchar algunas historias de quienes Dios ha equipado de manera única para que sean nuestros colegas. El hecho de que estemos unidos como equipo es una historia compleja tejida por Dios. Mientras viajaba en las Filipinas, conocí a un miembro nuevo del profesorado de una institución de entrenamiento en ese país. Venía de un trasfondo chino y tenía grandes sueños para la institución y la región entera con base en sus experiencias y su entrenamiento. Mientras escuchaba algo de lo que a ella le importaba, pensé, "Qué bueno sería tener a esta persona como parte del profesorado a la que uno pertenece".

Me sentí así con respecto al equipo de Overseas Council cuando comencé a trabajar con ellos. Las personas tenían competencia, iniciativa y creatividad y hacían de una organización buena una aun mejor. Me tocó un día cuando a uno de los miembros más jóvenes de nuestro personal se le llenaron los ojos de lágrimas mientras veía un video de lo que Dios estaba haciendo alrededor del mundo. Una de mis personas favoritas no dejaba pasar una semana sin traer una idea nueva y grandiosa que podría tener un impacto en todo el mundo evangélico. Disfruté mucho trabajar con esta gente. Ellos me renovaban y espero que me hayan hecho más efectivo en lo que hacía.

- **Somos renovados cuando se renuevan nuestras habilidades.** ¿Cómo podemos convertirnos en mejores maestros o administradores? ¿Cómo podemos usar mejor nuestra diversidad de dones para ayudarnos mutuamente? Como lo discutimos en el capítulo 7 ("La excelencia en el profesorado"), la renovación de nuestras habilidades implica invertir en la educación continua tanto formal como informal. También seremos desafiados a cambiar como resultado de las evaluaciones que deberían hacerse para cada materia que enseñamos. Podemos ser renovados mediante conferencias, talleres, o retiros del profesorado y del personal que se enfocan en áreas específicas de la enseñanza o la administración. Nuestra descripción laboral debería requerir la lectura y la investigación de cosas nuevas. Deberían fomentarse tiempos de interacción creativa. Todo nuestro programa de entrenamiento se renovará a medida que aprendemos a hacer mejor aquello que Dios nos ha llamados a hacer.

- **Somos renovados mediante el descanso.** Las personas serán renovadas diariamente, siempre y cuando no sean llevadas constantemente hasta el agotamiento. A nadie debería pedírsele hacer más de lo que podría esperarse de una manera realista. No es saludable vivir de crisis en crisis veinticuatro horas al día. Cuando Elías estaba huyendo de Jezabel, su renovación comenzó con un tiempo largo para dormir, además de una alimentación apropiada. Luego se fue durante cuarenta días para encontrarse con Dios. Todos necesitamos descansos periódicos. El concepto del descanso dominical no se dio para todos exceptuando a los que están en el ministerio. Deberían obligar al equipo académico a tomar vacaciones periódicas y a disfrutar de un día libre por semana. Un año sabático puede incluso salvar una carrera.

- **Somos renovados cuando cuidan de nosotros.** Todo el mundo hará mejor su trabajo si sus familias reciben un cuidado adecuado. Esto requiere vivienda, cobertura médica y un salario decente. Pero las personas también trabajan mejor si viven en comunidades saludables donde las personas se cuidan mutuamente y oran los unos por los otros tanto en privado como en público.

Cómo convertirse en una comunidad que aprende

La renovación es mejor cuando existe una cultura educativa a la que le importa la forma como van las cosas. De arriba hasta abajo, todos deberían estar buscando formas de afirmar lo bueno y arreglar aquello que está en dificultades. Un ambiente así es más saludable y más satisfactorio para el trabajo que uno donde hay críticas constantes y miedo al fracaso. Como comunidad necesitamos buscar formas de celebrar lo que Dios está haciendo, y no estar prestos a criticar a todas las personas y las cosas que no están tan perfectas como nos gustaría.

Hacemos esto convirtiéndonos en una comunidad que aprende. Debemos escuchar a una red amplia que nos provee una buena retroalimentación de manera periódica. Parte de esto puede ser retroalimentación formal, como por ejemplo las conclusiones escritas del equipo de visitación que verifica su revisión de acreditación de autoevaluación o la recopilación de las evaluaciones escritas hechas por los estudiantes después de cada materia. Podemos decidir invitar a un consultor para que nos ayude formalmente a evaluar nuestro programa y nuestros planes para el futuro. También les damos retroalimentación formal a los individuos mediante las revisiones anuales de desempeño basadas en sus descripciones laborales.

Sin embargo, el convertirse en una comunidad que aprende implica encontrar maneras informales de escucharnos los unos a los otros, a los egresados, a los líderes eclesiásticos claves que son nuestros propietarios, a nuestro concejo asesor y junta de gobierno, a las iglesias y organizaciones cristianas, y a la comunidad y el mundo en los cuáles servimos. Debemos encontrar diferentes formas en las cuales podemos entender más acerca del impacto que tenemos (o no tenemos) como institución de entrenamiento.

La retroalimentación no es principalmente escuchar las críticas, aunque el aprender de nuestros fracasos y recibir sugerencias para mejorar forman una parte importante de lo que necesitamos escuchar. Pero deberíamos animar a todos a celebrar con nosotros lo que Dios ha hecho en y a través de nuestros esfuerzos. Deberíamos invitar a todos a que sueñen y oren con nosotros acerca de las cosas que podrían hacerse. Esta clase de retroalimentación no sucede por sí sola. Para poder discernir lo que estamos haciendo bien, y para entender lo que necesitamos cambiar, abandonar o añadir – posiblemente tendremos que reunir grupos de pastores, egresados o estudiantes claves. Cuando nuestra facultad y nuestra dirección administrativa viajan, la solicitud de retroalimentación honesta debería hacer parte de lo que todos hacen. Debemos programar tiempo en las reuniones de personal, facultad y estudiantes para meditar sobre lo que estamos haciendo y cómo lo estamos haciendo. La retroalimentación es una de las funciones principales de nuestro concejo asesor y junta de gobierno.

Hay cosas específicas que deberíamos aprender de los diferentes grupos.

Cómo aprender de nuestros egresados

Necesitamos visitar a nuestros egresados donde están además de animarlos a regresar a la institución de cuando en cuando. Más que cualquier otra persona, conocen la totalidad de nuestro programa de entrenamiento y tienen experiencia de primera mano de su impacto práctico. Necesitamos escuchar sus preocupaciones y sus sugerencias. Específicamente, deberíamos preguntarles:

- De todos los cursos que tomaron, ¿cuáles fueron los más útiles en su preparación para la vida y el ministerio?
- ¿Cuáles fueron los de menor valor y por qué?
- ¿Qué quisieran haber aprendido o estudiado, pero no lo hicieron? ¿Cómo podríamos ayudarles mejor a otros a aprender estas cosas?

Cómo aprender de los líderes de las iglesias o de las organizaciones cristianas que nos enviaron sus estudiantes

Como estas personas son nuestros "propietarios" debemos escuchar sus cumplidos, sus quejas y sus sugerencias acerca de quiénes somos y de lo que estamos haciendo. Debemos aprender dos cosas básicas de ellos:

- ¿Hasta qué punto sienten que nuestros egresados regresan bien preparados y equipados para las necesidades reales del ministerio?

¿Saben predicar, administrar, manejar asuntos de guerra espiritual, desarrollar alcances de evangelismo, realizar visitas pastorales y consejerías, enseñar clases de biblia, discipular nuevos creyentes o darle una visión a la iglesia?
- ¿Qué tipo de personas eran cuando regresaron? ¿Sirvientes? ¿Jugadores en equipo? ¿Arrogantes? ¿Compasivos? ¿Dispuestos a trabajar duro en el ministerio tras bambalinas? ¿Eruditos más que pastores? ¿Mentores para líderes nuevos en potencia?

Cómo aprender acerca de los profesores por medio de sus estudiantes

Aprendemos principalmente de los estudiantes como parte de una evaluación que debería realizarse al final de cada materia que ofrecemos. Los profesores no deberían ver lo que escriben acerca de ellos los estudiantes individuales. Sin embargo, se le debe entregar un resumen al maestro, idealmente como parte de una discusión con el decano académico acerca de cómo podría mejorarse la clase. También debería guardarse una copia de este resumen en el archivo de personal para ese maestro. Las opiniones de los estudiantes son útiles en éstas áreas:

- **Personalidad y actitudes.** ¿El maestro demostró humildad, respeto para los estudiantes, consciencia de las necesidades de los estudiantes y disponibilidad, equilibrio emocional, entusiasmo, dedicación y apretura a la crítica?
- **Preparación y competencia para enseñar.** ¿El maestro entendió a cabalidad el tema de la materia, cubrió adecuadamente el material, llegó preparado y a tiempo, calificó con justicia y retornó las tareas en un tiempo razonable?
- **La metodología de enseñanza.** ¿Se presentaron las ideas con claridad, se enfatizaron las cosas importantes, se usó bien el tiempo, se usaron una variedad de técnicas de enseñanza y se buscó activamente la interacción? ¿Se promovió una dinámica saludable de grupo y se estimuló el aprendizaje?

Cómo aprender acerca de las materias por medio de los estudiantes

Hay tres preguntas abiertas que son útiles para cualquier materia:
- ¿Qué parte de la materia fue de mayor ayuda?
- ¿Qué parte del curso les fue de menor importancia?
- ¿Qué sugerencias tendrían para mejorar el curso?

A los estudiantes les puede encantar una clase que no era una parte necesaria del currículo, pero que fue enseñada de manera brillante. Por otro lado, una materia importante que fue mal enseñada puede recibir una calificación baja de los estudiantes. Una evaluación debería incluir preguntas que nos permitan discernir la importancia que los estudiantes le asignan a la materia misma según su percepción y no sólo la forma en que fue enseñada. Hay tres áreas principales que nos conciernen:

- ¿El curso logró sus metas y objetivos? ¿Estas metas y objetivos parecen encajar bien con los otros cursos que se enseñan?
- ¿Respondió a las realidades de la iglesia o la sociedad, y le dio a los estudiantes el conocimiento, las habilidades y el carácter necesarios para servir en la iglesia o en otros ministerios?
- ¿El curso estuvo bien diseñado? (Balance de cómo estuvo organizado el material, demasiado o muy poco material para cubrir en un semestre, lecturas y tareas apropiadas).

Cómo aprender acerca de los estudiantes por medio de los maestros

Es bueno que cada año los maestros se tomen tiempo de hablar entre ellos acerca de los estudiantes y de orar juntos por ellos. ¿Hay personas con problemas especiales o asuntos que necesitan atención? ¿Hay estudiantes que vale la pena celebrar? ¿Qué necesita hacerse para fortalecer el cuerpo estudiantil? Esto no debería convertirse en una oportunidad para compartir chismes de la comunidad. Pero alguien puede haber notado algo que es más que una idiosincrasia. Recuerdo una reunión de facultad donde un maestro mencionó a un estudiante que siempre venía descalzo a las clases. Nadie se imaginó que dicho estudiante iba a graduarse para convertirse en un pastor descalzo, pero ¿era posible que existiera una actitud que se debía atender para que el estudiante no creara problemas para sí mismo en el ministerio?

Cómo aprender acerca de los maestros por medio de ellos mismos

A los maestros se les puede dar un formulario de autoevaluación para que puedan reflexionar acerca de sí mismos y sus colegas. Lo que escriban es confidencial, aunque podría discutirse con el decano académico, o hacer parte de una reunión de facultad. Puede incluir preguntas como:
- ¿Cómo se relacionan mis materias con el resto del currículo?
- ¿Qué más necesito saber para poder enseñar mis clases con mayor efectividad?
- ¿Cómo puedo ser más creativo en mi metodología de enseñanza?
- ¿Cómo son mis relaciones con mis colegas, los estudiantes y la administración?
- ¿Qué fortalecería el equipo de enseñanza del que hago parte?

Cómo aprender acerca del programa en general por medio de todos los participantes

Necesitamos tener foros informales durante el año no sólo para celebrar, sino para escuchar los problemas antes de que se conviertan en crisis. ¿Hay problemas con las instalaciones físicas, incluso problemas de seguridad, espacio, luces o acústica? ¿Hay problemas con reglas o reglamentos específicos? ¿Existen tensiones sin resolver?

Conclusiones

Espero que puedan ser renovados cuando evalúen dónde han estado, celebren lo que Dios está haciendo y sueñen en oración acerca de lo que podrían llegar a ser. Piensen de manera realista acerca de lo que se debe mantener, arregla, abandonar o añadir. Su plan estratégico no puede ser sencillamente una lista de deseos, que refleja el entusiasmo creativo de parte de su personal, sino un plan sobre el cual han orado cuidadosamente, con fondos adecuados para las instalaciones, los programas y una facultad y un equipo administrativo que pueda equipar a los estudiantes reales para los ministerios que Dios les ha dado. Confío que su comunidad y sus propietarios se gozarán en ustedes a medida que se benefician de los frutos de lo que están haciendo. Que muchos puedan ver su excelencia y alabar a Dios por causa suya.

Preguntas de discusión con respecto a su evaluación y renovación

1. ¿Que contiene su programa que sea digno de celebrar? ¿Cómo le contestan a aquellos que pueden cuestionar si lo que hacen merece en realidad el esfuerzo, el tiempo y los costos que implica?
2. ¿En qué punto se encuentran en su ciclo de vida organizacional? Cuando evalúan su institución, ¿cuál es su necesidad más grande?
3. ¿Hasta qué punto están demasiado cansados su equipo administrativo y académico para poder realizar una autoevaluación efectiva? ¿Por qué están tan cansados? ¿Qué puede hacerse para renovar a su equipo?
4. ¿Son una comunidad que aprende? ¿Cómo pueden mejorar la forma en que reciben y usan la retroalimentación? ¿De quiénes necesitan aprender más?

Sugerencias de lectura

Daft, Richard L. *Organizational Theory and Design*. St. Paul: West Publishing, 1992.

Gerig, Donald. "Are We Overworked?" *Leadership* (Verano, 1986), pp. 22-25.

MacPhail-Wilcox, Bettye y Roy Forbes. *Administrator Evaluation Handbook: How to Design a System of Administrative Evaluation*. Phi Delta Kappa, 1990.

Maslach, Christina y Michale P. Leiter. *The Truth about Burnout*. San Francisco: Jossey-Bass, 1997.

Rudnitsky, Posner. "Planning a Course Evaluation." Capítulo 8 de *Curriculum Design*. New York, Longman, s.d.

Simon, Judith Sharken. *5 Life Stages of Nonprofit Organizations*. Wilder Foundation, 2001.

Vella, Jane. *How Do They Know That They Know?* San Francsico: Jossey-Bass, 1998.

Wilkinson, Bruce H. *The 7 Laws of the Learner*. Oregon: Multnomah Press, 1992.

ICETE es una comunidad global, patrocinada por nueve redes regionales de instituciones teológicas, dedicada a fomentar la interacción y colaboración internacional entre todos aquellos que intervienen en el fortalecimiento y el desarrollo de la educación teológica evangélica y del liderazgo cristiano alrededor del mundo.

El propósito de ICETE es:
1. Promover el mejoramiento de la educación teológica evangélica alrededor del mundo.
2. Servir como foro para la interacción, asociación y colaboración entre quienes intervienen en la educación teológica evangélica y en el desarrollo de liderazgo evangélico, para su mutua asistencia, estimulación y enriquecimiento.
3. Ofrecer servicios de apoyo y asesoramiento para asociaciones regionales de instituciones evangélicas de educación teológica alrededor del mundo.
4. Facilitar, para las redes regionales, la promoción de sus servicios entre las instituciones evangélicas de educación teológica dentro de sus regiones.

Las asociaciones patrocinadoras incluyen:

África: Association for Christian Theological Education in Africa (ACTEA)

Asia: Asia Theological Association (ATA)

Caribe: Caribbean Evangelical Theological Association (CETA)

Europa: European Evangelical Accrediting Association (EEAA)

Euro-Asia: Euro-Asian Accrediting Association (E-AAA)

América Latina: Asociación Evangélica de Educación Teológica en América Latina (AETAL)

Medio Oriente y Norte de África: Middle East Association for Theological Education (MEATE)

América del Norte: Association for Biblical Higher Education (ABHE)

Pacífic-Sur: South Pacific Association of Evangelical Colleges (SPAEC)

www.icete-edu.org

Langham Partnership es una comunidad mundial que trabaja con el ánimo de cumplir la visión que Dios le encomendó a su fundador, John Stott, consistente en:

facilitar el crecimiento de la iglesia en madurez y en semejanza a Cristo elevando los niveles de predicación y enseñanza bíblica.

Nuestra visión es ver que las iglesias en el mundo mayoritario estén equipadas para la misión y creciendo hacia la madurez en Cristo a través del ministerio de sus pastores y líderes, quienes creen, enseñan y viven por la Palabra de Dios.

Nuestra misión es fortalecer el ministerio de la Palabra de Dios:
- fortaleciendo movimientos nacionales de predicación bíblica;
- favoreciendo la creación y distribución de literatura evangélica; y
- elevando el nivel de la educación teológica evangélica,

especialmente en países donde las iglesias carecen de recursos.

Nuestro ministerio

Langham Preaching se asocia con líderes nacionales que estimulan movimientos locales de predicación bíblica para pastores y predicadores laicos en el mundo entero. Con el apoyo de un equipo de capacitadores provenientes de diversos países, se desarrolla un programa de seminarios a diversos niveles que proveen capacitación práctica, al cual le sigue un programa que busca formar facilitadores locales. Los grupos locales de predicación (escuelas de expositores) y las redes nacionales y regionales se encargan de dar continuidad a los programas e impulsar su desarrollo ulterior con el fin de construir un movimiento vigoroso comprometido con la exposición bíblica.

Langham Literature provee a los pastores, seminarios y académicos del mundo mayoritario libros evangélicos y recursos electrónicos mediante becas, descuentos y mecanismos de distribución. El programa también auspicia la producción de literatura evangélica para pastores en diversos idiomas a través de talleres para escritores y editores, respaldo a la tarea literaria, traducciones, fortalecimiento de casas editoriales evangélicas e inversiones en proyectos regionales de literatura, tales como el *African Bible Commentary*.

Langham Scholars provee apoyo financiero para estudiantes evangélicos a nivel doctoral provenientes del mundo mayoritario, de tal manera que, una vez que regresen a sus países, puedan capacitar a pastores y otros líderes cristianos brindándoles una sólida formación bíblica y teológica. Éste es un programa que equipa a quienes van a equipar a otros. Langham Scholars trabaja igualmente con seminarios del mundo mayoritario fortaleciendo su educación teológica. Un número creciente de académicos de Langham Scholars estudia en programas doctorales de alta calidad en reconocidos centros del mundo mayoritario. Además de formar la siguiente generación de pastores, los graduados de Langham Scholars ejercen una influencia significativa a través de sus escritos y liderazgos.

Para obtener más información sobre la Langham Partnership y el trabajo que desarrollamos visítenos en www.langham.org.

www.ingramcontent.com/pod-product-compliance
Lightning Source LLC
Chambersburg PA
CBHW071740150426
43191CB00010B/1644